U0529642

宋太宗

顯允太宗
重光御世
修德弭災
仁民圖治
節重山林
功畧宦寺
太平之政
蔚然可紀

集古像贊　明　孫承恩編撰　嘉靖十五年刊本

宋太宗赵光义

王立群 著 上册

王立群读宋史

东方出版社

序

是是非非〈宋太宗〉

宋太宗赵光义的一生，干了两件大事：一是挖空心思造假，二是不遗余力超越。

就造假而言，首先是重构过去。

宋太宗的早年事迹，乏善可陈。他登上帝位以后，对其早年的事迹进行了重构，一个崭新的天命神授、智勇双全的形象诞生了。

其次是伪造天命。

宋太宗在疑云重重的"斧声烛影"中登上大位。他登基后必须迅速证明宋太祖赵匡胤之死与己无关，自己登基是百分之百地合法，该怎么做呢？

搬出已经离世的母亲杜太后，这就是宋代历史上迷雾重重的金匮之盟。杜太后在病床上很可能与宋太祖达成过一个口头约定：宋太祖百年后由赵光义继承帝位，赵光义再传其弟赵廷美，最后由赵廷美将帝位传给宋太祖的儿子赵德昭。

金匮之盟在一定程度上解决了宋太宗上台的合法性难题，但因此引发了一些后遗症。宋初皇位继承问题上的几个重大事件，如赵德昭之死、赵廷美冤案等，都与此有直接关系。

金匮之盟这件如此重要的大事变成了一笔糊涂账，其根本原因在于有人动了手脚。当然，将宋太宗即位说成杜太后的意思，很有力度，也无人敢质疑。但是，当皇帝的是宋太祖，将帝位传给谁，他有最终决定权。在涉嫌造假的金匮之盟中，宋太祖同意了杜太后的想法，但仅有这些还远远不够。

宋太宗上位，从根本上讲，并非宋太祖的本心。毕竟父子连心，宋太祖内心当然希望父子相传。杜太后为避免重蹈五代时期幼主当国引发祸乱的覆辙，力主宋太祖传位于其弟赵光义。但是，太祖下世时，他的两个儿子已然成年；当然，与老谋深算的赵光义相比，他们的执政经验尚有较大差距。

赵光义久存为帝之心，本人又确实是一个政坛高手，不会眼睁睁看着帝位从自己手上溜走。

赵光义即位后，自知论武功，无论如何都不是其兄太祖皇帝的对手；因此，他着重在文治方面下了很大功夫。

第一件事是太平兴国二年（977），宋太宗在即位两个多月后举行的科举考试中，扩大录取数量。这一次科考，共录取五百余人，超过太祖朝十五次科考录取人数的总和，形成录取人数的井喷式增长。而且，太宗朝录取的进士中，有人用十年左右的时间就跻身宰辅行列，火箭式的升迁，使得文官政治成为一种现实。

第二件事是组织编修《太平御览》《太平广记》《文苑英华》三部大书。

宋太宗朝修纂大型类书是统治者为安抚海内名士、降王臣佐而采取的一种政治手段。

宋太宗即位之初即组织编修三部大书，存在多重意图。这种政府行为，客观上对文献进行了一次大规模整理，宋代文化繁盛，与宋太宗的努力与引导分不开。他对知识阶层的礼遇和利用，对文化事业的提倡与推动，使知识阶层恢复了文化自信，由此获得知识阶层对其政权合法性的认同。

宋太宗的崇文抑武，为巩固其个人地位发挥了重要作用。但是，我们还要看到，宋代文化的兴盛为宋代文学的复兴提供了肥沃土壤，使宋代文学继唐代文学之后，成为中国古代文学的又一座高峰。

文人地位的提高，意味着武人地位的下降。强干弱枝、崇文抑武之风开始盛行，五代十国武人干政的风气，一去不复返了。

在军事方面，宋太宗最值得称道的是收复北汉，由此基本完成全国统一。

北汉政权是"五代十国"的"十国"之一，也是宋太祖在位期间未能解决的重大问题，这一问题的关键是辽国对北汉的支持。宋太宗逼迫漳泉纳土、吴越献地后，开始对北汉用兵。太平兴国四年（979），一举平定周世宗、宋太祖多次征伐都未拿下的北汉，五代十国分裂割据局面真正结束，这是宋太宗一生的重大贡献之一。此时，除燕云十六州外，宋朝基本实现了国家的统一。

攻灭北汉后，宋太宗忽然下令兵伐契丹，企图收回幽燕。结果兵败高粱河，自己也身负重伤。

高粱河之战是宋辽关系的一个重要转折点，也是宋太宗政治生涯的一个重要转折点。

此后宋军又在瓦桥关、岐沟关、陈家谷、君子馆等地惨遭大败，丧师三十余万。从周世宗开始培养起来的精兵强将，几乎损失殆尽。

在西北灵夏，宋太宗由于对李氏兄弟心存幻想、缺乏一个一以贯之的策略，导致李继捧降而复叛、李继迁屡败屡起，党项势力愈来愈大，终成西北大患。

宋太宗在军事上的重大过失，缘于他的超越心理。他要摆脱弑兄篡位的嫌疑，实现对太祖皇帝的超越，就难免急功近利。他对控御边将没有足够的自信，因而猜忌心极重，这直接影响了边将的主观能动性，不敢对瞬息万变的战场形势做出及时应对，由此战争失利，边防不稳。屡战屡败加重了宋太宗的统治危机，这种危机又影响了他对军事大局的准确判断，形成恶性循环。

　　总之，宋太宗一生最大的历史功绩就是基本实现国家统一、重视文化事业两项。这两项大业，对于当时乃至此后的社会发展，产生了积极有利的影响。但是，宋太宗因即位问题而急于建功立业，汲汲于皇位的稳固与传授，所以在军事上举措失当，不仅贸然北征，屡遭大败，丧失了军事优势，造成了财政危机，引发了农民起义，而且由此确立了守内虚外的国策，对此后的中国历史发展造成了很大影响。所以，从较长的历史时段而言，宋太宗的一生可谓功过参半。

王立群

2024年11月于北京

目录

一 粉饰履历
- 假大空 001
- 高大全 007

二 光义尹京
- 宋初三人行 015
- 分道扬镳 019
- 哪里出了问题 023

三 赵普罢相
- 姚恕不恕　则平不平 030
- 赵普好像是被"雷倒"的 034
- 不光雷打，还有风吹 040

四 步步紧逼
- 妈妈说：国有长君是社稷之福，百年之后你要传位给你弟弟 047
- 光义想：既然妈妈说让我接你的班，我就得时刻准备着 051
- 暗流汹涌 056

五　无所不能

在最合适的时候，在最合适的地点，
利用最合适的人，干了最想干的事　064
能让的我都让出去，我只想要一样东西：都给我闭嘴　069

六　太平兴国

只有八天的太平兴国元年，走进了一个新时代　079
天子脚下杀人的闹剧：贼喊抓贼　084
越是太祖奈何不得的人，我越要处置　088

七　文人的春天

龙飞榜井喷了　094
据说是因为一个人　098
仅因为一个毫无瓜葛的人显然是不够的　101
崇文院可不仅仅是一项形象工程　104

八　四部大书

四部大书的基本情况　109
一心干好安排给你们的工作，其他的别胡思乱想　113
一举多得的事，何乐而不为　119

九 今非昔比	从一手硬、一手软到一刀切、重点抓	125
	地盘越来越小了,权力越来越少了	131
	一个不可思议又不难捉摸的事件	134

十 漳泉纳土	王审知:宁为开门节度使,不做闭门天子	139
	留从效:岂劳大军久戍于此	141
	陈洪进:一步一个脚印	145
	终于走在了前头	148

十一 吴越献地	钱镠:敞开门做节度使,关起门来搞生产	153
	钱俶的两次进京:丢了精神,丢了自由,丢了国家	156
	没有刀光剑影的兼并	161

十二 强弱异势	北汉:我有恃故我在	168
	北汉与辽:七年之痒	173
	大宋与辽:从对抗到缓和	176

十三 钉破并州	不要再说了,我决定了	182
	里外通吃	190
	从地球上抹掉它	194

十四 兵败高梁河	冲动是魔鬼	199
	冲动的代价	203
	败局早已注定	207
	后果的确很严重	212

十五	赵德昭之死	战场上老大找不到了	215
		老大不见了立小老大	219
		老大很郁闷	223
		老大发火后果很严重	225

十六	满城之战	仗打得那叫一个爽	232
		战场忽悠很给力	235
		谁指挥枪：不在场的在场	239
		人可以不在，权力不能不在	244

十七	西线有战事	东边不亮西边亮	248
		先说说杨业	250
		背后捅刀子这一手很厉害	256

十八	瓦桥关之战	辽国：不达目的 誓不罢休	263
		大宋：起个大早 赶个晚集	267
		五战四败 一战据说是赢了	270
		两种后遗症并发	274

十九	东山再起	持续被边缘化	279
		人倒霉了喝口水都会噎着	281
		不做大哥好多年影响依然	288

二十	继承的危机	宋太宗登基：自己能做的都做了，危机依然没有彻底化解	293
		落魄赵普：该出手时就出手	299
		宋太宗、赵普：为了不同的目标，走到了一起	302

二十一　皇室冤案

身在高处就会不胜风雨　　307
这件事你怎么看，此中必有蹊跷　　309
赵普对卢多逊：打蛇七寸　太宗对赵廷美：扫地以尽　　314
形象是个大问题　　318

二十二　从开封尹到开封尹

李符：一颗临时的关键棋子　　323
权知开封府：边珝—李穆—刘保勋—辛仲甫—王祐　　326
赵元僖：新的皇位继承人　　334
好大一个圈　　336

二十三　七相三参

第一轮：赵普复相，流放一个，罢免一个，上来两个　　340
第二轮：赵普再次被罢，太宗重新洗牌　　349
一个时代的彻底结束，一个时代的真正开始　　353

二十四　枢密风波

制衡：三对一的格局　　356
真假其实不关键，关键是让你出局　　364
干脏活不闭嘴是要被清洗的　　367
一个共同的目的：权、势岂可轻假于人　　370

二十五 封禅未遂

何谓封禅	374
三番上表、两种请愿；推辞多次、下诏封禅	380
不是朕不想封禅　心中实在有点忐忑	384
暴雨没有浇灭大火　浇灭了渴望	389

二十六 七年纠结

想打不敢打：心有余悸	393
想打不能打：宋辽胶着	398
不打还想：蒙羞披耻	399
辽国一朝突变　太宗不再纠结	401

二十七 真真假假

一个最基本的事实	409
一个很不寻常的女人	409
绯闻成了情报	418
一个军事奇才的别有用心	420

第三章 履历

按照中国古代年龄的计算方法,赵光义登上皇帝宝座的时候,时年三十八岁。这一年,太祖皇帝的两个儿子,赵德昭二十六岁,赵德芳也已二十八岁,都已经到了可以独立掌管国家政权的年龄。赵匡胤死得很意外,由赵光义立即位继承大统,所以,他面临着的不仅是从其兄那里接手过来的宋政权,还面临着众多的危机,尤其是如何化解赵多的危机,一位继承皇位的合法性。他是如何化解这些危机的呢?这三言两语就能叙述清楚的。

现在,我们不妨奇开一笔,先回溯一下,在过去的三十八年中赵光义的人生步伐。然而,作为大宋王朝的第二位皇帝,他的日常事务不仅错综不清,而且可圈可点者实在太多。不过,事情总会有解决的办法。按照太宗所指示,他的县任经历被官员重新梳理,一个注定要做皇帝的赵匡义,一个为大宋王朝开国立下卓著功勋的赵匡义,赫然出现在历史舞台上。这到底是怎么回事呢?

假大空

宋太宗一生至少用过三个名字：大宋王朝建立之前叫赵匡义，这是他父亲赵弘殷给起的名字；其兄赵匡胤做了大宋的开国之君后，他就需要避讳了，被改名赵光义，这是赵匡胤赐的名字；等他当上皇帝后，觉得这个名字不过瘾，这次是他自己说了算，于是就改名赵炅。"炅"字，上面"日"字，下面"火"字，就像一轮太阳和熊熊火光，合二为一，光辉明亮，普照天下。宋太宗是他的庙号，是他死了以后在太庙被立室奉祀时的代号。

正史的传记部分，尤其是皇帝的本纪一般都采用编年的方式撰写，某年某月某日干了什么事情、发表了什么重要讲话、视察了什么地方等，一般都会有准确的记载。大宋开国的时候，赵光义已经二十二岁了。但是，《宋史》的《太宗本纪》对他这二十二年的记载非常简单，而且基本是些空话、套话，是典型的假大空。那么，《宋史》中是怎样记载他这二十多年的履历的呢？

五代后晋天福四年（939）十月七日，赵匡义出生在开封的军营。赵匡义的出生像他的哥哥赵匡胤一样，也很神奇。先是，他们的母亲杜太后做了一个梦，梦见有位神人捧着一轮红日交付于她，后来就怀上了赵匡义。分娩的时候是在夜晚，也出现了神奇的现象：红光像熊熊大火一样直冲云霄，而且周围的大街小巷弥漫着一种特殊的香气。

是夜，赤光上腾如火，闾巷闻有异香。——《宋史·太宗本纪一》（中华书局1985年版）

这和宋太祖的出生没多大区别，都是红光、香气什么的。赵光义继承了他兄长的位子，为了证明是天生注定，在出生上也要相当神奇，至少不能落了下风。何况兄弟俩，不只同一个父亲，还同一个母亲，相似度肯定要大一些了。当然，那是因为他们都做了皇帝，没有做皇帝的他们同父同母的弟弟赵廷美（又名赵匡美、赵光美）出生时就没这么神奇了。不仅没有这么神奇，当上皇帝的赵光义为了消除赵廷美对其皇位的威胁，还不惜往他们死去的父亲头上泼污水，说赵廷美不是杜太后生的，是他的父亲赵弘殷和一个姓耿的乳母的孩子。这样就可以在皇位继承问题上名正言顺地将赵廷美排除在外。这是后话。太宗之后，接班的不是赵廷美，而是自己的三儿子赵恒，这个孩子因为做了皇帝，其出生也就很不寻常，他的母亲也做梦，也梦见收获太阳，出生的时候也会出现红光等。不用说，这些神奇说法，连写史的那些人都不会信。但是，请记住，这是给皇帝作传记的一个亘古不变的套路。套话、假话，什么时候都不能少，古今一样。

《宋史》中对赵匡义早年的记载用了三句话。第一句是"帝幼不群，与他儿戏，皆畏服"，这是说赵匡义从小就表现得与众不同，和小朋友一起玩耍时，大家都有点怕他，愿意听他指挥。总之，这句是说赵匡义从小就具备当领导的潜质，是当领导的料。第二句是"及长，隆准龙颜，望之知为大人，俨如也"，这是讲赵匡义外貌与众不同，高高的鼻梁，隆起的眉骨。"隆准龙颜"，这可是帝王的面相。这句是说赵匡义不仅是做领导的料，而且不是一般的领导。第三句是"性嗜学"，就是天生地非常爱学习。为了证明这一点，《宋史》中记载了与此相关的一个事例。

赵弘殷，也就是赵匡义的父亲，在出征淮南攻破州县以后，财物一无所取，只是到处搜求图书，然后送给赵匡义，并不断鼓励他，好好学习，天天向上。因此，赵匡义擅长文事，多才多艺。这件事情还记载在《东都事略》(卷三)中。但是，仔细考察一下，这件事情的可信度似乎不高。

在《宋史》中，赵弘殷的传记资料附在《太祖本纪》前面，简单而模糊，事迹乏善可陈。根据其他各种史料，赵弘殷随军征伐淮南是在后周世宗显德三年(956)，攻破州县城池的记录无多，而且在返回开封途中就因病离世了，当然也就不会有带回大量书籍并勉励赵匡义的事情发生。不过，从淮南搜求图书带回开封让酷爱学习的赵匡义阅读的事情，史书中确有记载，带书人是他的兄长赵匡胤，而不是他们的父亲赵弘殷，时间是在显德四年(957)，也就是赵弘殷离世的第二年。当时攻下淮南重镇寿州(今安徽寿县)，有人向周世宗告发，说赵匡胤私藏了好几车的金银珠宝。周世宗派人搜查，原来是几千卷的图书。周世宗为此还专门召见赵匡胤说：当前的重要任务是开疆辟土，是坚甲利兵，要这些书干什么？赵匡胤赶忙回答：臣在这个位置上，没有奇谋妙计，常常感到力不从心。我搜求图书，是想开开眼界，增长点见识，更好地辅佐您。如果说有人搜求图书给赵匡义阅读的话，那这个人应是他的兄长，而不是他们的父亲。

> 性嗜学，宣祖总兵淮南，破州县，财物悉不取，第求古书遗帝，恒伤厉之，帝由是工文业，多艺能。——《宋史·太宗本纪一》

> 广闻见，增智虑也。——《续资治通鉴长编》卷七(中华书局2004年版)

《宋史》是元朝人编写的，虽然依据的材料还是宋代的国史、实录等文献资料，但毕竟经过了他人之手。事实上，宋太宗自己曾对早年的经历做过总结。

宋太宗的个人总结是在他当上皇帝十三年后的端拱元年(988)做的，这一年宋太宗已经到了知天命的年龄。他又一次给他的几个儿子调整职位和级别后，手诏告诫他们要如何如何。在这份诏书中，宋太宗不知是有意还是无心地提到了他自己早年的经历。太宗说：后周显德年间，那时淮南一带还没有宾服，我才十六岁，跟着你们的爷爷昭武皇帝出征淮南，在扬州、泰州一带屯兵驻扎。我年轻的时候，骑马射箭也是专门练过的，这时派上了用场。多次与南唐贼军交战，百发百中，射死射伤的不计其数。你们的伯父太祖皇帝当时在六合驻扎，听说之后，高兴得直拍大腿。到我十八岁的时候，又跟从周世宗、太祖皇帝北征，攻陷瓦桥关、瀛州、莫州等地。《宋会要辑稿·帝系》也记载了这份诏书。在这份诏书中，宋太宗对其早年的大事讲得清楚明了，后周世宗时期的南征、北伐，他都参与了，并且武艺好得没得说。

宋太宗自述的这段经历，是真的吗？为什么如此重要的事情，在《宋史·太宗本纪》中没有记载呢？

其实，宋太宗对他三十年前行事的这段表白，根本经不起推敲，一个最明显的纰漏是时间不吻合：与历史事实对不上号。

朕周显德中，年十六，时江、淮未宾，从昭武皇帝南征，屯于扬、泰等州。朕少习弓马，屡与贼交锋，贼应弦而踣者甚众，太祖驻兵六合，闻其事，抚髀大喜。年十八，从周世宗、太祖下瓦桥关、瀛、莫等州，亦在行阵。——《续资治通鉴长编》卷二十九第一，宋太宗出生于后晋天福四年(939)，这在正史中记载得相当明确。他十六岁的时候，是后周显德元年(954)。这一年周世宗才刚刚即位，接着经历了高平之战，初步建立了权威，宋太宗的兄长赵匡胤也正是因为高平之战的出色表现刚刚迈出飞黄腾达的第一步。也就是说，这一年根本就没有征伐淮南的事情发生。

第二，周世宗征伐淮南是在两年后的显德三年，按照宋太宗的自述，赵弘殷、赵匡胤都在淮南战场上，应该是这一次，因为就在这一年，他们的父亲离世了。而这一年宋太宗已经十八岁，不是他自己说的十六岁。

第三，《东都事略》中说赵弘殷在淮南战场上攻破州县以后，到处搜求图书，"归以遗太宗"；而宋太宗本人却说自己正追随赵弘殷在淮南战场上拼搏。注意：一个"归"字，似乎很能说明宋太宗根本就不在淮南战场，而是在京都开封。

第四，周世宗北伐是在显德六年，这一年，宋太宗已经二十一岁，也不是他说的十八岁。

第五，赵匡义虽然生于武将之家，骑马射箭的功夫可能是有的，但一向热爱文化的他，能否具备像他吹嘘的与敌交锋百发百中无虚弦的功夫还是很令人怀疑的，这显然是夸大其词。

试想一下，宋太宗早年值得称道的事情本来就不多，甚至连与小朋友做游戏的事情都搬出来了，如果他真的参加了后周历史上的这两件大事，一定会记得相当清楚准确，不会有那么多破绽存在，不会连一个叙事基本要素的时间都弄错。

如果说宋太宗的出生神奇是史官为了证明宋太宗天生就是当皇

帝的命，是为了神化他们的领袖，是完全可以理解的套话的话，那么宋太宗本人为什么也信口开河，杜撰一段并不遥远的历史呢？说到底，无非想说明自己年轻时就武艺高强，在宋朝建立之前就立有战功、事业有成罢了。

当赵匡胤在后周政坛升到殿前都点检的时候，赵匡义还仅仅是一个供驱使的内殿祗候供奉官都知。按照宋代的官制，祗候官主要来源于举荐。如果赵匡义在后周真的无所建树的话，那这个官职也很可能是赵匡胤给他争取来的。根据《东都事略》的记载，赵匡义是在显德五年(958)获得这个职位的，而这一年，南唐江北的十四州并入后周的版图，赵匡胤是立下了赫赫战功的。这个职位，级别其实很低，所以《宋史·太宗本纪》用"仕周至供奉官都知"八个字一带而过。正常情况下，这个级别的官职干不出什么惊天动地的大事，所以也没有值得炫耀与书写的。

总之，宋太宗的早年，正史记载得简单而模糊，他的自述又与历史事实相矛盾，真真假假，假假真真，恐怕很难彻底搞清楚了。不过，有一点可以基本确认，宋太宗早年值得称道的事情几乎没有，他所夸耀的战功也许正是他没有的，他只不过是后周禁军将领赵弘殷的儿子、赵匡胤的弟弟罢了。幸运的是，赵匡胤夺了后周的江山，做了大宋的皇帝，作为弟弟的赵匡义，命运也随之发生了转变，从一个默默无闻的低级官吏，开始

周显德初，补右班殿直，迁供奉官。五年，改殿前祗候供奉官都知。——《东都事略笺证》卷三（上海古籍出版社2023年版）

走向前台。这一切的发生当然始于陈桥兵变。陈桥兵变时,赵匡义已经二十二岁。陈桥兵变的委曲详情,我们在《宋太祖赵匡胤》中已经做过详细分析。下面我们想弄清的是:赵匡义究竟有没有参与陈桥兵变?如果参与了,到底发挥了多大的作用?

高大全

先讲第一个问题,赵匡义究竟有没有参与陈桥兵变?

第一,宋太宗的本纪里无一字提及陈桥兵变。

《宋史·太宗本纪》《东都事略·太宗本纪》等是专门记载太宗一生事迹的文献,但是,在这些太宗的个人传记里面,竟然没有一个字提及他谋划、参与陈桥兵变。这就很奇怪了。即使陈桥兵变从孤儿寡母手中夺取政权的方式不大光彩,有失体面,但毕竟这一事件直接开创了大宋三百多年的基业。所以,无论如何,如果赵匡义真的参与了陈桥兵变,作为兵变的重要谋划者之一,在他个人的传记里面总是值得大书特书的。但实际上太宗的本纪里面并没有提及,这就很令人怀疑他有没有参与这件开国的大事。

第二,宋代有文献记载,陈桥兵变发生时,赵匡义本人并没有出现在陈桥驿。

《建隆遗事》中记载:赵匡胤陈桥驿黄袍加身以后,带领大队人马返回开封。此时,开封的赵家府邸有人来报说点检已经做了天子。当时杜太后还没起床,安卧如故,而"晋王辈皆惊跃奔马出迎"《邵氏闻见录》卷七引《建隆遗事》(中华书局1983年版)。在这句话之后,还有小字注释说"晋王后受命，是为太宗"。如此看来，晋王辈包括赵匡义无疑。按照此则文献，陈桥兵变发生时，赵匡义在开封的家中，而不是在陈桥驿现场。这种情况到底有没有可能呢？

我们分析一下。正史本纪里面没有提及，并不能完全证明赵匡义没有参与陈桥兵变，也有可能参与了却无所作为，没有值得书写的。所以，关键是分析《建隆遗事》的记载。那么《建隆遗事》是谁所著，是一本什么性质的著作呢？

《建隆遗事》的作者是王禹偁(chēng)。王禹偁生于后周显德元年(954)，宋太宗太平兴国八年(983)中进士。《建隆遗事》这本书已经亡佚，我们只是依靠其他文献的引用略微了解其中一些内容。宋代的目录学著作《郡斋读书志》中保存了《建隆遗事》的《叙》，王禹偁在《叙》中大致介绍了写作此书的目的以及此书的内容。他说：太祖皇帝神圣英明，文武双全，旷世无比。自受命以后，励精图治，国家日新月异，这些都是我王禹偁亲耳所闻、亲眼所见。但是，现在有些史官编纂史书，多有忌讳，不敢记录；最近圣上(太宗)又亲自对《太祖实录》大加删减。我王禹偁担心时间一久，有些事情不被人知，恐怕这些忌讳的事情、删减的内容会不传于后世，所以我把这些内容编辑整理成了十几件事。

《建隆遗事》最初名为《箧中记》，"箧(qiè)"是箱子

> 太祖神圣文武，旷世无伦，自受命之后，功德日新，皆禹偁所闻见。今为史臣，多有讳忌而不书，又上近取实录入禁中，亲笔削之。禹偁恐岁月寖久，遗落不传，因编次十余事。——《郡斋读书志校证》卷六（上海古籍出版社2011年版）

的意思,将此书命名为《箧中记》,王禹偁的用意就是秘藏书箱之中以传信于后世。因为这本书是专门记载太祖朝历史的,而且是《太祖实录》中有意不载或者有意删去的史事,所以后人就把这本书称为《建隆遗事》。

这本书有没有可信度呢?

第一,王禹偁出生于后周时期,他完整经历了太祖朝。他自己说太祖朝的一些事情是亲闻、亲见,这就在很大程度上保证了此书的可信度。

第二,王禹偁是一个性格耿直、坚持秉笔直书传统的文人。

《太祖实录》在太宗朝、真宗朝一修、再修、三修,王禹偁曾参与第三次改修的工作,但是因为他坚持秉笔直书的史家传统,结果被冠以"诽谤"的罪名,贬到黄州(今湖北黄冈市一带)去了。《宋史·王禹偁传》中记载他性格耿直,秉笔直书。从这一点来看,他撰述的《建隆遗事》应该是比较可信的。

第三,再从《建隆遗事》遗存的内容方面考察。

按照王禹偁自己的说法,《建隆遗事》也就是记录了十几件事。当代的宋史研究者搜辑《建隆遗事》的遗文,得十一事。然后,再把这十一件事与其他文献相互印证,得出结论说:《建隆遗事》大体是可信的,或许更接近当时的事实。顾宏义《王禹偁〈建隆遗事〉考——兼论宋初"金匮之盟"之真伪》《中华文史论丛》2009年第3期)

如果《建隆遗事》的记载符合实情,从王禹偁记载的赵匡义听到消息后"惊跃奔马出迎"的"惊"字来看,赵匡义似乎连陈桥兵变事先都不知情。当然,也可能有另外的意思,即赵匡义预谋了陈桥兵变,"惊"字表达了一种对事件顺利的惊讶与喜悦。但是,即使赵匡义参与了陈桥兵变的预谋,因为有其不在陈桥驿现场的证据,他对大宋王朝开国的贡献可能就微乎其微了。

但是,《建隆遗事》的记载毕竟是一条孤证,现存的更多文献记载赵匡义当时在陈桥驿现场。所以,我们不妨退一步,假定赵匡义参与了陈桥兵变,就在陈桥驿的事发现场,那么他在陈桥驿又做了些什么呢?如果像那几万名士兵一样只是参与了兵变,那么他的贡献就微乎其微,甚至可以忽略不计。事实是怎样的呢?

以今日所见之文献,对陈桥兵变记载最早者当属司马光的《涑水记闻》。

司马光是一位非常严谨的历史学家,著有编年体通史《资治通鉴》,该书是与司马迁《史记》比肩的史学名著。《涑水记闻》是司马光随手所记的一部史学笔记,第一则就是关于陈桥兵变的记录。在司马光的记载中,出现了赵匡义的身影。说在陈桥驿驻扎当夜,士兵哗变,决定立赵匡胤为天子。第二天黎明时分,众将士荷甲执兵,聚集鼓噪,赵匡胤尚未起床,"太宗时为内殿祗候供奉官都知,入白太祖,太祖惊起,出视之"《涑水记闻》卷一(中华书局1989年版)。在司马光的笔记中,陈桥驿出现了赵匡义的身影,但他所做的事情只有四个字:入白太祖,也就是进入赵匡胤的营帐中,将士兵哗变拥立他做天子的事情告诉了他。在这里,赵匡义只不过是一个能够进入赵匡胤营帐的普通传话者。

而在南宋李焘编撰的《续资治通鉴长编》中,赵匡义在陈桥兵变中的所作所为多了起来。李焘参考当时所能见到的各种文献记载，对陈桥兵变的过程叙述得非常详细，这在《宋太祖赵匡胤》的相关章节已经讲了。大致而言，在李焘的笔下，赵匡胤仍然是对众将士的预谋毫不知情，而赵匡义与另外一个人赵普，则成了陈桥兵变的策划者。更为重要的是，一个非常关键的细节发生了改变，即太祖迫不得已，无奈答应将士的要求，上马回开封时，出现一个特写："匡义立于马前，请以剽劫为戒。"什么意思呢？就是说赵匡胤答应士兵立他为皇帝的强烈要求，准备返回开封时，赵匡义拦住他兄长的战马，强烈恳请他下令，严禁士兵进城以后抢劫。在五代时期，破城、兵变之后的抢杀掳掠，是非常普遍的，甚至可以说是士兵作战的主要动力。在《涑水记闻》中，这个情节也有，然而是太祖在没有其他人要求的情况下，对士兵发布的禁令，根本就没有"匡义叩马"的情节。

对于陈桥兵变，后人反复称道的是"市不易肆""兵不血刃"，由此开创了一个文明与理性的时代。市不易肆、兵不血刃是如何形成的？追溯其根源就在于禁止士兵"剽劫"的命令。所以，这是一个非常关键的细节。

从赵匡胤自行约束士兵到赵匡义叩马进谏，这个改变是怎样发生的呢？《续资治通鉴长编》在"匡义叩马"句下加了一个注释，大意是说：《旧录》上说禁止"剽劫都城"是太祖自行约束将士的，根本没有进谏者，这里采用《新录》的说法。《旧录》《新录》指的都是《太

《旧录》，禁剽劫都城，实太祖自行约束，初无纳说者。今从《新录》。——《续资治通鉴长编》卷一

祖实录》。《太祖实录》有两种版本：一种是太祖死后太宗在位时修的，被称为《旧录》；另一种是在太宗时重修没有完成到真宗时又继续修的，被称为《新录》。按照李焘的注释，这两个本子是有所不同的。"匡义叩马"这个关键细节是后来加上去的。为什么要对《太祖实录》一修再修呢？淳化五年（994）四月太宗对宰相说的一番话透露了其中的玄机。

太宗说：太祖朝的事情，才刚刚过去没几天，但《实录》中缺失的太多了，必须组织史官重新编纂。太宗还特别强调，尤其是太祖代周受禅的事情，《实录》中的记载很不全面，必须重新搜集整理。但是，宋太宗对史官们的修订一直不够满意，关键原因是对他在关乎北宋开国的陈桥兵变中的作用一直没有凸显。宋太宗的这个意愿直到他的儿子登基以后才最终得以实现。

元代人袁桷在关于编修《宋史》的情况说明中说：宋太祖实录，旧有两本。一本为李昉等人修撰，太宗曾多次指示，其中内容已经有所避讳。又说后录增加太宗叩马的细节，明显是为了迎合。袁桷《修辽金宋史搜访遗书条列事状》（《袁桷集校注》，中华书局2012年版）在袁桷看来，宋代许多御用史官在记事中添油加醋，无中生有，不过是为了拍太宗皇帝的"马屁"。事实上，也有正直的史官不愿意拍马屁，像前面提到的王禹偁，结果被贬。所以,《新录》尽管在真宗朝最终完成，实际上完全贯彻了宋太宗的意图。

在对陈桥兵变的书写中，李焘的《续资治通鉴长编》没有取材于《旧录》，而是用了《新录》的材料，于是，在大宋建国的重要事件中，在叩马进谏这件功德无量的事件中，太宗又变成一个至关重要的人物。从不在场到在场，从在场无所事事到成为至关重要的人物，一个高大的形象就这样被塑造出来。

宋太宗这么做仅仅是为了突出自己的高大形象吗？当然不是，因为当上皇帝的他，已经是全国最为高大的形象了。之所以如此改造，是为了证明他在关乎开国的陈桥兵变中起到了非常关键的作用，甚至有文献讲，从这个时候开始，太祖就决定把帝位传给他了。这一点或许更重要。

总之，真实的赵匡义在宋朝建立之前，实在是毫无光辉事迹可写，实在是没有什么值得称道的地方。在他登上帝位以后，自己也觉得早年的这段经历太过寒酸，实在拿不出手。更为重要的一点，他必须证明其皇位得来的合法性。怎么办？粉饰。在他的多次暗示与指使下，史官迎合的假话、套话、大话出炉，一个命中注定要做皇帝的赵匡义出现了。通过杜撰、编造、移花接木的方式，一个栩栩如生的高大形象塑造完成，一个太祖即位伊始就打算传位给他的赵匡义出现了。

如果说赵匡义早年的历史因为没有什么值得书写而变得模糊，经过粉饰以后，因为夸张、编造而变得漏洞百出、扑朔迷离的话，他入宋以后的历史就变得相对清晰、有迹可循。在赵匡胤做了皇帝以后，作为弟弟的赵光义又充当了一个什么样的角色，在历史上又留下了哪些事迹呢？

> 太宗叩马首告曰：『诸军将校若恃功肆行剽略，使民肝脑涂地，非顺天应人之意，愿誓而后进。』太祖遂誓于众，诸将而下翕然禀命。太祖嘉帝英略，友爱益至，传位之意始于此。——《隆平集校证》卷一（中华书局2012年版）

光义尹京

不管赵匡义在陈桥兵变中有没有在场,也不管他在陈桥兵变中有没有发挥至关重要的作用,一旦其兄长赵匡胤黄袍加身,身为皇弟,他的美好时代就到来了。从掌管殿前军队的重要首领殿前都虞候开始,很快升至规格最高的行政官职——开封尹。五代时期,开封尹往往意味着皇位继承人。宋太祖为什么会把如此关键的职位让他的弟弟而不是儿子来担当呢?在宋代建国前后的赵匡胤、赵光义、赵普三人政治集团中,尽管史书中一再渲染赵光义的作用,但事实上他的作用可能非常小。不过,随着赵光义尹京地位的确立,他在宋初政坛上的地位与影响力开始提升,三人政治集团也因此开始出现分裂。宰相赵普与开封尹赵光义之间的争斗成为太祖朝潜在的一股政治暗流。这种政治局面是怎样形成的呢?

宋初三人行

　　大宋王朝的开国源于陈桥兵变，史书中记载的陈桥兵变俨然一次突发事件，然而事实并非如此。这在《宋太祖赵匡胤》中，我们已经做了详细分析。陈桥兵变是赵匡胤及其集团蓄谋已久的有计划、有组织的一次改朝换代的军事政变。在这个集团中，武将自然是不可少的，这是兵变成功的有力保障。但是，事先的策划更为重要，这直接关系到兵变成败。依据《续资治通鉴长编》等文献的记载，这个策划集团至少包括三个关键人物：赵匡胤、赵普、赵匡义。这个三人集团是怎样形成的呢？

　　赵普与赵匡胤一家的亲密关系可以追溯到后周显德三年（956），当时周世宗正用兵淮上，兴师动众地征伐南唐，进行着他的统一大业。赵匡胤攻陷滁州以后，赵普以滁州军事判官的身份到达滁州，这是二人之间的第一次照面，后来的历史证明，这是一次具有重大历史性意义的龙虎会。当时赵匡胤的父亲赵弘殷也出征淮南，在滁州不幸染病，而赵匡胤又马上兵发扬州，根本抽不出时间来照顾他的父亲。多亏赵普朝夕侍奉，端汤喂药，尽心照顾，由于这一机缘，赵匡胤和赵普之间的关系变得十分亲密。因为同姓"赵"，又有这么一段因缘巧合，赵普替赵匡胤尽到了作为儿子应尽的孝道，所以赵匡胤很感激赵普，赵家人也没把赵普当外人看，自然而然地

> 宣祖卧疾滁州，普朝夕奉药饵，宣祖由是待以宗分。——《宋史·赵普传》

将赵普视为同宗。以后,赵匡胤担任定国军和归德军节度使时,赵普作为书记官,一直在赵匡胤的幕府工作。陈桥兵变,赵普作为一个相当关键的策划者,很可能发挥了非常重要的作用。陈桥兵变改朝换代以后,为了表彰赵普之功,宋太祖提升他为右谏议大夫、枢密直学士。枢密院在宋代是掌管兵权的,枢密直学士可以签署枢密院事,并备顾问、应对。赵普开始进入大宋政权的关键部门。

赵匡义与赵匡胤二人相差十二岁,是同父同母之兄弟,所以,不管赵匡义在陈桥兵变中有没有在场,也不管他在场有没有发挥巨大作用,一旦赵匡胤黄袍加身,他的幸福时代也就到来了。陈桥兵变成功以后,他自然也被委以要职,被任命为殿前都虞候,领睦州防御使。殿前都虞候是殿前禁军的重要首领,是殿前司排名第五的重要首脑(上有殿前都点检、副都点检,殿前都指挥使、副都指挥使)。赵光义虽然排名第五,但因为是皇帝的弟弟,其无形之中的地位应该更高。大宋初年,赵匡胤两次亲征平定地方"二李"(李筠、李重进)叛军时,赵光义虽没有开赴前线,但被赋予了更为重要的任务,留守京师,镇守京城开封。这说明宋太祖对他这个弟弟还是相当重视与信任的。这种信任可以从宋人的一则笔记中得到进一步证明。

这则笔记说:宋太祖征伐李筠叛乱时,命赵光义为大内都点检,留守京师。当时开封市民惊呼道:点检作天子,又要出一个天子吗?这虽然是一则笔记记载,内

> 太祖征李筠,以太宗为大内都点检。汴民惊曰:「点检作天子矣,更为一天子地邪!」——《枫窗小牍》卷上(《全宋笔记》第2编第5册,大象出版社2008年版)

容有可能来自道听途说，但也不会是无中生有、空穴来风，因为就在四个月前，这种传言曾经在开封大街小巷传播，结果是后周的殿前都点检赵匡胤摇身一变，做了大宋的皇帝，开封的居民还没有那么快的忘性。作为天子的赵匡胤对此种传言或有耳闻，但他在第二次出征平定南方李重进叛乱时，甚至后来多次出征攻打北汉之时，仍毫不犹豫地命其弟镇守开封。从这一点来看，赵匡胤对他这个弟弟是相当信任的。

赵匡胤与赵普、与他的弟弟赵光义之间都彼此信任无猜，关系相当亲密。那么赵光义与赵普之间的关系又如何呢？

有两件事情可以反映出赵光义与赵普之间的关系。

第一件事，赵光义每次出门，他的母亲杜太后都谆谆教导他说：一定要有赵书记陪同才行。赵光义从来不敢违背。赵普原先在赵匡胤幕府中做过掌书记，相当于办公室主任一类的角色，这个时候已经在枢密院任职了，但杜太后仍然称呼他为赵书记。从这件小事上可以看出，赵家人的确没有把赵普当外人看，他在赵家也很受尊重；另一方面，也能看出赵光义与赵普交往甚多，两个人之间的关系也相当密切。

第二件事，建隆元年(960)五月，北方潞州、泽州的李筠叛乱，太祖亲自出征，前往讨伐。赵普想跟随太祖一块儿出征，想通过出征建立一点功勋。因此通过赵光

> 光义每出，辄戒之曰："必与赵书记偕行乃可。"仍刻景以待其归，光义不敢违。——《续资治通鉴长编》卷二

义请行，希望赵光义能跟圣上说说，让他跟随圣上出征。赵光义立刻向太祖请示，太祖笑道：赵普是一介文弱书生，恐怕连甲胄上身都承受不了吧？又对赵光义说：这次征伐，胜了就不用说了，万一失利，可让赵普兵驻河阳，做另外打算。太祖凯旋后，赏赐众将，说：赵普有从朕征伐的功勋，应格外赏赐。因此，提拔赵普为枢密副使。

从这两件事情上，完全可知赵普与赵光义二人在宋初的亲密关系。

在大宋建国过程中、在大宋建国伊始，赵匡胤、赵光义、赵普无形中形成了一种亲密的铁三角关系。这个三人组织，走得很近，不仅策划了大宋建国的陈桥兵变，而且在开国之后的重要决策中也发挥了极为重要的作用。比如在建国初年冬天的某个大雪纷飞的深夜，赵匡胤约赵光义造访枢密副使赵普府第，在觥筹交错之时，在大快朵颐之间，太祖接受了赵普的建议，宋初"先南后北"的统一战略正式出炉。这就是宋代历史上著名的"雪夜定策"的故事，是个大手笔，出自一个小集团。这则故事在后来的戏曲、小说中被不断演绎，也说明这件事情对后来的历史造成了深刻的影响。

在这个三人政治集团中，赵光义到底发挥了多大的作用，已经很难弄清。因为这一段的历史记载，在赵

岂胜甲胄乎？——《续资治通鉴长编》卷一

因谓太宗曰：『是行也，朕胜则不言，万一不利，则使赵普分兵守河阳，别作一家计度。』——夷门君玉《国老谈苑》卷一（中华书局2012年版）

光义官家后来的多次暗示、指示下，已经与事实有了差距。即使这样，赵光义在雪夜定策的事件中，也仅仅是一个陪着吃肉喝酒的角色。不管如何，在宋初的这段时间，这三个人的交往的确相当亲密。但是，这个亲密的铁三角并没有持续很久就出现了裂痕，最终分裂为明争暗斗的政治集团，这是怎么回事呢？

分道扬镳

史书中自然不会光明正大地记载这三个人之间的分裂，但是，通过一些历史事件的梳理与排比，仍然能够发现事件背后隐藏的蛛丝马迹。

先从乾德四年(966)八月的一个案件说起。

这个案件的发生背景是大宋平定后蜀政权，完成使命的大宋军队迟迟不肯班师汴梁。他们在忙着享受远征的劳动成果：将领日夜宴饮，不顾军务；部下抢掠财物，鱼肉百姓。"乐不思汴"的大宋军队把蜀地搞得鸡犬不宁、乌烟瘴气。大宋军队的暴虐行径，最终引发了蜀地军民的强烈反抗，大宋军队的一些将领也纷纷"弃明投暗"，积极加入叛乱的队伍中去，蜀地乱成了一锅粥。在这种情况下，大宋朝廷决定选派一些有能力的官吏前往蜀地平定叛乱，稳定及治理地方。一个叫冯瓒的人进入了宰相赵普的视野。

《续资治通鉴长编》中是这样叙述这个事件的：在这之前，太祖曾经对赵普说，枢密直学士、右谏议大夫冯瓒真是个奇人，他的才能当世几乎无人能比。话里话外是准备重用冯瓒。赵普于是对冯瓒心生嫉妒，听后虽不作声，心中却十分不快。于是借着蜀地急需官员平定叛乱的时机，将冯瓒弄到了四川梓州，担任一把手（权知梓州）。把一个烂摊子交给冯瓒，这还不够，赵普还秘密派遣了一个亲信作为冯瓒的家奴一同前往，目的是时时刻刻盯紧冯瓒。一年后，这个家奴偷偷跑回京城，击登闻鼓，告发冯瓒等人在蜀地为非作歹、贪赃枉法的许多事情。太祖立刻将冯瓒从蜀地召回，交给御史台审问、查证，结果发现这个家奴所说大多无中生有。到此为止，案件似乎变为赵普的亲信诬告他人。但是，还没有完，接下来的事实出人意料。赵普立刻派人到潼关去搜查冯瓒等人的行囊，结果搜出金带以及大量的金银珠宝，而且都包装得很好，上面标注了一个名字——刘嶅（áo），显然这些东西是送给刘嶅的。刘嶅，何许人也？开封尹赵光义的幕僚。证物俱在，于是冯瓒等人全部认罪。案件审理完毕，赵普对太祖说，依照大宋法律，冯瓒是死罪。但太祖想饶恕他们，赵普坚决不同意。最终太祖无奈，将冯瓒流放沙门岛，免去了刘嶅的开封府判官的官职。

《续资治通鉴长编》的作者李焘在这件事情后面加了一些注释说：据《真宗实录》记载，宋

先是，上与赵普言：「枢密直学士、右谏议大夫冯瓒材力，当世罕有，真奇士也。」尝欲大用之。普心忌瓒，因蜀平，遂出瓒为梓州，潜遣亲信为瓒私奴，伺察其过。间一岁，奴遂亡归，击登闻鼓，诉瓒及监军绫锦副使李美，通判殿中侍御史李檝等为奸利事。上急召瓒等赴阙，面诘之，下御史鞫实，而奴辞多诬。普复遣人至潼关阅瓒等囊装，得金带及他珍玩之物，皆封题以赂刘嶅。嶅时在皇弟开封尹光义幕府。瓒等乃皆伏辜。狱具，普白上，言瓒等法当死。上欲贷之，普执不可，上不获已。庚戌，诏并削名籍，瓒流沙门岛，美海门岛，嶅免所居官。——《续资治通鉴长编》卷七

真宗年间，刘嶅的母亲张氏上表朝廷说刘嶅曾经在太宗府做过幕僚，沉沦至今已有三十年，子孙后代中没有一个出仕的。真宗很是怜悯，于是封刘嶅的后代为官。注释还说，据《太祖新录》记载，刘嶅等人"已从别敕处分"，就是说对刘嶅的处理有专门的指示。李焘由此推测认为，冯瓒以金带等物贿赂的，不仅是刘嶅一人。《太祖新录》《太祖旧录》对此事的记载似乎都有所遮掩，有所避讳。所以，《续资治通鉴长编》的记载，李焘虽然参考了不同的史料，做了梳理，仍然存在不少可疑之处。

第一，从"枢密直学士"到权知梓州，明显是提拔重用，根本就不是《续资治通鉴长编》记载的贬谪(出)。如果说赵普因为冯瓒有才而产生嫉妒之心，然后开始提拔重用他，恐怕毫无道理，因为这不合正常逻辑与情理。而且，当时从京城到蜀地任职的官员不光冯瓒一人，还有参知政事吕余庆等。所以，说赵普因为嫉妒而将冯瓒派到地方担任知州，显然是往赵普头上扣屎盆子。

第二，既然御史台已经查明告状者所言多是无中生有、胡说八道，太祖为什么不处置这个胡言乱语者？难道这个人与太祖有什么关联？

第三，先是御史台已经查明此事属于诬告，后来却又搜得金带等金银珠宝，冯瓒等人又全部认罪，前

> 癸卯，命参知政事吕余庆权知成都府。——《续资治通鉴长编》卷六

后多有矛盾之处。

第四，金带这个东西是用金子装饰的腰带，是古代帝王、后妃、重要文武官员的专享，不是什么人都可以使用的。冯瓒的金带，应该不是送给开封府幕僚刘嶅的，而是送给开封尹赵光义的。

第五，对于刘嶅的处理，还要做专门指示，要与冯瓒区别对待，只是免官了事，这就很难理解。还有，多年以后，刘嶅的家人还要上诉，刘嶅的后代还因此得到官职，这似乎说明刘嶅被免官也是冤屈，是个替罪羊。替代之人当然是开封尹赵光义了。

第六，据《宋史·冯瓒传》记载，这个削除名籍、被流放沙门岛的冯瓒，在赵光义当上皇帝后，又重新走上了仕途，这是否暗示冯瓒与赵光义之间确实有一些不能公开的秘密呢？

第七，《太祖旧录》《太祖新录》都是按照太宗的意思编修的，既然对此事有所避讳，毫无疑问，这件事情牵涉太宗本人。

所以，冯瓒事件绝对不是冯瓒一个人的事情。这个事件的背后至少站着三个人：赵普、赵光义、宋太祖。赵普是想借冯瓒事件来打击赵光义，宋太祖则明显偏袒赵普，但对自己的兄弟赵光义又留了一点颜面，对他的幕僚从轻处置。这个事件表明，曾经的赵光义、赵匡胤、赵普信任无间、彼此合作的铁三角集团已经瓦解，至少已经分裂为两个明显的阵营：开封尹赵光义集团、宰相赵普集团，宋太祖则似乎处于两个集团之间，起着平衡与调停的作用，但明显与赵普走得更近。

这个铁三角集团为什么会分裂呢？赵普为什么会对赵光义进行打击呢？

哪里出了问题

我们不妨再往前追溯。先排比两件事。

第一件事，建隆二年（961）六月，太祖与赵光义的母亲杜太后去世。第二件事，七月，赵光义任开封尹、同平章事。这两件事之间有没有联系呢？

有。这就牵扯出"金匮之盟"事件。此事件我们在《宋太祖赵匡胤》中已经详细辩证分析。此处再择要简单叙述一下。

建隆二年，杜太后病重之时，把太祖叫到身边，问太祖：你知道你为什么能够取得天下吗？太祖说：孩儿之所以能拥有天下，完全是祖宗及太后积德所致。对于这样的回答，杜太后显然不满意，语重心长地说：此话错矣。你能坐得江山，完全是因为周世宗让他幼小的儿子坐天下，治理不力，人心不服，才让你有了可乘之机。倘若周朝有年长的君主，这天下还有你的份儿吗？所以，你死后应当将皇位传给你的弟弟。一个疆域广阔、百姓众多的国家，如果能够让年长的人做皇帝，实在是国家的福气啊。听到母亲的临终教导，太祖叩头告知母亲：我一定听从您的教导。

刚刚从五代中走过来的杜太后对五代的乱局记得格外清晰，而五代时期帝王在位时间最长的不过十年，平均在位时间不足四年，所以杜太后的担心并非杞人忧天。她在临终之时有可能提出保持长君在位的遗言，但极有可能只是口头遗言，并不像后来所说的由赵普记录在案。

不管是书面遗嘱还是口头遗言，其根本内容都是让赵匡胤将帝位先传给自己的兄弟，而不是自己的儿子。赵匡胤答应了母亲的要求。所以，在太后去世的第二个月，赵光义就从殿前都虞候的位子荣升为开封尹、同平章事，隐然具备了继承人的地位。这也是太祖兑现他对母亲承诺的开端。

但是，这种皇位传承顺序很可能不是太祖的本意，宰相赵普对此更是明确表示反对。正史虽然没有直白地记录这种反对的声音，但仍有线索可寻。

赵普死后，宋太宗公开对身边的人说过这样的话：赵普从前和我就不和，这事儿众所周知。赵普与宋太宗之间有什么矛盾，史书没有明确说明。既然众所周知，其他文献中一定会有所记载。宋人的笔记中说：世传太祖打算将皇位传给太宗，只有赵普一人秘密上奏，坚决反对。笔记中还记载，宋太宗当上皇帝后，有一天忽然说，若是赵普还做宰相，朕也不会坐在这个位置上。这些散落在各种文献中的记录，无不指向一点：赵普是坚决反对太祖将皇位传给赵光义的。至于太祖本人，虽然史书里没有任何记录他对此是否反对，他内心深处很可能也是不想传位给他的弟弟的。他后来迟迟不肯对赵光义封王，不进一步提高赵光义的地位，其实就是这种心态的一种反映。

既然赵普对赵光义继承皇位持反对意见，那

> 向与朕尝有不足，众所知也。——《宋史·赵普传》

> 世传太祖将禅位太宗，独赵韩王密有所启。——朱弁《曲洧旧闻》卷一（中华书局2002年版）

> 若赵普在中书，朕亦不得此位。——《丁晋公谈录》（中华书局2012年版）

么他们三个人的铁三角集团出现裂缝,当是从赵光义担任开封尹开始的。因为从五代时期开始,京城的最高行政长官通常是由皇位继承者来担当的。赵光义坐上了开封尹的位子,只是表明他有可能接任太祖,但他还没被封王,位子还未曾到达百官之上的程度,还只是万里长征迈出了第一步。在这种情况下,赵普的努力很可能会产生赵光义不想见到的效果。所以,赵普会不遗余力地打击赵光义的势力。当然,赵光义对于自身的地位很清楚,他一方面要不断强化自己的地位,另一方面要应对各种外来的打击。所以,他一定也不会闲着。

将宋初的一些事件,放在这种暗流下重新认识,许多不可理解之处就会豁然开朗。比如,太祖欲用符彦卿掌管禁军的事件。

乾德元年(963)二月,天雄节度使符彦卿来中央朝拜宋太祖。当时,赵匡胤除了大量的赏赐之外,还打算让符彦卿典掌禁军。对于这次任命,赵普极力反对,他反对的理由是:符彦卿在后周末已为藩镇节度使,名位太盛,绝对不宜再委以禁军兵权。不过赵匡胤并没有接纳赵普的建议,而且下了诏书。赵普截留了诏书,怀揣着去见赵匡胤。赵匡胤问:你是为符彦卿的事情来的吧?赵普说:不是,臣有他事要奏。等汇报完后,赵普从怀中掏出诏书,要求宋太祖收回。太祖说:果然不出我所料,诏书怎么会在你这里呢?赵普回答:臣借口有个别

> 赵普以为彦卿名位已盛,不可复委以兵权,屡谏,不听。——《续资治通鉴长编》卷四

地方言语不妥,又留下了,还望陛下深思熟虑,考虑利弊得失,免得后悔。太祖说:你为何总是怀疑符彦卿?我待他好得不能再好,他怎么可能会背叛我?赵普说道:那陛下何以有负周世宗?赵普情急之下,当头一棒,太祖默然无语,最终收回成命,事情不了了之。

太祖让符彦卿掌管禁军的决定殊不可解,为什么这么说呢?

第一,就在这个事件不久前的建隆二年(961)七月,宋太祖煞费苦心地解除了与他出生入死的那帮兄弟的兵权,意图防止他们有朝一日也来个黄袍加身。现在为什么忽然又将禁军交付给符彦卿呢?

第二,宋太祖对与他出生入死的石守信、高怀德那帮兄弟都不信任,为什么会信任与他更加疏远的符彦卿呢?

第三,符彦卿可是后周世宗的岳丈,是皇亲国戚,赵匡胤通过掌管禁军而取得了后周的政权,现在怎么会将禁军交付给一个智勇双全、士兵甘愿为其卖命的后周的皇亲国戚呢?是他发烧烧糊涂了吗?

第四,有关史料表明,宋太祖对符彦卿并没有多少好感。符彦卿在地方任节度使期间,对地方百姓大肆搜刮,用超大量器收取百姓租税,从中赚取多余的部分。太祖为此还特派官员前往天雄军专门负责租税一事,并下诏把多余的谷物赐给符彦卿,史书上说宋太祖这样做是为了让符彦卿觉得惭愧。试想这样一个人,太祖会对其有好感吗?

从以上这些疑问来看,宋太祖不可能将禁军兵权交给符彦卿,但是事实上他不但这样做了,而且还异常坚决。这又是为什么呢?

翻检史书,有两件事情可以与此扯上关系。一是符彦卿不仅是周世宗的岳丈,也是赵光义的岳丈;二是建隆二年(961)七月赵光义坐上开封尹位子的同时,也被解除了殿前都虞候的职位,他失去了对禁军的领导权。把这两件事情与太祖任命符彦卿事件联系起来,我们推测,赵光义被解除禁军的兵权一年后,借着他岳父进京朝见的机会,极力向太祖推荐让他的岳父掌管禁军,想通过一种迂回的方式重新掌握禁军的领导权。这当然是巩固提高自己的权势与地位的需要,而对于赵光义的这个建议,宋太祖答应了。

我们不清楚赵匡胤在让符彦卿掌管禁军这件事上到底是怎么想的,以他的才智绝对不会不清楚这件事情的本质与后果,但他的态度似乎还很坚决。或许他也只是做个样子,因为他了解赵普。赵普以符彦卿名声、地位太高来进言,要求太祖权衡可能存在的利弊得失都无果后,又以宋太祖过去的亲身经历来劝谏,结果太祖哑口无言,此事也不了了之。

或许,在这件事上,太祖与赵普演了一出双簧,太

> 时藩镇率遣亲吏受民租,概量增溢,公取其余羡;而魏郡尤甚。太祖闻之,遣常参官主其事,由是斛量始平。诏以羡余粟赐彦卿,以愧其心。——《宋史·符彦卿传》

祖根本不想让符彦卿掌管禁军，但对自己弟弟的建议又无法直接拒绝，在这种情况下，宰相赵普就要为皇帝分忧，来扮演恶人的角色，当然我们没有办法坐实这种推测。但可以肯定，赵普一直在不遗余力地限制与打击赵光义，避免他的势力和影响扩大。太祖最终收回成命，也暗示了他对皇弟赵光义的一些矛盾心理和担忧。

再总结一下。在宋朝建国前后，赵匡胤、赵光义、赵普三人构成了一个亲密无间的三人政治集团。这个集团在宋朝开国的陈桥兵变以及北宋先南后北统一战略的策划与制定中，都体现了集团政治合作的高效性，虽然经过太宗指示重新编纂的史书对太宗的作用有所夸大，但我们有理由相信，赵光义在这些事件中可能并没有发挥多大作用，甚至是一个可有可无的角色。但是，按照太祖母亲杜太后去世前的遗嘱，赵光义被安排在了皇位的继承顺序中，成了京都开封的最高行政长官，他的地位与权力也开始凸显。这个曾经的三人集团也由此开始分裂。宋太祖对自己弟弟的接班顺序持一种矛盾的心态，而且因为真正接班还远远没到时候，他安排弟弟尹京或许只是一种权宜之计；赵光义则在开封尹的位置上，想努力发展与扩大自己的势力与影响，而宰相赵普则坚决反对这种继承顺序，并且抓住各种可能的机会对赵光义势力进行打击。当然，这种争斗都是在幕后进行的。在最初的斗法中，比如符彦卿事件、冯瓒事件，赵普都占了上风。但是，在这种争斗的暗流中，太祖会一如既往地支持赵普吗？赵光义又会采取什么政治手段呢？

赵普罢相

从建隆二年（961）七月赵光义担任开封尹开始，太祖、赵光义、赵普三人政治集团开始出现裂痕。乾德二年（964）正月，赵普位列宰相，地位在赵光义之上，他抓住一切可以利用的机会，不遗余力地压制、打击赵光义的党羽，削弱赵光义的势力。赵普做上宰相以后，太祖把他看作自己的双手，事无巨细，都征求赵普的意见。因为有太祖在背后支持，在赵普集团与赵光义集团的暗斗中，赵普每每胜出。但是，随着赵光义集团势力的壮大与不断反击，位高权重的赵普，高处不胜寒，亦逐渐为太祖所不容，太祖、赵普集团出现分裂。开宝六年（973），赵普被罢相，出任河阳三城节度使。在宋初政坛位列宰相十年的赵普，黯然离京。赵普为什么会被罢相呢？这一切是怎样形成的呢？

三

姚恕不恕　则平不平

宰相赵普（字则平）与开封尹赵光义之间的斗法，从赵光义坐上开封尹的位子就开始了，然而二人并没有发生直接正面的冲突，赵光义一直躲在幕后，赵普虽以国家宰相的名义站在幕前，但采取的是打击赵光义党羽的方式。上一章中我们讲的冯瓒、刘嶅事件，很显然是赵普有预谋的一次政治倾轧，此事件标志着赵光义与赵普集团的彻底分裂。最后太祖出面，要给他的弟弟留一点颜面，所以对替罪羊刘嶅的处置有特别指示（别敕），以免官了事。

刘嶅尽管被削除名籍，开除公职，失去了开封府判官的职位，但他还是幸运的，毕竟还保住了一条命，而他的继任者姚恕就没有那么幸运了。

史书上说，姚恕在开封府任判官，辅佐赵光义甚是有力，颇得其欢心。一日，姚恕到宰相赵普府第拜访赵普。可以肯定，姚恕一定是奉了赵光义之命去的，因为在这之前，开封府幕僚中有个赵光义曾经很欣赏的人叫宋琪，与赵普是老乡，私下里与赵普来往过密。赵光义就很讨厌这个人，找个机会向太祖推荐，把这个人弄到陇州（今甘肃陇县）做官去了。那时的陇州可不是什么好地方，是贬谪之地。所以姚恕若不是奉命来拜访赵普，他本人是绝不敢登门的。不过，这个姚恕来得不巧，赵普正在家中宴请宾客；更有可能是因为姚恕深得赵光义欣赏，仗着开封尹的气

颇尽裨赞。——《续资治通鉴长编》卷十二

焰，牛哄哄的。总之，宰相府的门卫看不惯，说赵普"没空"，拒绝通报。吃了闭门羹的姚恕勃然大怒，转身离去。门卫最初可能就是想杀杀姚恕的气焰，看着事情不对头，赶紧告知赵普。赵普听说之后，急忙派人追上去道歉。没想到，姚恕这个人竟然名不副实，一点宽容（恕）之心都没有，不听任何解释，拒绝接受道歉，扬长而去。从姚恕的做派上看，开封府的人员在当时的京都还是很嚣张的。史书上说，姚恕的这种做派，让赵普的脸丢在地上捡不起来了，因此结下了梁子。

——普由是憾恕。——《续资治通鉴长编》卷十二

后来，太祖的舅舅杜审肇出知澶州（今河南濮阳市），因为杜审肇本没有多少才能，依靠杜太后才封官晋爵，所以太祖就想给他配一个得力副手。赵普第一时间向太祖推荐了姚恕。赵普之所以这么做，有他的目的：一是出于削弱赵光义势力的意图，把他的得力下属从其身边弄走，毫无疑问会起到打击赵光义的作用；二是那时的澶州也不是什么好地方；三是与杜审肇共事绝对不是什么好差事，因为这个人不光是皇帝的舅舅，而且根本没有多少政治才能，和这种人共事，有了成绩是他的，出了问题要自己兜着。赵光义对这种人事安排显然很恼火，朝廷那么多人你不用，为什么总是挖我的墙脚？他急忙去找太祖，希望将姚恕留下。很可能他的努力起到了相反的作用，坚定了太祖将姚恕弄走的决心。总之，赵光义出面也没实现他想要的效果。

——光义留之弗得。——《续资治通鉴长编》卷十二

傲慢的姚恕牛哄哄地到澶州做他的通判去了。他可能还没意识到这是人家给他下的一个套，早就挖好了坑，就等着他往里跳；或者他早就意识到了这种安排的后果，一直夹着尾巴做官，但难保不被别人盯上。结果，在澶州的通判任上快满两年的时候，姚恕摊上事了。摊上什么事呢？

黄河在澶州决口了。

在宋代，黄河决口本来不是什么稀罕事，北宋一百六十九年，据《续资治通鉴长编》的记载，黄河决口不下一百六十次，几乎每年都有决口。仅是澶州境内，北宋一朝黄河决口也不下十次。但是，这次黄河决口惹得赵匡胤大怒，史书中说原因是"官吏不时上言"，就是没有及时向朝廷汇报灾情。于是朝廷派遣使者前往澶州调查审讯，要追究地方官吏的责任。

澶州知州是太祖的舅舅杜审肇，结果被免去官职，勒令回家陪老婆去了；澶州通判姚恕则彻底回了老家——"弃市"。这还不算，其尸体又被投进黄河。姚恕的家人最初不知此事，偶然间在黄河中发现了姚恕的尸体，还穿着官服，几天之后，才知道姚恕的死因。

这是史书的记载，但是这个事件仍存在蹊跷之处。

第一，姚恕罪不至死。当时人们对此就有议论，说这是赵普趁机报复，是为了把掉在地上的脸捡起来。

第二，说赵普公报私仇，也非尽然。处死姚恕，赵普的确能发泄心头的郁闷，但这件事涉及太祖的舅舅，如果太祖不知情，不经过太祖的首肯，赵普断不敢将身着官服的朝廷命官处以死刑，扔进黄河喂鱼。

第三，既然弃市，姚恕的家人竟然不知情，这也很难理解。

第四，弃尸于河，姚恕的家人竟在不知情的情况下发现尸体，这也太偶然了。

第五，《续资治通鉴长编》的作者李焘对此事肯定也心存疑问，他在此事件后加了一个注释说：这件事情在《国史》中不见记载，这里是根据王子融的《百一编》。李焘增加这条注释很可能是提醒读者，对这件事要存疑。

第六，澶州黄河决口发生的时间是十一月。尽管宋代的气候和现在不同，但黄河在十一月决口的事情还真不多见。或者说，即使这时黄河决口了，可能危害并没有史书记载的那么严重，这可能也是姚恕没有立刻报告朝廷的原因。

总之，姚恕事件有不少模糊不清的地方，要彻底弄清楚恐怕也不可能了。可以肯定的一个事实是：曾经的开封府判官姚恕在上任澶州通判不到两年后就被处以极刑，而同案犯杜审肇仅被免官。可以推测到的是：这件事情肯定与赵普有关，也与赵普背后的支持者太祖有关。一句话，姚恕罪不至死，是他的出身、他的工作经历让他送了命。

姚恕之死是赵光义集团与赵普集团斗法的又一个产物，太祖虽然与赵光义保持着良好的关系，但在一些关键事件上往往成为赵普的幕后靠山。赵光义身处幕后，与在前台的赵普争斗，赵普的背后还有一个太祖。所以说开始斗法时,双方实力很不对等,是一对二。但是,没有常胜的将军。随着时间的推移,赵普与太祖的关系也逐渐出现微妙的变化,到后来赵普竟然连宰相的位子也保不住了。是什么原因导致赵普的失势呢?

赵普好像是被"雷倒"的

开宝六年 (973) 八月,赵普在宋初担任宰相近十年后,被罢免宰相职务,出任河阳三城节度使（治所在今河南孟州市）,黯然离京。《续资治通鉴长编》卷十四在宰相的位子上坐了十年的他,为什么突然被罢免了呢?

赵普被罢免的官方说法显得很人性。说赵普在宰相任上,劳心劳神,他一个人那么辛苦,有的人却闲着没事,这不是国家对待忠臣的方式,要平均一下,所以让他到地方上去休养休养。像这种摆门面的文章,一如既往地充斥着空话、假话、套话,我们读起来是万万不能当真的。那真正的原因是什么呢?

我们先从离赵普罢相最近的一件事情开始追溯,一对雷姓父子雷德骧、雷有邻似乎与此有直接的关系。史书上说,开宝六年六月,雷有邻告发宰相赵普包庇手下一批人胡作非为,查证属实,八月赵普就被下放到地方休息去了。也就是说,赵普是被"雷倒"的。雷有邻不是什么朝廷官员,他为什么会告发赵普呢?原来与他的父亲雷德骧事件有关。下面我们先详细叙述一下这一事件的来龙去脉。

先从雷德骧说起。雷德骧这个人,史书上说他没有文采,但很正直,脾气急躁。雷德骧当过什么官呢?殿中侍御史(纪检官员)与判大理寺(法官)。官虽不大,但地位显要,有弹劾权。

开宝元年(968),赵普已经在宰相的位子坐了五年,身边自然少不了攀龙附凤之徒,雷德骧管辖的大理寺的一些官员纷纷依附赵普,擅自增减刑罚名目,这让雷德骧很气愤,想面见太祖,弹劾这些人。雷德骧是个急性子,来不及等通报,就直接闯殿进去上奏,控告赵普众多不法之事:强买人家住宅,聚敛财物,收受贿赂,等等。雷德骧的这种做派,直接激怒了太祖。太祖骂道:鼎铛还有耳朵,你怎么一点规矩也没有,你就不知道赵普是我的社稷之臣吗!骂着骂着还不解气,顺手拿起身边的柱斧扔过去,砸掉了雷德骧两颗门牙,又令左右将其拖出去斩了。幸亏太祖的怒气很快就消了,给他定了个"阑入罪",就是未经允许擅自闯皇帝的住地或办公场所,贬官到商州(今陕西商洛市),做了那里的司户参军(管地方户籍、赋税、仓库交纳等事)。

附会宰相,擅增减刑名,德骧愤惋求见。——《续资治通鉴长编》卷九

鼎铛犹有耳,汝不闻赵普吾之社稷臣乎!——《续资治通鉴长编》卷九

分析一下这件事,雷德骧的职责就是告发弹劾官员,他本来是到御前告发赵普的,结果太祖对告发的内

容不管真假，不闻不问；告发者雷德骧被砸掉两颗牙齿，"奖赏"了一个阑入罪，贬谪到偏远的商州管理地方户籍去了。从这件事情上可以看出，太祖对赵普相当信任，这也是最初赵光义与之斗法总是处于下风的根本原因。

雷德骧毕竟是在中央做过官的，所以即使被贬商州，商州刺史对他也还算礼遇。不过几年后，换了一个叫奚屿的知州，雷德骧就没那么舒服了。史书上讲，奚屿迎合赵普的意思，一到商州就着手收拾雷德骧，非常傲慢地命令雷德骧在公堂上行参拜礼。作为人家的下属，行参拜礼也是应该的，但以老雷的性格，受不了这种做派，内心不满，自然口出怨言，奚屿因此怀恨在心。这个世界上，从古至今，到处都少不了溜须拍马者，于是有人对新来的奚知州告密说雷德骧到商州后曾经写文章讽刺、诽谤圣上。奚屿大喜，就以领导找下属谈话的理由把老雷招来稳住，然后秘密派遣手下官吏到雷家以欺骗的方式顺利取得文章。看来这个史书上记载的毫无文采的老雷的确对太祖砸掉他两颗门牙的事情抒发过不满情绪。于是，雷德骧被捆绑上枷，详列罪状，上报朝廷。太祖这次似乎对他很宽容，没有命令拖出去斩了，只是取消了他的公务员资格，发配到更偏远的灵武（今宁夏灵武市）去了。

雷德骧有个儿子叫雷有邻，认定他父亲的遭遇都

> 有言德骧尝为文讪谤朝廷，屿因召德骧与语，潜遣吏给德骧家人取得之，即械系德骧，具事以闻。上贷其罪，削籍徙灵武。——《续资治通鉴长编》卷十四

是拜赵普所赐，一心报复，日夜搜求能够扳倒赵普的一切证据。雷有邻在开宝年间曾经参加进士考试，没考上，没有功名，搜集证据就很不利。为了获得准确有效的证据，雷有邻动用了他父亲过去的一些关系，采取了"卧底"的方式，对赵普的党羽开展秘密调查。

功夫不负有心人。雷有邻很快就查明了与赵普有关的一些不法之事，主要有三个方面。

第一，赵普的两个下属（胡赞、李可度）凭借自己多年在相府工作的有利条件，多次收受贿赂，大行请托之事。为了取得确凿的证据，雷有邻动用了他父亲同年进士王洞的关系。王洞当时在朝廷担任秘书丞（掌管文籍的官职），雷有邻就多次登门拜访，深得王洞信任。王洞没把雷有邻当外人，经常把家事交付雷有邻办理。有一次，王洞委托雷有邻买白金半铤，并说是准备送给赵普下属胡将军（胡赞），实际是通过赵普的下属贿赂赵普。雷有邻亲自参与贿赂的过程，获得的证据自然准确无误。这是其一。

第二，雷有邻获得了他的一个朋友通过伪造履历、贿赂赵普转正的证据。雷有邻的这个朋友叫刘伟，是上蔡县的主簿。刘伟的这个官职是怎么来的呢？按照宋代当时的有关规定，临时代理（摄）某个官职三任而且履历证明齐全者，可向国家有关部门申请转正。刘伟在上蔡临时代理主簿确实达到了三任，但其中一任的履历证明丢失了，刘伟就通过其考中进士的兄长刘侁，伪造了一份履历证明，由此顺利转正。当然其中少不了请托打点赵普的事情，这是关键。雷有邻通过自己与刘伟的朋友关系，套出了这些内幕，获得了切实的证据。这是其二。

第三，赵普包庇京官借病不到地方任职。这个人是宗正丞赵孚，他是负责皇室内部事务的官员。乾德年间，朝廷让赵孚到蜀地担任地方官。京城多好啊，乾德年间的蜀地刚刚并入大宋，很不稳定，是个是非之地。赵孚不想去，就请赵普帮忙，借口身体健康问题没有前往。当然，赵普这个忙不会白帮。这是其三。

> 称疾不之任，皆宰相庇之。——《续资治通鉴长编》卷十四

证据搜集齐备之后，雷有邻击登闻鼓，告起了御状，控告中书门下的种种不法之事。这个案件涉及七个人：赵普、赵普的两个直接下属、雷德骧的同年进士、上蔡主簿刘伟和他的兄长、宗正丞赵孚。史书上说，太祖皇帝龙颜大怒，立刻命令御史台调查审理。

因为证据确凿，案件很快就有了处理结果。刘伟弃市，其余人全部处以杖刑并开除公职，赵普的两个直接下属多年来"苦心经营"的家产全部充公。雷有邻则被授予秘书省正字（文书校对一类的官职）。

> 籍没其家财。——《续资治通鉴长编》卷十四

在这个案件中，雷有邻为父鸣冤、为国除贪的意图都是值得称道的，但他的方式总让人觉得不够正派。朋友是用来利用的，朋友是用来出卖的，在他这里真是得到了证明。史书上讲，雷有邻升官以后不久就染病，大白天里经常看到死去的刘伟进入他的房间，用杖抽打他的脊背，呼号之声传出很远，不久即死去。鬼神之事难说，但雷有邻的幻觉一定证明他内心深处对刘伟是有愧的。当然这是题外话。

关于这个案件，史书的记载中不见开封尹赵光义的任何身影，但以小人之心忖度，多次深受赵普打击的他，怎可能放过这么绝好的一个反扑机会？赵光义当上皇帝以后，雷德骧步步高升。后来，赵普再次拜相，朝廷宣布任命书的时候，雷德骧正在朝班之中，听说赵普还朝任相，惊得手中的笏板不由自主地掉到地上，赶紧上书请求回家养老。太宗没有答应，但是在赵普任相期间，太宗是一直罩着雷德骧的。从这件事情上似乎可以看到赵光义在雷氏父子反赵普的斗争中，在幕后起过一定作用。不过，这也仅是猜测而已。

大家可能都注意到，在这个案件中赵普的党羽几乎全军覆没，而幕后最大的后台赵普没有被处理。但是，雷有邻的确"雷倒"了赵普。《续资治通鉴长编》中说："上始有疑普意矣。"就是说，太祖开始不信任赵普了。两个月后，赵普就被罢相。但是，史书中说，从这个时候起，太祖才开始不信任赵普，也不尽然。当初雷德骧鲁莽闯殿告发赵普的时候，太祖对赵普还是相当信任的；雷有邻的告发，使太祖彻底不信任赵普了，接着对赵普的处理就很能证明这种猜测。雷氏父子的告御状，代表了太祖与赵普关系的两个极端：相当信任与相当不信任。这种转变当然不会仅仅因为雷有邻的一次告发就一蹴而就，而是有一个过程的。也就是说，在雷有邻告发赵普之前，还发生了一些事情，直接影响了太祖与赵普的关系。那么，在这期

不觉坠笏。——《宋史·雷德骧传》

帝终保全之。——《宋史·雷德骧传》

间，到底发生了什么事情，导致太祖与赵普的关系出现裂痕呢？

不光雷打，还有风吹

有三件事情值得重视。

第一件事，赵玼(pīn)频频告发。

不知什么原因，在告发赵普的事情上，赵玼是一个不折不扣的战士。先是查访得知赵普私自从秦陇一带倒卖木材，这在当时是严厉禁止的；于是暗地里奏报太祖，告发以后又怕赵普知道，就称自己脚有病，请求解除官职。后来又多次秘密上奏，但一直没有回音，于是就怀疑赵普作梗，向朝廷上交太祖的任命书(告命)，这就有点使性子、耍小脾气了，结果被勒归私第。赵玼气愤难平，认为都是赵普中伤他造成的。开宝四年(971)三月，待赵普上朝时，赵玼拦住其去路，在马前痛斥其短。这就明显有制造舆论声势的意味。结果太祖知道了此事，召他们一同到便殿，当面对质。赵玼滔滔不绝，一股脑儿将赵普不顾朝廷禁令派人到秦陇一带倒卖木材从中牟利的不法之事尽行倒出。"上怒"，立刻命人召集百官，准备发文驱逐赵普，诏问元老大臣王溥等商议应该给赵普定个什么罪名。没想到王溥上奏说：这是赵玼诬陷毁谤。太祖接着就改变了主意，反过来责问赵

潜以奏白，然惧普知，因称足疾求解职。——《宋史·赵玼传》

伺赵普入朝，马前斥普短。——《续资治通鉴长编》卷十二

批，还命武士狠狠地打他，御史亦上殿就地进行审判。赵普见形势已彻底扭转，连忙出面做好人，为赵砒说情。太祖乘机下台阶，命宽其处罚，将遍体鳞伤的赵砒扶出去。不久将赵砒贬为汝州牙校(低级武官)。

赵砒最初告发赵普以后恐惧得请求辞官，到后来又不断地密奏，再到后来竟公然拦住赵普，当面指责。从这些情况来看，赵砒告赵普是胆子越告越大，似乎有人在背后推动主使。如果真有的话，那就与开封府脱不了干系。要知道，像赵砒这种脾气急躁、个性倔强刚直的人是很容易被人当枪使的。这当然是推测。

> 王溥等奏砒诬罔大臣，普事得解。上话责砒，命武士挝之，令御史鞫于殿庭。——《宋史·赵砒传》

把赵砒事件与三年前的雷德骧事件对照一下，就会发现一个明显的差别。同样是告发赵普，三年前，对告发之事根本就不去探讨真假，谁告发就砸谁的牙，治罪、贬官，这对赵普是何等地信任啊！三年后，还是告发赵普，就召集文武百官，商讨如何给赵普定罪，准备驱逐，虽然最终没有变成现实，但说明太祖与赵普之间已经有了隔阂，不再是最初那种亲密无间的关系了。

> 砒狂躁婞直，多忤上旨，太祖颇优容之。——《宋史·赵砒传》

第二件事，宰相赵普与枢密使李崇矩联姻。

开宝五年(972)，枢密使李崇矩的女儿嫁给了赵普的儿子，这本来是男女结合的喜事，但史书上这样记载："上闻之，不喜。"《续资治通鉴长编》卷十三太祖为什么对于人家的喜事"不喜"呢？北宋时期，枢密院主管军事，中书门下负责行政，二者合称"二府"，是国家最重要的两个职能部门。现在,两个最高职能部门的最高领导结为儿女亲家,极易操纵中枢,架空皇帝,你说太祖听到这个消息会高兴吗?以前的惯例是宰相、枢密使每次在长春殿等候应答,在同一个地方休息。自此以后,太祖命令他们分开。

事情也巧,就在这时,李崇矩的一个门客告发李崇矩收受贿赂,托人操纵科举考试,并有他人作证。太祖召来证人,但证人却说这是门客诬告。尽管如此,太祖的处理结果还是很出人意料。罢免了李崇矩的枢密使职务,给了一个节度使的虚衔,而这位告发者被赐同进士出身,到某县任主簿去了。半年后,李崇矩又一次被降职,不知是何原因。事实上,非常明显,这是太祖对赵普的打击,开始限制赵普的势力。史书上还说,赵普为政特别专权。当相权对皇权构成侵犯与威胁时,太祖与赵普之间那种亲密无间的关系便不复存在了。

在这件事情上,其实也有很多疑点。以枢密使李崇矩与宰相赵普的智商,他们不可能不清楚联姻的后果,但他们还是联姻了,难道是为了公然挑战太祖的极限?当然不是,或许这桩婚姻本来就没有太祖想象的那么危险,但有人在背后叨咕,危言耸听,这是其一。第二,太祖总不能因为人家结为儿女亲家就收拾人家,刚需要理由的时候,就

先是,枢密使、宰相候对长春殿,同止庐中,上始令分异之。——《续资治通鉴长编》卷十三

不知坐何事也。——《续资治通鉴长编》卷十四

自李崇矩罢,上于普稍有间。——《续资治通鉴长编》卷十四

赵普之为政也专。——《续资治通鉴长编》卷十四

有人来告发，还是李崇矩的门客，当然告发的事情可能是真实的，但在这个时候出现，实在是太巧了。事实证明，凡是太巧合的事情背后一定隐藏着阴谋。第三，告发者本来是找好了人证的，但关键时刻人证却改口了，这暗示在这件事的背后，双方都在做工作。第四，证人站在了李崇矩一边，却仍然剥夺李的枢密使职务，还给"诬告者"升官，这很难理解。总之，这个时候，太祖对赵普已经很不信任，不信任的原因主要来自外力。是谁在背后推波助澜呢？很可能是赵光义。

赵光义不喜欢赵普，也不喜欢李崇矩。《宋史·宋琪传》有载："乾德四年，召拜左补阙、开封府推官。太宗为府尹，初甚加礼遇。琪与宰相赵普、枢密使李崇矩善，出入门下，遂恶之，乃白太祖出琪知陇州。"

仅仅因为自己的手下宋琪和赵普、李崇矩走得近一些，赵光义就将宋琪赶到偏远之地任官。而且，干这种事赵光义从来都是假手太祖，自己躲在幕后。因此，赵普与李崇矩联姻，必然会成为赵光义打击二人的绝佳机会。

《宋史·宋琪传》载，直到太宗即位后的太平兴国三年(978)，太宗任用宋琪为太子洗马时，仍然揪住这件事不放。宋琪因此作了检讨，这才过关。

第三件事，翰林学士卢多逊多次诋毁。

翰林学士卢多逊，一向与赵普不和。但他比较会投机，深得太祖喜欢。太祖好读书，经常调阅国家图书馆(史馆)的藏书，卢多逊事先收买了图书管理员，因此能够及时知道太祖在读什么书。卢多逊

> 每取书史馆，多逊预戒吏令自己，知所取书，必通夕阅览，及太祖问书中事，多逊应答无滞，同列皆伏焉。——《宋史·卢多逊传》

本身很有文化，他连夜将太祖所读之书看完。等到太祖向大臣们询问书中的相关问题时，只有卢多逊对答如流，同僚都很佩服，太祖也很喜欢。所以，太祖有什么疑难问题时，经常召见卢多逊问对。趁着太祖召见的机会，卢多逊多次向太祖诋毁赵普，说赵普曾经用空地和皇家厨房蔬菜园调换以便扩建自己的住宅，又经营旅馆、饭店，和百姓争夺利益。太祖颇为佩服的卢多逊持续不断地给赵普"穿小鞋"，必然会影响太祖和赵普之间的关系。所以说，太祖对赵普的疏远不单纯是一个事件造成的。

我们不妨重新梳理一下这些关键事件：雷德骧告发赵普强买人家住宅、收受贿赂，结果被太祖砸掉了两颗牙齿，被贬商州。赵玭告发赵普违反禁令，贩卖秦陇木材，太祖准备驱逐赵普，但最终未实施。赵普与枢密使李崇矩的联姻，对皇权构成威胁，对李崇矩的一贬再贬，这是警告赵普。其间，卢多逊借着皇帝好学的机会，不失时机地诋毁赵普。雷有邻孤注一掷，以卧底与出卖朋友的方式获得有力证据，几乎将赵普党羽一网打尽，算是彻底"雷倒"了赵普。我们看史书接下来的记载：开宝六年(973)六月，太祖令薛居正、吕余庆和赵普共同签署政府文件。八月，赵普被罢为河阳三城节度使。

虽然在这些事件中，丝毫不见开封尹赵光义的任何痕迹，但总让人隐隐觉得，这些事件的背后一定有人在起着一种无形的作用。赵普到地方后，接着上书自我表白：外面的人都说我对皇弟开封尹轻视非议，可是皇弟忠孝双全，哪里有什么可挑剔的。这种看似突兀、毫无来头的自我辩解，正是此地无银，也暗示赵光义"伤不起"，他在诸多事件背后很可能起了重要作用。不管赵光义有没有充当幕后的老大，现在的事实是赵普被罢相到地方上休息去了，形势正朝着对赵光义极为有利的方向发展，这才是最重要的。

在姚恕等事件中，赵光义对阵赵普、太祖，是一对二；现在太祖、赵普的联盟彻底瓦解了，局面变成了一对一，而且都不能光明正大地斗法。接下来，赵光义会采取什么行动呢？太祖会任其发展吗？

知印押班奏事。——《续资治通鉴长编》卷十四

外人谓臣轻议皇弟开封尹，皇弟忠孝全德，岂有间然。——《续资治通鉴长编》卷十四

步步紧逼

〈四〉

从乾德二年(964)到开宝六年(973),赵普独相十年,受贿不法之事频频曝出,屡遭攻击;且位高权重,独断专权,渐为太祖所不容。与之一直暗斗的赵光义,也暗地里推波助澜,终致赵普罢相。开宝六年八月,在皇位继承顺序上最强大的反对者赵普黯然离京;九月,开封尹赵光义封晋王,位列宰相之上。赵光义一人之下、万人之上的准皇储地位形成。太祖将在位十年、一直坚决反对将皇位传给赵光义的赵普驱逐出京,并迅速将赵光义封为晋王。亲王尹京,这明显意味着皇位继承人的确立。那么,太祖真的想把皇位传给自己的弟弟赵光义吗?太祖与赵光义之间真的如史书中记载的那样兄友弟悌吗?

妈妈说：国有长君是社稷之福，百年之后你要传位给你弟弟

先看第一个问题，太祖真的想把皇位传给自己的弟弟赵光义吗？

要对这个问题做出直接回答，实在相当困难。关键原因在于赵光义登上皇位以后，曾不止一次地下令重新编修太祖朝的《实录》，甚至亲自删削。这种经过加工润饰的史料，自然会对太祖传位赵光义的所谓"名正言顺"大肆渲染。试想一下，这种史料能够在多大程度上接近历史的真实呢？但是，如果全盘否定这些史料记载，即太祖根本就没有打算将皇位传给赵光义，又存在一些明显的难以理解之处。

第一，为什么太祖一直没有立自己的儿子为皇储？

赵匡胤有四个儿子，其长子与第三子早夭，但次子赵德昭、四子赵德芳一直健康成长，也没有什么不良的行为，而且，到开宝六年(973)太祖加封开封尹赵光义为晋王的时候，赵德昭已经二十三岁，赵德芳也已经十五岁，也就是说他们都具备继承皇位的条件。太祖为什么不明确立自己的儿子为接班人呢？

第二，为什么赵光义的实际地位像皇储？

大宋开国第二年，太祖就让弟弟赵光义担任最有权势的开封府最高行政长官开封尹；开宝六年，赵普罢相出京以后，又封赵光义为晋王，接着又专门下诏规定赵光义位居宰相之上。五代时期的惯例，亲王尹京表明已经具备继承人的地位。后周世宗即位前就是晋王兼

开封尹。亲王尹京就暗示具备皇位的继承资格,太祖为什么不让自己的儿子担任这个职位呢?

第三,为什么不少文献记载赵光义的确是皇位的继承人?

如果说正史里面记录的史事的材料来源都是经过"注水"的话,那为什么宋代的一些笔记史料也显示赵光义是皇位的继承人呢?赵普与赵光义之间的矛盾冲突,本质上是赵普反对太祖将皇位传给赵光义。赵普自己承认,他曾经坚决反对让赵光义即位;赵光义当上皇帝后,也说要是赵普还做宰相,他也继承不了皇位,他甚至为此事还想对赵普大开杀戒。我们从这些史料记载的内容逆推,赵普极力反对太祖传位给赵光义,说明太祖的确有将皇位传给弟弟的意思。

从上述三个"为什么"中,基本可以断定,太祖有将皇位传给弟弟赵光义的打算。但是,这种意愿是出自他的本心吗?

笔者认为,将自己的弟弟纳入皇位传承顺序,不是出自太祖的本意,而是太祖母亲杜太后的意思。这就是大宋历史上至今为止仍聚讼不已的金匮之盟。

建隆二年 (961),杜太后病重弥留之际,对太祖语重心长地说:你之所以能够取得天下,是因为后周用了一个小娃娃治理国家。所以,你百年之后,要把皇位依次传给你的弟弟。太祖含泪答应了母亲:**谨遵母**

先帝若听臣言,则今日不睹圣明。朕几欲诛卿。——《曲洧旧闻》卷一

若赵普在中书,朕亦不得此位。——《丁晋公谈录》

文莹《玉壶清话》卷三(中华书局1984年版)

汝万岁后,当以次传之二弟。——《涑水记闻》卷一

亲的教诲！史书上还说，太后还吩咐赵普，把誓约记录在案，秘密保存起来。关于此事，尽管后来对其真实性多有争议，但不能全盘否定，至少可以肯定杜太后在弥留之际的确曾经要求太祖将皇位依次传给他的弟弟，而不是直接传给自己的儿子，目的是防止赵家的天下被颠覆。杜太后去世之后第二个月，赵光义就被任命为开封尹、同平章事，这是一个有力的旁证。

太祖是个孝子，在母亲病重之时，一直在床前侍奉，端药喂饭，一刻不离。对于他母亲的教导，他不能违背。但将皇位传给弟弟，而不是自己的儿子，实非其内心所愿。一方面，他的儿子已经不是周恭帝那样的小孩子了，另一方面尽管母亲的意思是最终将皇位再传给太祖的儿子，但赵德昭与赵廷美仅差四岁，即使传承不出现任何误差，其即位的可能性也很小了。所以，在这个问题上，太祖一直持一种相当矛盾的心态。姑且任命赵光义为开封尹，算是部分兑现对母亲的承诺，又因为赵普的极力反对，这其实也契合了太祖的内心，所以一直不给赵光义封王，况且自己正当年，姑且走一步看一步。这种推测应该比较符合太祖的心态，也能够解释历史上那么多难以理解之处。

赵普做宰相时，对赵光义一直打击与压制，尽管

> 太祖侍药饵，不离左右。——《涑水记闻》卷一

> 或谓昭宪及太祖本意，盖欲太宗传之廷美，而廷美复传之德昭。故太宗既立，即令廷美尹开封，德昭实称皇子。——《宋史·魏王廷美传》

史书上没有明说，但这在当时应该是众人心知肚明的事。对于赵普有意打击赵光义，太祖其实是默许的，并且很可能暗中支持，到关键时候出来调停一下、平衡一下。但随着赵普的独断专权，太祖逐渐对其疏远，况且赵普做不到洁身自好，所以不断受到他人指使（赵光义的可能性最大）的攻击，最终导致赵普被罢相。后来的事实证明，罢免赵普的宰相职位，是太祖一生中犯下的最大错误。赵普离开京城，到地方上休息去了。在这种情况下，对赵光义封王的阻力或暂时的借口已不存在，所以，太祖内心很无奈地封开封尹赵光义为晋王，上朝位列宰相之前。

总之，在对继承人选择的问题上，太祖一直是被逼的。

第一，杜太后逼迫。母亲要求他这么做，他是一个孝子，不忍心违背母亲的遗志，他不得不答应。

第二，赵普逼迫。赵普的逼迫表现在三个方面：首先，逼迫太祖传子。其次，位高权重，独断专权，相权侵蚀皇权，太祖被逼无奈，将其下放。最后，对太祖而言，罢免赵普是一件很无奈的事情。赵普被罢，相应地，反对的声音没有了，太祖只能传弟。这也是一种逼迫。

第三，赵光义逼迫。赵光义在开封尹的位子上已经十余年，他一直没闲着，不断扩大发展自己的势力，已成尾大不掉之势，他的办公部门开封府衙门，俨然另外一个大宋朝廷。在这种情势之下，即使太祖强力立德昭为太子，恐怕也很难保全太子的性命。

在三种力量的逼迫之下，尤其是赵光义力量不断壮大的无形威逼下，太祖很无奈，只能封赵光义为晋王。

那么，为什么说赵光义在开封尹的位子上一直没闲着，而且敢于拼命发展自己的势力呢？

光义想：既然妈妈说让我接你的班，我就得时刻准备着

赵光义如何逼迫太祖传位于自己呢？

主要有三个方面的表现。

第一，网罗各色人才。

据历史学者蒋复璁的研究，赵光义开封府的幕僚集团有六十六人之多。《宋太宗晋邸幕府考》(《大陆杂志》第30卷第3期，1965年) 或许由于蒋先生对幕府的界定略显狭隘，这个统计数字仍然是不全面的，因为《宋史》中记载的某些在赵光义手下的人员，并未出现在蒋先生的统计中。因此，可以肯定的是，赵光义的开封府网罗了大量的人才，要远远超过六十六人，而且这些人员成分复杂：有文士，有谋士；有勇士，其中不乏杀人越货的亡命之徒；有巫士，有医士，有道士。总之，在赵光义的开封府地方组织中，三教九流，各色人等，一应俱全。

网罗人才，本来是值得称道的事情，但稍微看看赵光义网罗的人才，尤其是多养力士，招纳亡命，这就不是单纯附庸风雅的事情了，似乎是别有用心，别有他图。

第二，拉拢朝中大臣。

对于朝中文武大臣，赵光义想尽各种办法，"团结一切可以团结的力量"，利用各种机会，结交大臣重臣。当然经过赵光义指示重新

编纂的史书，不可能将这些事情赤裸裸地表达出来。但是，我们依然可以从史书中搜寻到一些蛛丝马迹。赵光义的做法主要是两种：一是拉拢，二是解难。

先说拉拢。

至道三年（977）三月，大宋的一名大将田重进去世了。史书在追溯他早年经历时，提到了一件事。说赵光义在做开封尹期间，非常赏识殿前禁军将领田重进的忠勇，派手下人馈赠酒肉，意欲结交，没想到田重进断然拒绝了。派去的人说话很牛气，说：晋王赏赐给你的酒肉，你怎么敢拒收？田重进的回答更牛：我只知道有当今圣上，不知晋王是何许人也。最终也没接受赵光义的馈赠。

这是一个赵光义结交朝中大臣失败的例子，但仍然透露了不少信息。赵光义通过一些非正规途径，意图与朝中文武百官建立密切的关系网，虽然这次碰了钉子，但从晋王府派去的人"晋王赏赐给你的酒肉，你怎么敢拒收"这样牛哄哄的话中推测，愿意接受、不敢不接受晋王拉拢的朝中大臣一定不在少数。从手下人这种霸道的语气中，也能看出晋王的势力已经很强大，而且还在进一步壮大。

再说解难。

拉拢结交的方式不止贿赂馈赠一途。抓住一切可以利用的机遇，不遗余力地结交，不断扩大自己的实力

上在藩邸时日，怜其忠勇，尝令给以酒炙，重进不肯受。使者云：'晋王以赐汝，汝安敢拒!'重进曰：'我但知有陛下，不知晋王是何人也。'卒不受。——《宋太宗皇帝实录校注》卷八十（中华书局2012年版）

和势力范围是开封府一贯的做法。其中，帮助一些大臣排忧解难也是一种手段。楚昭辅事件就是一个明显的例证。

对于楚昭辅这个人，估计大家一定不会陌生。在陈桥兵变中，这个人起到了向领导汇报、向下属传达、向太祖家属报喜这样一个穿针引线的作用。

开宝年间，楚昭辅受命负责总管三司(全国财政、建设、库藏、贸易等)事务(权判三司)，这是太祖对楚昭辅的信任。然而，楚昭辅在任期间，出问题了。开宝五年(972)秋天，三司的官员上书说：按照现在每月的消耗量，国都仓库里储存的粮食只能维持到明年二月，所以恳请圣上调拨军队，征用民船，协助江淮漕运运粮。"上大怒"《续资治通鉴长编》卷十三，立刻将楚昭辅召来，非常严厉地问责：国都没有九年的粮食储备就叫不足，你平日里不做好筹划，到现在仓库粮食快没的时候，又来请示动用驻守的军队，搜罗民船，协助漕运，这是突然之间就能解决的问题吗？你这个官是干啥吃的！我现在明确地告诉你，一旦粮食真的不够了，我必定拿你问罪，给众人一个交代。

楚昭辅惶恐万分，不知如何是好。于是直接去了开封府，对赵光义鼻涕一把泪一把地哭诉，希望赵光义能替他在圣前解释解释，自己一定会把吃奶的力气都用在漕运上。赵光义答应了其请求。

三司言仓储月给止及明年二月，请分屯诸军，今仓储垂尽，乃请分屯兵旅，括率民船，以给馈运。是可卒致乎，且设尔安用！苟有所阙，必罪尔以谢众。'昭辅皇恐，计不知所出，乃径诣开封府，见皇弟光义泣告，乞于上前解释，稍宽其罪，使得尽力营办，光义许之。——《续资治通鉴长编》卷十三请注意一下李焘的叙述，在楚昭辅走投无路之时，"径诣"开封府，首先想到的是开封府，而不是曾经一同共事过的赵普。直接奔向开封府，这说明赵光义的能量巨大，在楚昭辅眼中，只有赵光义能出面为他摆平这件事。

在他人最需要帮助的时候伸手拉一下，别人会感激一辈子，会死心塌地跟随。楚昭辅没有找错人，赵光义手下幕僚众多，很快就有高人想出了解决问题的最佳方案。十万石粮食也很快顺利运抵京城，楚昭辅因此逃过了处罚。经过这件事之后，楚昭辅就彻底成了赵光义的人了。

总之，赵光义总是利用一切可以利用的手段，与朝中大臣建立了良好的关系，不少人身在曹营心在汉，由此凝聚成了一股潜在的无形力量。

第三，私交禁军将领、地方节度使。

有史料显示，开封府的幕僚当中，有些人曾经是禁军将领及地方节度使的下属，这说明赵光义与禁军将领及地方节度使之间亦不乏往来，由此构建了良好的关系网。后来的事实证明（斧声烛影以后少见反对的声音），这对当权者是很危险的。

赵光义不遗余力地网罗人才，结交大臣，交通节度使。十余年间，尤其是赵普被罢相以后，开封府已经形成了一股举足轻重、不可小觑的力量。可以不夸张地说，这时的赵光义跺跺脚，京城都要晃好几晃。不妨再拿以前曾经讲过的党进的例子来看看开封府的威慑力。

党进是个武人，比较粗鲁，没有心机，深得太祖喜爱。他曾经受诏巡视京都，开封城的百姓有不少养鸟的遛狗的，一旦让他碰到必定放生，还少不了一通斥骂：不买肉来孝顺父母，却养这些鸟玩意儿。有一天，赵光义的亲信在街上遛鹰，被党进碰个正着。自然要骂，要放生。亲信说：这可是晋王的宠物。你猜党进有什么反应？他急忙掏出一大把钱，亲切地说买点肉喂喂，还说：你要小心谨慎地看护，不要被小猫小狗给伤了。党进这个人性情粗暴，动辄骂人，但一遇晋王的人，则前倨后恭，自掏腰包不说，还要细加叮咛。深受太祖宠信的党进听到晋王的招牌，也难免战战兢兢，如同"变色龙"一样，赵光义在开封的威势可见一斑。

> 买肉不将供父母，反以饲禽兽乎。——《宋史·党进传》

赵光义的这些做法，是很危险的，弄不好很容易引火上身，搬起石头砸自己的脚。以赵光义之权谋、心机，他岂会不知！但是他仍然不遗余力地在做，这说明什么？这说明他有可以依靠的力量，这就是杜太后曾经说过的话。既然妈妈说过让我接你的班，我就得时刻准备着，这也明显是在逼迫太祖给他封王，不要违背母亲的遗言，要进一步确定他继承人的资格。

对赵光义的种种做法，有人很担心，上奏太祖说：开封尹肆意妄为，纵容手下为非作歹，广结天下豪俊，陛下您得留心。对这种推心置腹的建议，没想到太祖勃然大怒，说：朕与皇弟一向和睦，开国以来，和好相保，总有一天我会把整个天下交付给他；你这不知天高地

> 为京尹，多肆意，不戢吏仆，纵法以结豪俊，陛下当图之。——《玉壶清话》卷七

厚的狂妄小人，竟敢离间我们兄弟的手足之情！竟要让身边人把这个上奏者拉出去斩了。赵光义与太祖之间的关系真的是亲密无间吗？为什么在他人谈及自己与赵光义的关系时太祖的反应如此强烈呢？这时的太祖到底是一种什么心理呢？

暗流汹涌

先讲春秋时期郑国的一个故事。

郑武公的夫人武姜，生了两个儿子：郑庄公、共叔段。郑庄公出生的时候，是逆生，就是难产，让他母亲大受惊吓，因此很不得母亲喜欢。相反，姜氏很喜欢共叔段，想把他立为继承人，多次向郑武公请求，但郑武公没答应。

郑庄公即位以后，他的母亲姜氏给共叔段请求封邑，于是到了京（今河南荥阳市附近）这个地方。到京以后，共叔段扩修城墙，城墙超过了国都城墙的高度，这是不符合当时礼制的。城墙高就意味着城邑大，人口多，势力大。春秋时期，受封的人在自己的封邑里有很大的自主权，俨然一个独立的小王国。共叔段改造城墙的行为引起了一些大臣的警惕，但郑庄公说：母亲想要这样，我能怎么办呢？这位大臣说：姜氏哪有满足的时候，不如早点处置您的弟弟，别让他的势力蔓延，一旦蔓延了，您就难办了。庄公说了一句很有名的话:"多行不义必自毙。"意思是说,不义的事情做多了,一定会中枪。你就等着瞧吧。

> 姑待之。——《左传·隐公元年》

不久,共叔段就让郑国西部和北部边境一带也要同时听从他的命令。郑国有个大夫对庄公说:一国不容二君,您现在是如何打算呢?您要是想把国君的位子让给您弟弟,那我就去为他服务了;您若是不想给,那就请您赶紧把他做掉,别让老百姓有其他想法。庄公说:用不着,他会自取其祸。

> 无庸,将自及。——《左传·隐公元年》

又过了一段时间,共叔段持续不断地扩展自己的地盘。有人实在坐不住了,对庄公说:可以行动了,他的势力再大一点就会得到民心了。庄公却说:他做事不义,没人会拥护他,势力即使大了也会垮掉的。

> 不义不暱,厚将崩。——《左传·隐公元年》

共叔段把城墙修坚固了,粮草准备足了,武器装备好了,军队也召集全了,就准备偷袭郑国的都城,而他的母亲姜氏则作为内应到时打开城门,里应外合。郑庄公知道了进攻的具体日期,这才说:现在可以了。于是命令军队攻打京,京地的民众也起来反对共叔段。共叔段只能出奔,最后跑到国外去了。

这是春秋时期很著名的一个事件,是《春秋左氏传》记载的第一个大事件。想必酷爱读书的宋太祖不止一次地读过。太祖在对待赵光义不断扩展壮大自己的势力方面,一直持一种不管不问,并且不允许别人胡说八道的态度。笔者推测，在对待赵光义的态度上，太祖是想学学郑庄公，纵容赵光义，直至众所周知、人神共愤之时，迅速将其剪灭，既名正言顺，又不算违背母亲的遗志。对太祖而言，如果事情按照他想要的进程发展，的确是一个解决问题的绝佳办法。但是，请注意，赵光义读的书比太祖多得多，他不会不以史为鉴，何况他手下有那么多忠心的"臭皮匠"，所以他不会按照太祖想要的路子发展。因此，赵光义一方面要扩大势力，以此加强自己的地位与影响力；另一方面，在一定程度上胡作非为，无疑就是给太祖施加压力，逼迫太祖尽快确立他继承人的资格。开宝六年(973)，赵普被罢相、赵光义晋升晋王，均是赵光义威望日益提升、党羽势力强大的成果。

开封城里到处笼罩着赵光义的影子。应该如何摆脱赵光义的势力范围与逼迫呢？太祖想到了迁都。

开宝九年四月九日，太祖带着赵光义及群臣，离开开封，前往西京洛阳。注意一个细节：以往太祖每次离京，都是让赵光义留守京城，而这次没有。这说明太祖对赵光义已经很不放心，不想让他脱离自己的视野。而且，在洛阳举行完南郊祭祀以后，太祖迟迟不肯回开封，宣布准备将都城迁到洛阳。太祖迁都的态度很坚决，迁都的理由也很充分，是为大宋王朝千年大业确定地理优势，所以大臣数次进谏均无果。最后，晋王赵光义只得亲自出马。《续资治通鉴长编》是如此记载的：

晋王不慌不忙(从容)地说："迁都洛阳不合适。"

太祖说："迁到洛阳还不算完，早晚要迁到长安。"

晋王叩头，直言极谏。

太祖说：我之所以将都城西迁，没有什么其他的原因。是想借助这里的高山大河的地理条件，裁减军队，学习周朝、汉代，以此安定天下。

晋王说："在德不在险。"

太祖没有回应。

太祖、赵光义兄弟二人这一段看似平静的对话背后，似乎隐含着激烈的冲突、抵触、斗争。联系当时的历史语境来分析一下：

第一，晋王"从容"的表面背后，其实是极大的不从容。事实上，他已经清楚太祖之所以在这个时候提出迁都，就是为了摆脱他在开封经营十几年形成的有形的、无形的势力，这当然是他不愿意看到的。所以他很着急、忧虑，但又故作从容状。当太祖表示最终还想迁到长安的时候，这种从容就无法再坚持了，开始"叩头切谏"。

第二，太祖在解释迁都原因"无它"的背后，正说明"有它"。虽然太祖的理由也很是名正言顺，迁都，可以借助高山大川，实现长治久安。

第三，晋王反驳的"在德不在险"的话，其实很无力，他自己也明白。太祖不回应不是说被说服了，其实是包含着不屑。

第四，李焘说，晋王进谏的事情在《国史》中没有记载，这里依据的是《建隆遗事》。按理说，这是大宋历

晋王又从容言曰："迁都未便。"上曰："迁河南未已，久当迁长安。"王叩头切谏。上曰："吾将西迁者无它，欲据山河之胜而去冗兵，循周、汉故事，以安天下也。"——《续资治通鉴长编》卷十七

史上的大事。考虑到以前大宋历史一些重大事件，不管赵光义参与没参与、有没有发挥重要作用，他都命令大肆渲染一番。为什么对此事就隐藏起来呢？这只能说明，迁都事件，对赵光义而言，不是一件光彩的事情。

赵光义的这次直接进谏事实上是失败了。但太祖最终为什么没有实现迁都的想法呢？

不知大家注意没有，在迁都问题上，太祖没有得到任何支持，全是反对的声音。还有一个细节也需注意一下，大宋宰相沈义伦最初是以东京留守、大内都部署的身份留守东京的，就在太祖准备提出迁都的想法之前，忽然召沈义伦赶赴西京洛阳。太祖召沈义伦到洛阳的目的，很可能是想得到大宋宰相的支持。但是，这个继赵普之后出任宰相的沈义伦，一向谨小慎微，在迁都问题上，没有发表任何看法，哪怕是反对的声音，而是选择了沉默。

> 伦清介醇谨，车驾每出，多令居守。——《宋史·沈伦传》

太祖虽然对赵光义的进谏不置可否，然而由于没有获得任何支持，最终只得车驾回京。所以说，在迁都问题上，赵光义还是最终胜出。这说明，赵光义的势力已经根深蒂固、无处不在了。所以，赵光义与太祖兄弟二人之间的关系，绝非史书中记载的那样亲密无间，史书中不断记录二人之间的手足之情，实际上是有意掩盖背后的矛盾。史书上不断用来证明兄弟二人兄友弟悌的事，可能并非事实，甚至相反。

从洛阳回到开封以后，史书中多次记载太祖亲临晋王府，并且还为晋王亲自督建了一项水利工程。

因为晋王的居所地势高，水没法流到，六月初五，太祖亲自从左掖门步行，到达晋王宅第，派遣工匠制造大转轮，把金水河的水引到宅第中，并且多次亲临视察，督促完成这个工程。七月初三，太祖又到晋王府，观看金水河水流入晋王府第的情形。

史书上把这件事情渲染成太祖对晋王的关怀，以说明兄弟二人之间良好的关系。笔者认为，太祖的意图恰恰相反。为什么呢？

第一，赵光义府第因为地势高而"水不能及"，这种状况不是一两天了，为什么宋太祖一直不管不问，偏偏此时亲自处理？

第二，太祖为什么在从洛阳回来不久后，就开始关注晋王的府第地势，要引水入宅呢？更不能理解的是，太祖多次亲临现场视察，工程完成以后，又专门前往，观看金水河水流入之情形。要知道，过分的热情后面一定隐藏着某种目的。

第三，如果说这是对晋王有利的一项工程，晋王应该感恩戴德，但是工程完成后，史书上不见任何关于晋王反应的记载，这很令人疑惑。

所以，笔者推测，太祖的此次行动，名义上是关心自己弟弟的生活，实际上是一种巫术行为——魇胜。魇

> 以晋王光义所居地势高仰，水不能及，庚子，步自左掖门，至其第，遣工为大轮，激金水河注第中，且数临视，促成其役。——《续资治通鉴长编》卷十七

胜是古代一种巫术，以镇物等制胜、制服。晋王的强势以及太祖迁都不果，促使太祖想尽各种办法来压制，连巫术的方法都用上了，所以他对此工程如此上心；晋王府人才济济，三教九流都有，对于太祖的行为，赵光义不会不清楚，所以不会表现出任何感激之情。

开宝九年(976)，是大宋历史上具有转折意义的一年，我们再看看这一年的太祖与赵光义。

二月，太祖派兴元尹皇子赵德昭至宋州(今河南商丘市)去迎接前来朝见的吴越王钱俶。在此之前，这类任务一般由赵光义负责。三月，以皇子赵德芳为检校太保、贵州防御使。然后太祖带领晋王，西幸洛阳。以前太祖离京，赵光义是留京镇守的。在洛阳期间，加封名声很不好的赵德芳的岳丈焦继勋为节度使。四月，准备迁都洛阳，虽然态度坚决，但最终不果。六月，亲自监工给晋王府第引水；九月太祖至晋王赵光义家。在开宝九年，太祖的许多行为，明显具有强烈的意图：一是努力摆脱、压制赵光义的势力，二是开始提升德昭、德芳的地位。这一系列的行为，让晋王赵光义坐不住了，他虽然具备了继承皇位的资格，但毕竟没有正式下诏，传谕天下，随时有可能让煮熟的鸭子飞走了。在时局很不明朗并且开始向不利于自己的方向发展的情况下，如何才能不让煮熟的鸭子飞走呢？

赵光义终于下手了。这就是大宋历史上的一大谜案：斧声烛影。

赵光义如愿坐上了大宋王朝的头把交椅，但是，他能坐稳这椅子吗？

无所不能

〈五〉

开宝九年(976)十月二十日深夜,宋太祖赵匡胤与他的弟弟开封尹、晋王赵光义在大宋内宫一场烛光宵夜之后,不明不白地离世了。二十一日,赵光义即位。宋太祖死得很不正常,晋王的即位很不正常。大宋历史上这个迷雾重重的重大政治事件,引发了后人无限的猜测。宋太祖的死亡很不正常,为什么赵光义即位能够进行得很顺利呢?根据史书的记载,太祖离世、晋王即位之后,大宋朝野上下一片平静。没有任何人提出哪怕三言两语的质疑与不满,太祖之死、晋王即位似乎成为再寻常不过的事件。为什么会出现这样的状况呢?宋太宗赵光义即位以后,到底采取了什么招数,使大宋王朝最高政权实现了平稳、顺利的过渡呢?

在《宋太祖赵匡胤》中，我们已经详细分析了斧声烛影事件的多种可能。笔者个人的倾向是，斧声烛影是赵光义有计划、有预谋的一次弑兄夺位的政治事件。然而，正史对此事的记载非常简单，《宋史·太祖本纪》说"帝崩于万岁殿，年五十"；《太宗本纪》中说"开宝九年冬十月癸丑，太祖崩，帝遂即皇帝位"。对于大宋历史上这次很不平常的最高权力转移，正史中只是轻描淡写了一句"太祖死了，他的弟弟即位了"。这是为什么呢？理由非常简单。赵光义是这次政治事件的胜利者，历史是胜利者的历史，"谁犯罪，谁受益"，他当然不会将自己丑陋的一面展示给世人，他自然会有足够的权力、足够的办法将他的不光彩行为消于无形。事实证明，赵光义的政治手腕是无所不能的。

下面，我们从两个方面来证明赵光义的无所不能。第一，为什么赵光义能够弑兄夺权成功？第二，赵光义当上皇帝后，如何迅速巩固自己的权力？

在最合适的时候，在最合适的地点，利用最合适的人，干了最想干的事

先看第一个问题。赵光义为什么能够顺利弑兄夺权？一句话概括，这是赵光义担任开封尹十六年长期积蓄力量的结果。具体而言，赵光义能够夺权成功，有三个方面的因素。

第一，最佳时机。

斧声烛影事件发生在开宝九年(976)十月二十日，赵光义将他的

重大行动安排在这一天，为什么呢？

此时的开封城内兵力空虚。

开宝九年 (976) 八月，宋太祖命侍卫马军都指挥使党进等人率兵征伐北汉，九月抵达太原城下，十月的时候，大宋军队与北汉军队战斗正酣。这个时候，京都开封的兵力相对空虚，忠于太祖的死党都在外带兵，这显然是一个绝佳时机。否则，太宗很难夺权，即使夺权成功，也很有可能被太祖的死党推翻。这种可能绝对会有。试想一下，三年后大宋与辽国之间的高梁河战役中，当军中发现太宗不知所向时，发生了拥立太祖的儿子赵德昭为帝的事件，就很容易说明存在这种可能。事后被责罚的将领就有石守信、史珪等人，他们可都是赵匡胤的人。所以，赵光义如果想有所行动，必须选择一个绝佳时机。征伐北汉战争正酣的十月，是一个非常不错的选择。如果错过了这个机会，北汉一旦平定，全国基本统一，按照宋太祖的计划，大宋大规模出兵的可能性就非常小了。机不可失，时不再来，这不仅是个绝佳的机会，有可能也是最后的机会。赵光义终于开始了他的篡位行动。

此时的赵普已经被贬离京。

赵普离不离京与赵光义当皇帝有什么关系呢？前面几章已经讲过赵普与太宗之间的恩恩怨怨，二人之间的明争暗斗，在此不再重述。总之，宰相赵普是极力反对赵光义接手大宋政权的强硬派，他对赵光义时刻保持着清醒的警惕，不断采取各种办法压制、打击赵光义的势力。当然，赵光义有耐心、有毅力，也在不断地对抗、攻击赵普。加之赵普个人位高权重，不够检点，最终导致了太祖对赵普的不满，赵普于开宝六年（973）被贬离京，出任河阳三城节度使。赵普被贬离京，无疑除去了赵光义接替皇位的坚决反对者、最大绊脚石。赵光义当上皇帝后，还曾亲自说过"假设赵普还在宰相的位子上，我也做不上皇帝，到不了今天"之类的话，可见赵普离京为赵光义的大动作提供了良好的机遇。

此时开封城内的文武百官正在休假。

唐宋时期的公务员没有星期六、星期天的周末休假，但有旬休制度，就是每月上旬、中旬、下旬各有一天不用上班签到，一般是每旬的最后一天，又叫休沐。《续资治通鉴长编》中这样记载，开宝九年（976）四月二十三日，宋太祖下诏说：从今以后，旬假日不上朝，不理朝政，文武百官休息沐浴。从这条记载可知，在此之前宋代的休假制度还没有完全执行，但从开宝九年四月底，旬休成为国家的法定节日了。在这一天，皇帝不用上朝，文武百官不用签到，回家洗洗澡，逛逛娱乐场所啥的。请留意，斧声烛影发生的时间是开宝九年十月二十日，正是大宋的法定节日。没有文武百官的打扰，又赶走了太祖身边的服侍之人，这就为赵光义大动作的顺利进行创造了良好的机会。

此时的宋太祖赵匡胤的身体可能真的有点不适。

一些史书中一再渲染宋太祖是身体染病又喝酒才猝死的。从事实推测，斧声烛影前几个月，宋太祖日理

己未，诏自今旬假不视事，赐百官休沐。——《续资治通鉴长编》卷十七

万机，到处巡察，不像是得重病的样子。但是，像头疼、感冒之类的小毛病还是有可能的。这也很关键，"上不豫"《续资治通鉴长编》卷十七的消息如果被别有用心的人有意传播，还是能够为太祖之死制造一点舆论准备，能为文武大臣制造一点心理准备的。再者，赵光义也可以借着太祖身体不适这个名义，到内宫探望，以便近距离亲密接触，实施某种行动。所以，这种可能性，也是一个良好机会。

总之，大宋王朝的大批军队、太祖的死党在北方战场上厮杀，赵光义最坚定的反对者宰相赵普被贬出京，朝廷旬假文武百官休息，太祖可能患了感冒、风寒之类的小毛病，几个因素汇聚在一起，就形成了一个最佳时机。

第二，最佳地点。

京都开封是一个不错的选择。

京都开封不光是大宋的首都，也是赵光义的地盘。他以开封尹的身份苦心经营十六年，形成了盘根错节的势力。谁的地盘谁做主，对赵光义而言，没有比开封更令他如鱼得水的地方了。也正因为如此，宋太祖提出迁都洛阳之时，赵光义坚决彻底地反对，并最终反对有效，而赵匡胤迁都的想法也刺激了赵光义，促使他加快了行动的步伐。

大宋的内宫是优中之优。

赵光义将最终的地点选在内宫，显然也是经过考虑的。此前，太祖不止一次地到过晋王府，但赵光义不会在自己的家中采取行动，那样的话，他想要洗脱罪名就困难了。在禁宫，在皇帝自己的地方，在文武大臣没有打扰的时机，在屏退了左右侍从的地方，还有比这里更适合搞些见不得人的不光彩行为又能顺利洗脱罪名的地方吗？所以，京都开封的万岁殿，成了宋太祖一睡不起的绝佳地点。

第三，最佳内线。

斧声烛影之夜，不听从宋皇后旨意召赵德芳入宫即位，而擅自跑到晋王府召赵光义进宫的那个宦官叫王继恩，他明显是赵光义在宫中收买、安插的内线。据《宋史·王继恩传》记载，他的名字是宋太祖赐的，曾参加过征伐南唐的军事行动。开宝九年(976)的春天，改任为里面内班小底都知，"里面"是指后宫，"小底"本义是小厮，"里面内班小底都知"就是内宫近侍的首领，可见他深得太祖信任。赵光义收买他为内线，禁宫深处有什么信息，哪怕风吹草动，他都能了如指掌。对赵光义而言，还有比王继恩更合适的人选吗？当然，赵光义收买、安插的内线不止王继恩一人，像枢密副使楚昭辅、参知政事卢多逊、医官程德玄，等等，几乎在所有的关键部门，赵光义都有他的渗透力量。自然，这些人在赵光义当上皇帝以后，一个个飞黄腾达，都享受了极高的恩宠。

最佳时间、最佳地点、最佳内线，天时、地利、人和，三者全了，赵光义想不成功都难。所以，开宝九年十月二十日晚间的那次大动作，赵光义不仅按部就班地完成了他预定的目标，而且做得悄无声息，成了大宋历史上一桩难以厘清的谜案。就这样，开封尹、晋王赵光义摇身一变，成了大宋王朝的第二位皇帝。

太祖之死很突然，赵光义即位也很不正常，太祖的儿子、朝野上下会有什么反应呢？会不会引起政治动荡呢？

能让的我都让出去，我只想要一样东西：都给我闭嘴

事实再一次证明宋太宗无所不能。

先分析一下赵光义当上皇帝后亟待解决的几个问题。第一，如何证明自己即位的合法性？第二，如何安置太祖的儿子？第三，如何消除文武百官内心的疑虑？第四，如何安置自己的亲信与同盟？第五，如何安置出征在外的军队？

第一个问题，也是最迫切需要解决的问题，赵光义的即位是不是合法呢？

赵光义是通过一个迷雾重重的"斧声烛影"事件坐上皇位的，一方面，这个事件本身就令人生疑；另一方面，他是宋太祖赵匡胤的弟弟，在太祖的儿子完全有资格、有条件即位的情况下，赵光义坐上了皇帝的宝座，他的即位合法与否，这是首先要解决的一个问题。

要证明自己的帝位合法，最有效的方法是证明他当皇帝是宋太祖的旨意。

对于赵光义而言，他是具备一些优势条件的。他在开封尹的位子上已经工作了十六年，首都的最高行政长官就意味着皇位的继承人。在赵普被贬出京都以后，宋太祖又加封他为晋王，皇位继承人的资格进一步牢固。这是赵光义的一些优势条件。

现在最为关键的是一纸传位诏书。这个有没有呢？

据现在见到的文献，确实有一份太祖传位给赵光义的遗诏，这份文献收录在《宋会要辑稿》(礼二九之一)及《宋大诏令集》(卷七)中。在这份遗诏中，有"皇弟晋王"如何优秀、"授以神器"之类的话。但这

份遗诏的真实性很令人怀疑。

第一,《续资治通鉴长编》《宋史》等文献中没有记载这份诏书。

第二,太宗即位时没有公布这份遗诏。

不管怎么说,赵光义的兄终弟及不符合常规,如果有这份诏书的话,他怎会不大张旗鼓地向天下公示呢?

第三,太祖之死很突然,根本就没时间立遗诏。

按照《续资治通鉴长编》等文献记载,太祖是一睡不醒的,在这种情况下如何立下传位诏书?

第四,如果有遗诏,宋皇后也不会派人找赵德芳来即位。

按照《续资治通鉴长编》等文献记载,太祖死后,宋皇后在第一时间派人去召赵德芳前来即位。如果太祖已经立下诏书,传位给赵光义,以宋皇后之政治经验,绝不会派人去传唤赵德芳。再说,宋皇后不去召赵德昭而派人找赵德芳,也很令人怀疑。

第五,《宋会要辑稿》的编纂及史料来源问题。

《宋会要辑稿》是清代徐松从明代《永乐大典》中收录的《宋会要》辑录而成,《宋会要》则是由宋朝史官编写的,以《太祖实录》在太宗朝就不止一次地重修来看,在《会要》中增加一份传位诏书是稀松平常的事情。至于《宋大诏令集》则是北宋九朝的诏令汇编,收录伪造的太祖传位诏书也很正常。

所以说,太祖传位给赵光义的诏书应该有、必须有,但其实真没有。《宋会要辑稿》等文献记载的传位诏书是事后伪造的。

对赵光义而言,没有传位诏书,的确很致命,但也未尝不是一件好事。为什么呢?因为太祖没有立下传位诏书,赵光义就有篡权即位的可能，一旦太祖立了诏书，如果确立的即位之人不是赵光义，这就很麻烦了。从开宝九年(976)前一段时间内宋太祖的表现来看，他对将皇位传给自己弟弟赵光义的想法似乎已经发生改变，这也是促使赵光义加快行动的重要原因。结果赵光义如愿以偿。

当上皇帝的赵光义最需要解决的迫切问题就是传位诏书，这个他没有，虽然他完全可以伪造一份诏书。不知出于什么考虑（或许是他认为有这个传位诏书更令人怀疑），一向喜欢"造假"的赵光义在开宝九年即位的时候没有立刻伪造一纸太祖的传位诏书，这是一个很致命的缺陷。

没有传位诏书，但可以通过其他的诏书来告知天下：我赵光义当皇帝是我哥哥的旨意。这份诏书史学家一般名为《即位大赦诏》，这是赵光义即位以后颁布的第一道诏书，时间是在开宝九年十月二十二日，也就是宣布即位的第二天。

根据宋史学家邓广铭的研究（《试破宋太宗即位大赦诏书之谜》，《历史研究》1992年第1期），文献中记载的这份《即位大赦诏》有几个详略不同的版本，《续资治通鉴长编》（卷十七）中的记载最为简略；《太平治迹统类》（卷二）中的记载比《续资治通鉴长编》要全面，但仍有删节；《宋大诏令集》（卷一）中的记载最为全面，但明显经过了修改。诏书中有一句关键的话："猥以神器，付予冲人"，神器是指帝位，冲人是指年幼的人，是帝王的谦称。诏书中这句话是说太祖把帝位交给了我这个不懂事的小孩子。这句话很关键，在没有传位诏书的情况下，这份诏书向所有人宣布，我赵光义即位是我哥哥太祖的意思，这在一定程度上能够起到传位诏书的作用。在这份诏书中，宋太宗还说，各位公卿大臣，你们一定要紧密团结在我的周围，我一定要沿着我哥哥的脚步，一如既往地走下去。

这份《即位大赦诏》虽然没有传位诏书的权威性，但作为太宗登基第一诏，仍然能起到传位诏书的功能，也就在相当程度上向朝野说明了宋太宗即位的合法性。这份诏书所发挥的作用究竟如何，史书没有明确记载。反正通过史书的记载，我们看到的是，在开宝九年（976）十月二十一日后，没有任何人提出要看传位诏书，也没有任何人质疑赵光义即位的合法性。当然，史书没有记载并不说明没有，退一步讲，即使当时所有的人都在质疑赵光义，那反而更能证明赵光义能量巨大，无所不能。

证明自己即位的合法性很迫切，这个问题虽然解决得不够彻底，但也能应付当时的局面；这个问题一旦解决，接下来必须处理另一个问题：如何安置太祖的儿子们呢？

第二个问题，如何安置皇室主要人员？

一个字：封。

以皇弟赵廷美为开封尹、兼中书令，封齐王。宋太祖的儿子赵德昭为永兴节度使、兼侍中，封武功郡王；赵德芳为山南西道节度使、同平章事。太祖的子女依旧称为皇子、皇女，不久以后，也让赵廷美的儿女并称皇子、皇女。赵廷美、赵德昭上朝时，位列宰相之上。

宋太祖在位期间，迟迟没有给自己的弟弟，更没有给自己的儿子封王，而赵光义坐上龙椅的一周之

> 予小子缵绍丕基，恭禀遗训。仰承法度，不敢逾违，更赖将相公卿，左右前后，恭遵先旨，同守成规，庶俾冲人，不坠鸿业。——《宋大诏令集》卷一

内，就给自己的弟弟、侄子们升职加封，还命令不改旧称。史官们对宋太宗的这种做法，不吝溢美之词，说太宗"友爱尤笃"《续资治通鉴长编》卷十七，说太宗爱他弟弟很深，有人甚至将太宗比作帝尧，将太宗的行为比作周代的分封。但是，结合太宗后来对皇室成员种种很不仁厚的行为，再回过头来分析一下这种安排，实在是别有用心。

将赵廷美任命为开封尹、兼中书令，封齐王，这步棋意味深长。宋太宗是个博弈高手，他这步棋不会是乱走的。一方面这是向自己的弟弟暗示：你赵廷美是未来的接班人，所以你不要说三道四、轻举妄动。赵廷美虽然在过去的三十年中，被改了三个名字：赵匡美、赵光美、赵廷美，但他对最后的这个名字应该是很满意的，因为他被安排成了皇位继承的第一顺位，下一个就轮到他了，所以他的内心"挺美"，即使他心存怀疑，也断不会质疑他的三哥是怎么当上皇帝的，甚至会竭力维护他三哥的帝位。同时，宋太宗这一步棋等于向皇室、向文武大臣、向他的子民证明他即位的合法性。虽然此时"金匮之盟"尚未公布，但是，宋太宗的这种安排给人一种印象：我是按照我的哥哥宋太祖的意思坐上这个位子的，按照他的意思，我哥哥死了我当皇帝，我之后就会让我的弟弟赵廷美即位的，所以，现在给他一个准继承人的位子开封尹。

> 帝尧之化，实先于敦族；成周之制，爱后于异姓。——《东都事略笺证》卷三

赵德昭现在的位子原是他的四叔赵廷美坐过的，赵德芳的位子原是他的哥哥赵德昭坐过的，每个人的职位都升了一个档次。赵德昭压着赵德芳，赵廷美压着赵德昭，皇室内部一个权力的制衡结构形成了。

在现有的文献资料中，找不到任何有关赵德昭对他的三叔赵光义即位的反应。这多少令人有点纳闷。按照正常的即位顺序，他是最有资格继承皇位的，现在他的三叔坐在了他的位子上，而他的四叔还在等着坐这个位子，难道他没有任何怨言？一种可能是，赵德昭内心很可能对宋皇后很不满，这种不满要大于他对三叔的不满。斧声烛影那夜，宋皇后派人出去叫的人不是他，而是自己的弟弟赵德芳。按照宋皇后的意思，这是让赵德芳即位的。所以，在德昭看来，即使他的叔叔不夺权，很可能已经是他的弟弟当上皇帝了。因此，他对此没有什么过激的反应，也就不会有所作为。

赵廷美"挺美"，赵德昭不作为，即使赵德芳还有啥想法，也是孤掌难鸣。这种局面，以宋太宗的智慧，他不会想不到，所以他只需要把赵廷美安排在一个关键位置上，对自己的两个侄子封王升职就搞掂了。

第三个问题，如何消除朝廷官员的疑虑？

这个问题很容易搞定，有他哥哥陈桥兵变后的经验来借鉴。四个字：加官升职。能升官的升官，不能再升的加官。

朝中高官，宰相薛居正加左仆射。沈义伦不敢叫沈义伦了，改名沈伦，加右仆射。参知政事卢多逊为中书侍郎、平章事，卢多逊经过多年的不懈努力（打击赵普），终于如愿以偿地进入了大宋王朝的最高决策圈。枢密使曹彬加同平章事,枢密副使楚昭辅升为枢密使。

高官加官升职,近臣、诸侯都有赏赐,大大小小的官员依次加官晋爵,人人有份。连国家监狱中准备将牢底坐穿的囚犯也享受到了实实在在的优待:大赦!以前规定不能赦免的囚犯也都获得自由。

> 常赦所不原者咸除之。——《续资治通鉴长编》卷十七

个个都有赏,闷声发大财,对于这样一个最高领导,谁还会有半句怨言呢,毕竟谁也不想和自己过不去。

第四个问题,如何安置自己的党羽、亲信?

追随赵光义一直打拼的那帮幕僚,一直站在他这边的那些同盟者,无一例外地得到了好处,这是毫无疑问的,而且,这是赵光义颁布《即位大赦诏》后接着进行的第一件事。开封府判官升为给事中,权知开封府(开封府一把手)。这个在太祖时代高危的职位终于收获了累累硕果。其他人员有的进了军事部门任职(枢密直学士),有的成了太宗智囊团成员。总之,凡是追随赵光义的那些人都随着赵光义的即位陆陆续续提升了级别与待遇。宋代的笔记中说:太宗即位没几年,原先在开封府追随他的那些人,一个个鲤鱼跃龙门,很快就升迁到节度使的级别,升迁之速,职位之高,让人目瞪口呆,叹为观止。为了安排追随自己的这些忠心耿耿的手下,赵光义甚至因人设职,比如,为了提拔曾经做过开封府推官的贾琰,赵官家设置了三司副使这样一个职位,这在以前是

> 以开封府判官、著作郎陆泽程羽为给事中,权知开封府。——《续资治通鉴长编》卷十七

> 太宗即位后,未数年,旧为朱邸牵拢仆驭者皆位至节帅。人皆叹讶之。——《丁晋公谈录》

没有的。因此,《续资治通鉴长编》的作者李焘特别记载说"三司副使自琰始"《续资治通鉴长编》卷十七。赵光义在即位之始先安排这帮人员,朝中的主要部门都有自己的亲信,如此很快就控制了国家各种职能部门,这也是政权顺利过渡的重要因素。

第五个问题,军队问题。

太宗即位,大赦天下,安置提拔自己的党羽、亲信,安置皇室成员,文武大臣能提升的提升,不能再提升的加官,一切安排有条不紊,一切都很平静。但是,在这平静之下,还有异常关键的问题需要谨慎小心,这就是军队问题。

两个月前,宋太祖派遣几路大军远征北汉,这些将领握有重兵,像潘美、党进、杨光美、郭进等,都是宋太祖的死党,都是唯太祖之命是听、杀人不眨眼的主。

赵光义正是抓住了军队远征北汉、京城兵力空虚的有利时机,顺利实现了抢班夺权的。但是,这些握有重兵的将领就像一颗颗定时炸弹,随时可能被引爆。然而,这些将领不但没有引爆的机会,还感受到了英雄无用武之地的困惑。因为赵光义坐上皇帝宝座以后,并没有立刻召回他们。于是,这些太祖的死党只能在远离京师的北汉境内,原地待命。既要面对太原城里的北汉军队,又要应付辽国的援军。他们很清楚,国家已经发生了重大变化,皇帝换人了,可他们不能回京,因为没有命令让他们回去。

事实上,这些将领很清楚是怎么回事,他们可以反,但他们不能反,因为他们的家小都在开封城内。这正是赵光义的聪明之处。等一切都收拾妥当,开宝九年十二月二十二日,在他即位正好满两个月的时候，宋太宗下诏改元太平兴国，这预示着国家走进了新时代。在这个一切都在掌控之中的时候，宋太宗才下令，北汉暂且不要打了，你们现在可以回来了。

潘美、党进等人回到开封之后，他们面对的不仅是一个合法的新皇帝，而且他们发现，自己的顶头上司也换人了，楚昭辅成了他们的军事领导。就这样，这些极具杀伤力的"炸弹"被赵光义这个拆弹专家轻松拆除了。

就这样，在开宝九年(976)十月，赵光义选准时机，顺利地成为大宋王朝的第二位皇帝，然后他按部就班地安置亲信、安排皇族、安排文武百官、安置军队，一切有条不紊，没有发生任何流血事件，现有的文献记载中也找不到任何质疑，找不到任何不满的言论。在新旧皇帝转换、最容易发生危险与动荡的时候，以皇弟的身份继承帝位，整个国家竟然如此平静与安定，赵光义的确无所不能，对于这一点，的确是需要膜拜一下的。

开宝九年十二月二十二日，宋太宗在大宋的头把交椅上已经坐稳了整整两个月，还有八天，这一年就结束了。就在这时，宋太宗忽然又有了一个重大举措：改元太平兴国。这合乎常情吗？宋太宗为什么这么着急地改元呢？

> 上初即位，诏罢河东之师。癸卯，宣徽南院使潘美、侍卫马步军都指挥使党进，皆自行营归阙。——《续资治通鉴长编》卷十七

太平兴国

〈六〉

开宝九年（976）十月二十一日，宋太宗赵光义正式即位，两个月后的十二月二十二日，改元太平兴国。按照自古以来的惯例，新皇帝登基，如果不是改朝换代，如果不是用非常手段夺得帝位的，从来都是沿用原有的年号直至第二年才改元。在赵光义即位第二天发布的《即位大赦诏》中，他还口口声声地说要沿着他哥哥宋太祖的既定路线坚定地走下去，可刚刚过了两个月，在还有八天就可以名正言顺地改元的时候，宋太宗就迫不及待地改元了。按理说，赵光义不是性格急躁的人，为了做皇帝，他有耐心等上十六年，做了皇帝以后，难道他连八天的时间都等不及了吗？宋太宗为什么要这么做呢？

只有八天的太平兴国元年，走进了一个新时代

宋太宗不遵循旧有惯例的改元，的确成了"后世不能无议"《宋史·太宗本纪二》的事，《续资治通鉴长编》的作者李焘也特别指出："太宗改元不俟逾年，与常例不同"，"非故事也"。《续资治通鉴长编》卷一 太宗为什么不按照惯例改元呢？前人有过一些解释。

南宋人洪迈推测说：太宗之所以即位当年改元，是因为开宝九年十二月二十二日那天是个好日子。至于怎么好，文献中没有任何记载。南宋时期，朱熹的学生对宋太宗即位当年改元也有疑问，问他的老师朱熹，朱熹解释说：这是因为开国之初，人才缺乏，没有人懂这档子事，即使有人知道，也不敢进言。

洪迈也罢，朱熹也罢，这样的解释显然不会令人满意。改元这件事，在今天看来，无非改个年号，似乎微不足道，但在古代，这是一件国家大事，它的政治意义与象征意义大了去了。所以，改元得要挑个特定的日子，得找个好日子，但并不是说因为有好日子就可以改元，毕竟好日子多了去了。朱熹只是解释改元为什么能实现的问题，根本就没说为什么要改元。而且，他把宋太宗当年改元的原因归结为当时

> 意当时星辰历象，考卜兆祥，必有其说，而国史传记皆失传。——《容斋随笔·续笔》卷十（中华书局2005年版）

> 这是开国之初，一时人材粗疏，理会不得。当时艺祖所以立得许多事，也未有许多秀才说话牵制他。到这般处，又欠得几个秀才说话。——《朱子语类》卷一二七（中华书局1986年版）

的人没文化,有文化的人不敢发表意见。能说宋太宗没文化,他的大臣们没文化吗?即使是,但传承了近千年的这样一个惯例,容易得就如同一加一在算对的情况下等于二的问题,还需要多少知识吗?我们需要特别注意的是,还有八天时间,就可以名正言顺地改元,宋太宗却义无反顾地提前改元,这背后肯定有什么重大事件,可惜的是,史书中一点儿记载也没有,但也不是没有任何线索。宋太宗晚年回顾自己二十多年的统治,曾对身边的侍臣做了一个总结,他说的一些话耐人寻味。宋太宗在至道元年十二月,对身边的侍臣说:我刚刚即位的时候,面对五代以来的一些旧制度,下决心改革,制定新的制度。结果,朝野内外,议论纷纷,众口一词,都认为我这样做不对,连身边德高望重的几个老臣,也不支持,幸亏我立场坚定,毫不动摇,孜孜不倦,不敢懈怠,至今已经二十年了,你们看看朕今天将国家治理得如何啊?宋太宗的这段晚年总结充满了骄傲与自豪,这段总结的时间是在至道元年十二月,二十年前正是开宝九年十二月,可以肯定,朝野内外、德高望重的大臣纷纷反对的事件就包括即位当年改元的问题。宋太宗晚年的这段总结,也否定了朱熹没人敢进谏的解释。

现在可以肯定的是,宋太宗和他的大臣们都非

即位之始,览前王令典,睹五代弊政,以其习俗既久,乃革故鼎新,别作朝廷法度。于是远近腾口,咸以为非,至于二三大臣,皆旧德耆年,亦不能无异。朕执心坚固,靡与动摇,孜孜夜夜,勤行不息,于今二十载矣。卿等以朕今日为治如何也?——《续资治通鉴长编》卷三十八

常清楚改元的惯例，即位当年改元不符合常规，朝野纷纷反对宋太宗改元，但是他还是立场坚定地改元了。是什么事件刺激了宋太宗呢？不清楚。但是，宋太宗改元的意图我们非常清楚，就是迅速摆脱太祖的影响，迅速开创一个新时代。简而言之，宋太宗的意图非常清楚，可以概括为四个字：去太祖化。

宋太宗在《即位大赦诏》中口口声声说一定要沿着太祖的路线坚定不移地走下去，现在为什么又极力实施"去太祖化"呢？

说归说，做归做。有一些事情，说了不一定做，但必须说；有一些事情，不一定说，但一定要做。《即位大赦诏》属于前者，坚定不移地沿着他哥哥的路线前进，必须说，要借此证明自己的即位是合法的；即位当年改元属于后者，迅速走进一个太平强盛的国家，必须做，以便迅速摆脱他哥哥的影响，但不能直接说出来。

事实上，宋太宗一登上帝位，一方面努力营造一个安定的政治局面，另一方面就着手他"去太祖化"的事业了。下面举两个例子来进一步予以说明。

第一，改名。

人名、官名、州县名避讳改名。

现在大宋的皇帝是赵光义了，"光""义"这两个字成了宋太宗的专利，任何人、任何地方都不能再用了。所以，太宗的弟弟赵光美变成了赵廷美，正在北汉境内与北汉酣战的大宋将领李光睿变成了李克睿；宰相沈义伦变成了沈伦，节度使刘光义改成了刘廷让、祁廷义改成了祁廷训。地方十二个带"义"字的州县名，全部更改，如彰义军变成了彰化军，义成军变成了武成军，等等。官僚系统中的谏议大夫改为正谏大夫。总之全国上下人名、官名、地名，等等，要么"走光"，要么"无义"。这种避讳，虽也是沿用旧有惯例，但在一定程度上起到了维护君主权威、告知天下子民国家最高权力转移的作用。

宋太宗自己改名。

等这一切都做得差不多了，赵光义将自己的名字也改了。赵光义的名字本来是避太祖的讳而改的，打上了太祖时代的深深烙印，现在既然自己说了算了，干脆改名为赵炅。宋太宗改名，绝对不仅是为了跟风全国上下到处改名，因为他是在太平兴国二年(977)二月，全国上下基本为了避圣上之讳改名完成以后，才下诏自己改名的，所以说宋太宗内心深处实则是为了摆脱太祖时代的影子。

禁军改名。

如果说上面的两种改名是为了避讳，或者说是为了方便避讳的话，对禁军的改名似乎就没有这个意思了。太平兴国二年(977)正月，宋太宗下诏，更改大宋禁军的番号：铁骑改为日骑，龙骑改为龙卫，虎捷改为神卫。史书上说，宋太宗之所以更改禁军的番号，是为了给禁军起个更好听的名字，但翻来覆去地看，实在是感觉不出太宗皇帝更改后的名字"美"在哪里。对于军队的掌控，是太宗的短板，他对禁军番号的变更，不仅是宣告要脱离太祖时代，而且也是增强对军队控制力的

> 有司言官阶，州县名与御名下字同者，皆改之。——《续资治通鉴长编》卷十七

> 庚子，上改名炅。诏除已改州县、职官及人名外，旧名二字不须回避。——《续资治通鉴长编》卷十八

> 诏以美名易禁军旧号。——《续资治通鉴长编》卷十八

重要举措。

寺院改名。

太平兴国二年(977)正月，宋太宗下令，将新修缮的龙兴寺改名为太平兴国寺。太平兴国寺今日尚存，在河南鹤壁浚县的山中，这是一座以皇帝年号命名的寺院。

宋太宗的一系列正名运动，根本目的在于：迫不及待地给自己洗脑，给世人洗脑，意欲将太祖时代的记忆从人们的脑海中迅速抹去。

第二，赦免。

赦免太祖朝要治罪的官员。太祖时期，川路、峡路分置转运使，两个转运使不合作，致使峡路的食盐都运到了荆南，西川居民没有食盐吃，太祖派遣使者前往调查治罪，案件没有了结，太祖死了。太宗即位以后，立刻释放了两个转运使，赦免他们的罪行，并让他们互相兼领。《续资治通鉴长编》卷十七宋太宗对案件的处理，意味着对太祖朝的某种否定。

另外一个享受到这种赦免待遇的大宋官员叫孔承恭，他本来在大理寺任职，在太祖朝时进献宫词（专门描写后妃、宫女生活的文学样式），在词中表达了期望得到进一步提拔的意思，但是因为引用不当，惹怒了太祖，被免官赶回了老家。太宗即位后，立刻将其官复原职。

献宫词，托意求进。太祖怒其引喻非宜，免所居官，放归田里。——《宋史·孔承恭传》

另外，连居住在开封城内的亡国之君也顺便享受了新皇帝带来的一些好处。比如李煜，当初赵匡胤三番五次地劝他投降，只是这小子固执得很，摆出一副"死猪不怕开水烫"的架势。南唐灭亡后，赵匡胤恼他，赏了他一个"违命侯"的称号，这个被赏赐的称号是带有某种羞辱性质的。太宗即位后，封李煜为陇西郡公，去除其违命侯的尴尬称号。

宋太宗即位以后实施赦免的这几个事件，总给我们这样一种感觉：凡是敌人反对的，我们就要拥护；凡是敌人拥护的，我们就要反对。这表明了登上帝位的宋太宗极力摆脱太祖影响的决心与努力，为了做到这些，甚至不惜姑息，放弃原则。

结合太宗即位后的一系列改名事件、赦免事件，再来看当年改元的行为，就不会感到太宗改元的突兀，甚至会理解太宗迫不及待改元的内心想法。说到底，宋太宗无视惯例的改元绝不是他无知，而是他太"有知"了。他的意图无非两个，一是尽快摆脱太祖的影响，二是尽快建立自己的绝对权威。这两者是统一的，简而言之，宋太宗的做法，是想尽快建立一个以他本人为绝对中心的政治格局。为了实现这种目的，他完全可以运用不同寻常的手段，哪怕是故意杀人。

为了实现这个目的，宋太宗会故意杀人吗？

天子脚下杀人的闹剧：贼喊抓贼

《铁围山丛谈》记载了这样一件事：

宋代的都城开封是一个繁华之地，三教九流诸色人等一应俱全。话说这一天，开封的某家店铺门前，一个乞丐做无赖相，堵着店门口破口大骂，污言秽语如滔滔江水连绵不绝。什么原因呢？文献记载说是"不得乞"，就是没有要到他想要的东西。有这样一尊瘟神堵在店门口，自然会影响生意。店主急忙说好话道歉，希望尽快打发走这尊瘟神。可怜之人必有可恨之处，这人也是欠抽，店主越是道歉，乞丐骂得越来劲，为什么呢？因为他被围观了，有数百闲人正围着看热闹。这乞丐好不容易才成为人们的焦点，才享受到被关注的滋味，骂得更来劲了。谁知，这乞丐"骂极生悲"，人群中忽然窜出一人，以迅雷不及掩耳之势，一刀下去，这厮闭嘴了。杀人之人扔下凶器，扬长而去。众看客一看死了人，瞬间作鸟兽散。当时天色已暮，抓捕凶手不得。

天子的脚下有人故意杀人，而且还有那么多的目击者，开封府官吏哪敢隐瞒，第二天立即上奏朝廷。宋太宗勃然大怒，说：这是五代时期随意杀人的恶劣作风，竟然大白天在京城杀人，给我严查，抓不到凶手就拿你们治罪。有关部门哪敢推诿，全力办案，很快有了结果。凶手是店主，杀人动机是被乞丐骂恼了，气不过，这很合乎情理。结果报给太宗后，太宗很高兴，说：爱卿对这个案子很用心，这很好。但是，人命关天，你们最好再复查一遍，千万别冤枉了好人。记得下次来的时候把凶器一块儿带来。没几天，办案官员就把凶手的供词、凶器一块儿带来了。太宗问：复查

> 太宗始嗣位，思有以帖服中外。一日，辇下诸肆有为丐者不得乞，因倚门大骂为无赖者。主人逊谢，久不得解。即有数十百众，方拥门聚观，中忽一人跃出，以刀刺丐者死，且遗其刀而去。会日已暮，追捕莫获。——蔡绦《铁围山丛谈》卷一（中华书局1983年版）

清楚了吗？办案官员答：查清了。太宗对身边的小内侍说：去，把我的刀鞘拿来。小内侍立刻拿来一个刀鞘，把那凶器插入刀鞘，严丝合缝。办案人员看得目瞪口呆。宋太宗拂袖而起，说：这么办案，怎么会不枉杀好人！

笔记中记载的这件事情就像一篇小小说，到最后的时候才把事情的真相点出，戛然而止。杀人事件原来是宋太宗一手导演的：亲自派人去杀人；亲自下令有关部门迅速破案；亲自嘱托办案人员要认真复核；亲自戳穿办案人员屈打成招、草菅人命的把戏。大宋皇帝宋太宗才是整个事件的主角，看到此，甚至我都怀疑那个蛮不讲理、骂起人来如滔滔江水连绵不绝的乞丐都是太宗预先安排的。宋太宗为什么要这么做呢？

笔记中交代得很清楚："太宗始嗣位，思有以帖服中外。"意思是说，赵光义刚刚当上皇帝，想办法来威慑官员，树立自己的绝对权威。用两个字概括：立威。具体而言，宋太宗导演的这出戏，能起到多方面的效果。

第一，明白无误地告诫大宋官员，我不是那么好糊弄的，以后不要跟我耍花招。

第二，明白无误地告诫大宋官员，你们干活儿的那点小伎俩，我是清清楚楚的，今后都给我改了。

翌日奏闻，太宗大怒，谓是犹习五季乱，乃敢中都白昼杀人。即严索捕，期在必得。有司惧罪，久之，迹其事，是乃主人不胜其忿而杀之耳。狱将具，太宗喜曰："卿能用心若是，虽然，第为朕更一覆，毋枉焉，且携其刀来。"不数日，尹再登对，以狱词并刀上。太宗问："审乎？"曰："审矣。"于是太宗顾旁小内侍："取吾鞘来。"小内侍唯命，即奉刀内鞘中。因拂袖而起，入曰："如此，宁不妄杀人。"——《铁围山丛谈》卷一第三，明白无误地告诫大宋官员，现在国家已经换了领导，我赵光义做事和上一任是截然不同的，你们都给我小心谨慎，夹起尾巴做人。

这三点是宋太宗导演派凶杀人事件的直接效果，在这背后，很可能还有一些深层的效果。至少有三点：

第一，转移视听。

尽管现存的历史文献中没有记载大宋朝野上下对太宗即位、当年改元等事件的任何质疑与不满，但依据他晚年的工作总结，这种质疑与不满是绝对存在的。要堵住朝野内外的悠悠之口是不可能的，但堵不住你们的嘴，可以引导你们说点别的事情，别老拿我即位、改元说事。怎么办？制造一个焦点事件。在天子脚下大白天杀人，应该是个不错的选择。这出戏不但能有效地转移视听，而且能有效地威慑各级官吏。这是一个君主必备的政治智慧。

第二，警告赵廷美。

当时的开封尹是谁？宋太宗的弟弟赵廷美。宋太宗即位以后，为了证明自己不是篡位，很快就把自己的弟弟赵廷美安排在开封尹的位子上，让赵廷美觉得"挺美"，从而根本不会质疑，甚至会帮助他的三哥消弭篡权的言论与痕迹。但是，从开封尹走向帝位的宋太宗，他最清楚这个过程。派人杀人就是给赵廷美一个提醒，一个警告：你在开封尹的位子上不要为非作歹，不要太嘚瑟，不要得意忘形，我在这儿可一直瞅着呢。所以说，赵廷美最终的悲剧其实从他一坐上开封尹的位子就开始了，他也仅仅是宋太宗的一着棋。这是后话。

第三，促进司法公正。

这是一个悖论。宋太宗派人故意杀人是为了揭穿下层官吏执法过程中的屈打成招、违法乱纪的把戏，用违法的手段来实现法律的尊严，用乱杀人的办法来制止乱杀人。当然，在古代，皇权是至高无上的，是凌驾于法律之上的。

宋代笔记中记载的这个事件充分证明了宋太宗的政治才能、为君之术。但是，这个事件是记录在笔记中的，正史中没有。笔记中记载的事件，有真也有假，在没有其他有效记载的情况下，我们很难做出判断。不过，我们推测，以宋太宗的心机、为人来看，即使这件事情没有发生，类似的事件也是极有可能存在的。

在无法有效证明宋太宗派人故意杀人事件的真实性的情况下，我们只能视为假的。但是，宋太宗当上皇帝没几天，就着手整顿官员了，这可是真的。宋太宗的第一刀砍的是谁呢？宋太宗为什么要对他动手呢？

越是太祖奈何不得的人，我越要处置

这个人叫王继勋。

王继勋是宋太祖第二位皇后孝明王皇后的胞弟，是货真价实的皇亲国戚。史书中说这个人秉性凶狠、轻率无赖，完全是借着他姐姐的地位才获得高官厚禄的。但是这个家伙做人很不低调，经常仗着自己是国舅爷，仗势欺人，欺凌将帅，以致当时人们见到他都赶紧躲得远远的。史书中记载他的大都是不法之事：

第一，策动禁军内讧群殴。

王继勋仗势欺凌将帅，以致禁军将帅如躲瘟神一样躲避他，但有人不吃他这一套。这个人叫马仁瑀，与王继勋在禁军同一个部门任职，一个担任龙捷左厢都指挥使，一个担任龙捷右厢都指挥使。马仁瑀看不惯王继勋的做派，好几次都挽起袖子准备揍他，王继勋很忌惮他，每每都认输，但梁子是结下了。机会来了，有一次宋太祖下令在开封郊外举行练兵，两个人准备借此机会来个了断，秘密地命令各自手下在开封购买木棍，这是要群殴了。宋太祖听说这件事后，果断取消了这次军演，并将马仁瑀贬出京城任职，而对他的小舅子则没做任何处置。

第二，纵容士兵强抢民间女子。

乾德三年（965），后蜀发生叛乱，朝廷新招了一批军队，准备远征。这批军人大多没有妻室，太祖对王继勋说：这批军人，有愿意成家者，不须准备聘礼，仅要酒肉就中。这是宋太祖对军队的优待政策，史书上讲，王继勋领会错了圣上的美意，下令士兵强抢民间女子。一时间，开封城内一片混乱，大街小巷都是叫喊着搜寻女子的朝廷禁军。太祖听到这个消息，大吃一惊，立刻下令抓捕、斩杀了一百余人，开封城才算安定下来。宋太祖夺得人家的天下，才杀了几个人，而这一回就杀了一百多人，这都是王继勋造成的。但是，宋太祖没有问王继勋的罪，史书上说当时孝明皇后刚去世，太祖追念皇后，所以宽恕了王继勋。不过，宋太祖让人把一个小黄门给揍了几十大板，理由是这个家伙没有及时上报。

第三，脔割奴婢为乐。

王继勋没有收敛，违法之事不断，不断有人告发，太祖只得下令解除了他的兵权，仍任彰国军留后，奉朝请。王继勋没有了兵权，常闷闷不乐，就像退休人员，必须有一点爱好来打发时光，他有什么爱好呢？切割奴婢的身体，把奴婢身上的肉一片片切下来，看她们痛苦哀号，以此为乐。一天，因下雨，王继勋的宅墙被雨水泡塌了，奴婢们纷纷逃跑，并在皇宫外喊冤。太祖皇帝大惊，命令身边的宦官去询问，才知道了王继勋所做的恶事。宋太祖"大骇"之下，对王继勋判决得挺狠："削夺官爵，勒归私邸。仍令甲士守之。俄又配流登州。"《宋史·王继勋传》但最终处理起来却是雷声大，雨点小，这边还没等自己的小舅子王继勋到达流放地，那边赵匡胤早已改授其职为右监门率府副率。

第四，强买民家子女，不如意则杀食之。

后来，王继勋到西京洛阳任职，更加残暴，强买百姓的子女供他使唤，稍不如意，就把他们杀了吃掉，把他们的骨头装到小棺材里扔到野外,以致形成了一个产业链:人贩子卖人,王继勋杀之,吃肉,卖棺材的上门卖棺材,人贩子和卖棺材的不断地来到他家。

像王继勋这样一个残暴没有人性的人,自然该杀。但是,宋太祖一直没动他,史书上说了好几次,这都是看在孝明皇后的面子上才网开一面。宋太祖不是一个不明事理的皇帝,但对王继勋,的确是包庇过甚,如果不是赵匡胤有意庇护,想必王继勋绝对不会吃人吃得这么不亦乐乎,逍遥自在。

但是,皇帝换了,时代变了。王继勋还在西京洛阳忙着买人、杀人、吃人、扔骨头。史书上这样写:太宗当开封尹时,就不断听到王继勋的斑斑劣迹,"及即位,会有诉者"《续资治通鉴长编》卷十八,"会"的意思是恰巧碰上,这确实很巧。在宋太宗迫切需要立威的时候,有人上诉,而且王继勋是个难得的人选。所以,他"亟命"官员前去查实。

被派去的这个官员叫雷德骧,不是个善茬儿,就是他们父子最终将大宋宰相赵普给"雷倒"的,所以事件很容易就查实了。从王继勋任职西京开始,四年内总共斩杀、食用奴婢一百多人。宋太宗下令,将王继勋,连同几个人贩子,还有几个经常参加聚餐的和尚一同斩首。

再回过头来简单分析一下这个事件。

> 残暴愈甚,强市民家子女以备给使,小不如意,即杀而食之,以槥椟贮其骨,出弃野外。——《续资治通鉴长编》卷十八

王继勋之死是罪有应得，多行不义必自毙；但是，在太祖一朝，他一直逍遥法外，主要原因就是他是国舅爷，是皇亲国戚。在宋太宗即位以后，虽然史书中没有记载朝野悠悠众口，但一定存在。必须用一些重大事件、极端事件向大宋所有官员、子民明确标示吐槽的严重后果，尽力展示他作为国家最高统治者至高无上的权威与治理国家的魄力。即位当年改元算是一个极端事件，斩杀王继勋算是一个重大事件。通过斩杀王继勋，宋太宗清楚地向世人表达了两个意思：第一，王继勋是太祖的人，太祖奈何不得，我能行。第二，王继勋是皇亲国戚，他犯了罪，我同样斩杀。这两点，正是宋太宗极力想实现的"去太祖化"、强化自己绝对权威的重点。

　　宋太宗即位当年改元的极端事件，明白无误地告诉全天下一个新时代开始了；斩杀皇亲国戚王继勋，不仅提升了自己的绝对权威，而且获得了人民的支持。但是，宋太祖终结了五代时期的混乱局面，又通过一系列制度建设巩固并加强了对整个国家的影响，这种影响不是一下子就能消除的。甚至可以说，宋太宗的一生，就是努力摆脱太祖影响的一生，正是这种持续不懈的努力摆脱，才开创了一个新的时代。那么，在宋太宗改元以后，他又有什么新举措呢？

文人的春〈七〉

"如果让我选择，我愿意活在中国的宋朝"，这是被誉为"近世以来最伟大的历史学家"汤因比说过的一句话。汤因比为什么会有这样的想法呢？因为宋代是读书人的天堂。那么，这扇天堂的大门是由谁开启的呢？有人说是大宋开国之君赵匡胤。诚然，赵匡胤当上皇帝以后，开始转变五代时期武人嚣张跋扈、一统天下的局面，开始从"马上得天下"到"马下治天下"的转变，开始重视文治。但是，宋太祖赵匡胤登基以后，国家疆域还很局促，还需要大批武人南征北战，文人的地位还没有那么高，而且宋太祖还时不时地嘲弄一下文人，说什么"之乎者也助得甚事"之类的话。所以说，宋太祖赵匡胤仅仅是为文人的天堂之门开启了一条缝隙，读书人听到了"幸福来敲门"，但太祖还没来得及将文人的幸福之门彻底洞开就走了。那么，真正彻底开启这扇幸福之门的人是谁呢？

他就是大宋王朝的第二位皇帝宋太宗。为什么说宋太宗时代，文人迎来了他们的春天呢？主要有两点表现：一是机会多了，二是地位高了。

龙飞榜井喷了

太平兴国二年（977）正月，宋太宗当上皇帝才两个多月时间，就举行了第一次科举考试。科举考试从隋代开始算起，到宋太宗的时候，已经持续了近四百年，所以，宋太宗开科取士并不稀奇，但是，这次考试与以往的考试有很大不同，主要有四点。

第一，录取人数多。

宋太祖在位十七年，举行科举考试十五次，但是，每科取士录取人数并不多。其中录取人数较多的只有两榜，一是在开宝六年（973），一是在开宝八年，而且这两次增加录取名额都有特殊的原因。

开宝六年的这次科举考试，由翰林学士李昉主考（权知贡举）。按照《续资治通鉴长编》的记载，主考官李昉在这次科举考试中有营私舞弊之嫌。这次参加考试的人员中有李昉的一个同乡，结果进士及第。这本不稀奇，毕竟有才能的人哪里都有。但太祖在讲武殿接见这些人时，发现李昉的这个同乡是草包一个，立刻取消了他的资格。恰好这时，落榜的一些进士不满李昉的舞弊

上以进士武济川、三传刘浚材质最陋，应对失次，黜去之。济川，翰林学士李昉乡人也。——《续资治通鉴长编》卷十四

行为,击登闻鼓,要告御状。太祖果断地重选主考,对这些落榜人员进行重新考试,又录取了一批。所以,开宝六年(973)的这次科举,实际录取进士三十五人,诸科录取人数也不算少。这是太祖朝科举考试录取人数最多的一次,也是比较特殊的一次。开宝八年的这次科举,宋太祖针对以往科举考试录取的多为有权有势人家子弟的情况,有意识地向普通民众敞开仕进大门,所以这次科举考试进士录取三十人,诸科录取三十四人。这是太祖朝科举考试录取人数较多的一次,仅次于开宝六年。

除去这两次比较特殊的情况,太祖朝的其他十三次科举,每次进士录取人数都不多,经常在十人以下,最少的是乾德四年(966)的科举,录取进士六人,诸科九人。平均计算,以进士为例,太祖朝十五次开考,总共录取一百八十八人,平均每榜录取十三人。录取的平均人数与五代相差无几,比起唐代几乎减少了一半(据张其凡先生《论宋太宗朝的科举考试》统计)。这种状况到了宋代的第二位皇帝宋太宗那里,有了彻底的改变。宋太宗即位后的第一次科举考试,实行"扩招",录取人数井喷。

太平兴国二年(977)的这次科举,进士科录取一百零九人,诸科录取二百零七人,录取人数激增。除此以外,宋太宗又命礼部翻阅考生档案(贡籍),找出已参加十五次考试的考生。十五次,这意味着从宋代建国伊始,就投身科场,整个太祖朝一直在这条道路上拼搏,却始终没有考

> 进士徐士廉等击登闻鼓,诉防用情,取舍非当。——《续资治通鉴长编》卷十四

> 向者登科名级,多为势家所取,致塞孤寒之路,甚无谓也。——《续资治通鉴长编》卷十六

中，这批人不算少，共一百八十四人，一并录取(赐出身)。这样，这次科举一共录取了五百人。其中，"九经"中有七人不合格，但因为他们年龄很大了，太宗特别赐予同"三传"出身，一并录用。

第二，享受的荣誉高。

这次录取的五百人，享受了极高的荣誉。太宗赏赐每人一套新衣服，在开宝寺设宴，宴请全部中举考生。这种活动在唐朝时称为"闻喜宴"，当时在唐代皇家园林"曲江"举行，五代时期，多在寺院举行。宋太宗的这次宴请，规模大，级别高，史书上说"供帐甚盛"，就是陈设供宴会用的帷帐、用具、饮食等都非常高档，对文人而言，这是一份极高的荣誉。宴会之上，宋太宗还亲自创作两首诗歌，赐给全部录取人员。

在这些官员离京前往地方任职之时，宋太宗又专门接见，每人赏赐二十万钱，说是置办行装的钱，这可不仅是荣誉，而且是实在的物质赏赐了。太宗临别赠言说：到了你们的治所，发现有什么不利于老百姓的问题，要立即上报给我。

第三，起授官职级别高。

宋太祖虽然也重视科举，但五代以来重武轻文的习气没有彻底去除，进士及第后授予的官职很低，如开宝八年(975)的状元王嗣宗，任命他为秦州司寇参军，负责地方刑狱，这属于级别很低的官位(上州从八品，中、下州从九

到治所，事有不便于民者，疾置以闻。——《续资治通鉴长编》卷十八

品)。太平兴国二年(977)这次的中举人员，宋太宗授予前两等为将作监丞、大理评事，通判诸州，同出身进士及诸科送吏部免于铨选，一律从优安排。不用探讨这些官职的具体职务，整体而言，宋太宗授予新科人员的官职比太祖时平均升了二到三级。以太祖朝建隆三年(962)的状元马适为例，他在官场奋斗了十一年后，到开宝六年(973)才当上通判，而太宗朝的状元一开始就是通判级别，这个高起点，一下子免除了十一年的奋斗历程。

第四，提拔速度快。

宋太宗朝的录取人员，不仅授受的官职起点高，而且升职也很快，有的在太宗朝就位至宰执，这种情况在宋太祖朝是没有的。所以，史书上这样说，"宠章殊异，历代所未有也"《续资治通鉴长编》卷十八，就是说这批中举考生享受到的恩宠，是以前历朝历代所没有的。"一举首登龙虎榜，十年身到凤凰池"，这是宋代士子的真实写照。

总之，太平兴国二年(977)的这次科举考试，在宋代科举史乃至中国科举史上成为一个标志，它标志着广大文人的幸福之门真正洞开。这次科举考试最突出的特点是：取人多、用人骤。当时的宰相薛居正等人对宋太宗这种井喷式的扩招、闪电般的用人看得目瞪口呆，立即表示了异议。对于宰执的这些异议，宋太宗的反应是"弗听"。那么，宋太宗为什么这样固执己见、急剧地扩

薛居正等人言取人太多，用人太骤。——《续资治通鉴长编》卷十八

招、授官从优呢？有文献记载说是因为一个人，这个人是谁呢？

据说是因为一个人

这个人叫张齐贤。

张齐贤何许人也？宋太宗竟然会为他扩大科举考试录取的名额、提高起授官职的级别？

张齐贤是洛阳的一介布衣。当年宋太祖巡幸洛阳、准备迁都到洛阳的时候，与张齐贤第一次亲密接触。当时的张齐贤以平民身份，在洛阳街上拦截御驾，说有治国良策要进献太祖。太祖将其带至行宫，张齐贤以手画地，一条条地向太祖详细陈述自己的治国良策，包括如何攻陷北汉、如何富国强民、如何选贤任能，等等，滔滔不绝，总共讲了十条。太祖认为其中四条讲得很好。张齐贤这个人也很有意思，他坚持认为自己所献十条没有一条不好，都很好，固执己见，与太祖争执不休。张齐贤的喋喋不休与固执己见惹恼了太祖，太祖命令身边的卫士把他拖了出去。回到开封以后，太祖对赵光义说：我这次巡幸西京洛阳，唯一的收获是发现了一个张齐贤。但我不想现在给他官爵，你将来可以收为己用，让他辅佐你。

> 张齐贤献下并汾、富民、封建、敦孝、举贤、太学、籍田、选良吏、惩奸、谨刑十策。太祖召见便坐，问之，齐贤以手画地条陈。——《续资治通鉴长编》卷十八

> 太祖善其四策，齐贤坚执其余策皆善。——《续资治通鉴长编》卷十八

> 我幸西京，惟得一张齐贤，我不欲遽官爵之，汝异时可收以自辅也。——《续资治通鉴长编》卷十八

宋太宗即位以后的第一次科举考试，张齐贤参考进士科，宋太宗想录张齐贤为上等，但主考部门不知道太宗的心思，结果张齐贤排名几十人之后。太宗很不高兴，很郁闷，他虽不能改变已定的名次，但他可以动用皇帝的特权，下令扩招，下令都越级升官，所以这一榜的录取考生不仅人数多，而且起点高。

这则材料见于宋哲宗时期魏泰撰写的笔记《东轩笔录》，李焘在《续资治通鉴长编》中收录了这则材料，但他对这个典故的可信度是有所怀疑的，所以特别用小字加以说明：此仅备一说，更待详细考证。那么，这则记载到底有多少可信度呢？

真假混杂。

第一，张齐贤画地献策可能是真。

张齐贤是个人才，这不错，但太祖一朝开科考试录取名额寥寥可数。以史书明确记载的太平兴国二年（977）这次科举来看，张齐贤排在几十人之后，以他的名次来看，他在太祖朝不中举是一定的。张齐贤应试不第，但他认为自己很有才（事实也确实很有才），于是剑走偏锋，抓住太祖巡幸洛阳的机会，拦马进谏，画地献策，想走个终南捷径。不料，张齐贤的表现有点过度，反而惹怒了太祖，被太祖身边的卫士赶了出去。这部分记载的可信度较大。

第二，宋太祖回京以后对赵光义说的"我这次巡

——

乃诏进士尽第二等及九经凡一百三十人，悉与超除。——《续资治通鉴长编》卷十八

亦未知信否，故称或云，且两存之，更俟详考。——《续资治通鉴长编》卷十八

幸西京洛阳，唯一的收获是发现了一个张齐贤。但我不想给他官爵，你将来可以收为己用，让他辅佐你"的话，明显是附会之说。

首先，开宝八年(975)宋太祖西巡洛阳、准备迁都背后的政治意图很可能是摆脱赵光义在开封府经营多年形成的强大势力，所以，即使有他们的母亲杜太后要传位给赵光义的口头遗嘱，这个时候的宋太祖也心生犹疑，所以，他不会对赵光义说出"你将来可以收为己用，让他辅佐你"这样的话。其次，即使宋太祖打算将皇位传给他的弟弟，他也不会预料到自己将不久于世。如果宋太祖再活几十年，这几十年时间张齐贤就那么一直等待着？所以，宋太祖的这句话是典型的"被代言"，不过是太宗为了进一步证明自己的即位是太祖的意思，是合法的罢了。这样的证据在《续资治通鉴长编》等史书中不止一例。

第三，为了张齐贤，宋太宗扩大录取人数、提高授受官职级别，这件事有较大的可信度。

当年巡幸西京洛阳时，赵光义是跟着去的，因为太祖这个时候对赵光义很不放心，不想把他单独留在开封。赵光义对张齐贤画地陈策以求进用、弄巧成拙反被驱逐的事情应该知道得比较清楚。一方面，张齐贤这个人确实不是个草包，另一方面他是失意于太祖的人。越是太祖不用的人，我越要重用。这是宋太宗一向贯彻的"去太祖化"，所以，宋太宗选择了张齐贤，可以因为他，扩大录取的人数；可以因为他，提高授受的官职级别；可以因为他，传达新皇帝的一个重要导向——即使失意于太祖的人，在我这里同样能够飞黄腾达，这种导向起到的效果一定会非常明显。以宋太宗的政治智慧，他完全能够这么做。这是宋太宗对文人的一种收买。

所以说，宋太宗即位后的第一次开科考试，就因为张齐贤这个人考得不好，而增加录取人数、提高授官的级别是很有可能的；但是，作为一国之君，一个国家的最高统治者，仅仅会因为这样一个与自己毫无瓜葛的人而变更一项重要制度吗？还没有其他的因素呢？

仅因为一个毫无瓜葛的人显然是不够的

宋太宗扩大科举考试的录取名额、提升授官的级别，应当有多方面的原因。

第一，笼络人心。

宋太宗扩大科举考试之规模，让更多的文人进入国家权力阶层，其中一个非常直接的目的就是收买人心，张齐贤事件就是一个信号。一方面，太宗之即位，本就不同寻常，史书虽无直接记载有什么人敢于质疑、敢于反对，但类似"远近腾口，咸以为非"《续资治通鉴长编》卷三十八的舆论一定是存在的。另一方面，宋太祖朝虽然几乎年年开科，但实际录取人数非常有限，地方上已经累积了大量科举不第的士人，这些士人，是社会上一股影响很大的力量。面对此种情况，太宗必须对广大的士人阶层广施恩泽，方能笼络人心，不仅消除了制造社会舆论的一个重要阶层，而

广振淹滞。——《续资治通鉴长编》卷十八

且可以将这个阶层为己所用。扩大科举考试的录取人数，是一种迅速有效、双方都能接受的措施。尤其是太宗对太祖一朝连考十五次一直不中第的一百八十四人的施恩，赐予他们进士、诸科出身，这一步棋非常高明。此举让这批人对新皇帝感恩戴德的同时，也让更多的士人死心塌地在科场上继续奋斗，这也非常有效地控制、驾驭了士人。

第二，培植亲信。

对于中举的士人，一开始就授予较高的官职，并且让他们到地方上去做官后，随时将地方上一些实情汇报给他，这是宋太宗急于培植亲信的表现。这些新天子的门生，分散到国家各地，对新皇帝负责，这是太宗急于加强控制力的表现。

第三，国家需要。

赵宋王朝建立之初，国家疆域尚非常局促，而且为了安定社会秩序，宋太祖全盘接收了后周所有的官员。这种情况下，国家的公务员阶层并不缺员，只需要解决新老交替的问题就可以了。但是，随着大宋统一步伐的迈开，国家领土不断扩张，疆域面积不断扩大，虽然新吞并的割据政权的官员往往留用，但赵宋王朝经常派遣一部分官员充当地方州郡的最高长官，以便真正实现对这些新疆域的有效控制。大宋灭荆南，得三州；灭湖南，得十六州；灭后蜀，得四十六州；灭南汉，得六十州；灭南唐，得三十多个州。据《宋史·地理志》记载，太祖末年，宋朝疆域内，共有州二百九十七个，县一千零八十六个，太祖一朝共取进士一百八十八人，平均每州不到一个。所以，宋太宗即位时，面对的是一个州县官吏大量缺员的情况，这就需要补充大批的官员。所以说，宋太宗的扩大科举，是与这种实际存在的现状分不开的。通过科举考试的扩招，到太宗朝末年，全国各地的地方官员，几乎都是太宗朝科举所取之士了。

第四，兴文抑武。

当宰相薛居正等人对太宗"取人多、用人骤"的做法提出异议时，史书上这样说，太宗正想借此振兴文化教育，抑制武备军事，所以对薛居正等人的异议置之不理。宋太宗力图从科举考试中选拔人才，他曾对身边人说过这样的话：朕从科举考试中寻求人才，不敢奢望十个中能遇到五个贤才，只要能碰到一两个就足够了，就可以实现大治了。宋太宗说的治世，自然是指文治。

宋太祖建立大宋王朝以后，虽有意识地提高文人之地位，在一定程度上抑制了武人的势力，但统一战争正在进行，尚需武人拼杀疆场，所以武人自有其特殊地位。宋太祖心目中的人才是文武兼备，不仅要求武人读书，而且要求文人懂武。宋代笔记中记载了一个故事，很能反映太祖对文武的态度。开宝八年（975）的头名进士是王嗣宗，据说王嗣宗的这个头名不光是依靠文才得来的，还依靠了武力。在殿试的时候，王嗣宗和另外一举子同时交卷，无法区分名次，太祖就令他们二人在殿堂之上徒手相搏，胜者为状元，结果王

疆宇至远，吏员益众。——《续资治通鉴长编》卷十八

上意方欲兴文教，抑武事，弗听。——《续资治通鉴长编》卷十八

非敢望拔十得五，止得一二，亦可为致治之具矣。——《续资治通鉴长编》卷十八

嗣宗胜出。这则笔记比较真切地反映出宋太祖对文士的态度。

宋太宗即位以后，首次开科就井喷式地扩招，而且这种趋势在以后的科举中没有丝毫的收敛。据统计，从太平兴国二年(977)至淳化三年(992)的十六年间，太宗共举行科举考试八次，共录取六千六百九十二人。扩招好办，关键是安排好工作，所以，太宗一朝，大宋王朝的行政官僚阶层基本是换了一次血，科举出身的文职人员成为国家政权最庞大、最有实力的阶层。可以这样说，到太宗朝，文人统治完全替代了五代时期的武人统治，从中央到地方，从上到下，文官统治完全确立，这表明一个文治时代的真正到来。

太平兴国二年正月的科举考试，宋太宗向世人宣布了"兴文教，抑武事"的思想，对宋太宗而言，这不是一时的头脑发热，而是宋太宗极力突破太祖阴影、迅速走进新时代的重大举措。一年后，他又进行了一项重大工程，进一步强调他推进文治的态度。这是一项什么工程呢？

崇文院可不仅仅是一项形象工程

这项工程是重建国家图书馆——崇文院。

崇文院的前身是三馆——昭文馆、集贤院、史

> 祖宗以来，殿试用三题，为以先纳卷子无难犯者为魁。开宝八年廷考，王嗣宗与陈识齐纳赋卷，艺祖命二人角力以争之，而嗣宗胜焉。嗣宗遂居第一名，而以识为第二人。——王明清《玉照新志》卷四《全宋笔记》第6编第2册，大象出版社2013年版）

馆，是国家藏书、修史的重要文化机构。三馆始建于五代后梁贞明年间(915—921)，宋太宗即位的时候，已历经半个世纪。半个世纪中，代表国家文化的这数十间小破屋一直默默无闻，宋太宗为什么要迁移、重建呢？

第一，空间小。

后梁定都开封后，在宋代右长庆门东北选择了数十间小屋作为三馆，这数十间小屋在五代的动乱之中为图书的保存、文化的传承起了重要作用。大宋王朝建立之初，三馆藏书仅一万二千余卷。随着统一步伐的展开，图书不断增加。灭后蜀，得图书一万三千卷，灭南唐得图书二万余卷。宋太宗即位后，又下诏广开献书之路，广收天下图书。到这时，国家图书正本、副本合在一起有八万多卷，这几十间小破房子已经容纳不下了。

第二，位置差。

史书上讲，三馆处于低洼之地，局促狭小，勉强遮蔽风雨。

> 湫隘才蔽风雨。——《续资治通鉴长编》卷十九

第三，环境乱。

三馆周边环境很差，周围有一些其他的房子，有士兵巡逻的干道，卫士、马夫出入其间，朝夕喧哗，很不安静，每次三馆工作人员受诏议定某事，这里都乱得没法进行，往往要转移到其他地方才能完成。

> 周庐徼道，出于其侧，卫士驺卒，朝夕喧杂。——《续资治通鉴长编》卷十九

像这样一个空间小、位置差、环境乱的地方，作为国家的藏书馆、重要的文化机构，显然很不合适。这样

的状况持续了大约半个世纪，也就是说小、乱、差不是存在了两三天，为什么其他的皇帝包括宋太祖没有扩建或者改建呢？

乱世用武，治世用文。在五代金戈铁马的动乱环境中，不论是统治者还是普通人，都无暇顾及文化事业。宋太祖建国以后，主要忙于统一国家的大事，虽然也倡导读书，但还没有更多的精力投入文化事业，还没来得及关注三馆的问题。当然，可以肯定，太祖如果不是死得那么突然，他是很有可能做这些事情的。这个任务落在了他的继任者宋太宗肩上，宋太宗一上台就着手做这些事情，显然有他的打算。

第一，兴文抑武是太宗的大政方针。

如何振兴文化，实现文治？变革科举考试，增加录取名额，使更多的士人进入国家行政机构是一种途径；重建三馆也是一种途径，一种姿态，因为三馆是国家文化的代表，是国家文化精英的聚集地。宋太宗在考察了三馆之后，对身边的人说：这样简陋的地方，怎么能够储藏天下的图书，怎么能够请到四方的优秀人才！于是，太宗命令有关部门选择一个好地段，重新建造，建筑形式由太宗亲自规划设计，亲派得力的宦官负责监工，昼夜不息。其间，太宗多次到施工现场视察。建成后的新三馆"轮奂壮丽，甲于内廷"《续资治通鉴长编》卷十九，就是说新三馆高大华美，宏伟壮丽，比皇宫

若此之陋，岂可著天下图籍，延四方贤俊耶！——《续资治通鉴长编》卷十九

还要华美。

第二，努力超越太祖的一项举措。

大致而言，宋太祖虽然喜欢读书，但他本质上是一个武人；宋太宗虽然生在军营，也会骑马射箭的一些功夫，但他本质上是一个文人。太宗即位以后，他要极力摆脱的是太祖的影响，努力在各个方面都超越太祖，从文化入手是一个聪明的选择。

第三，向世人表明一种姿态。

太平兴国三年（978）二月，太宗将新三馆赐名为崇文院，旧三馆图籍全部乔迁新居。旧三馆空间小、位置差、环境乱的局面到大宋王朝的第二位皇帝宋太宗这里，有了彻底的改变。崇文院的修建及其名称的选定，本身就是天子尚文的一种最佳宣传。他向天下的士大夫昭示朝廷重视文教的治国方向：你们的春天到来了；同时也向天下的武人暗示：你们的黄金时代已经一去不复返了。

宋太宗在当上皇帝迅速树立了自己的权威以后，首先从文化方面入手，扩大科举取士名额，重建国家最高文化机构——崇文院。这些举措，不仅让文人们感到了"春天般的温暖"，而且有效地解决了国家官吏缺员的问题，有效地稳固了宋代的统治基础，也向世人展示了大宋王朝治国方针的转向——兴文抑武，这标志着一个新时代的到来。

在扩大科举考试录取名额的同时，宋太宗在文化政策方面，还展开了大规模的图书编纂事业。宋代的四部大书中有三部是在太宗朝完成的。那么，这四部大书是哪四部呢？宋太宗为什么要组织编纂这么规模宏大的巨著呢？

四部大书

〈八〉

"华夏民族之文化,历数千载之演进,造极于赵宋之世",这是史学大师陈寅恪先生对宋代文化繁荣的经典论断。宋代文化之辉煌,与赵宋王朝统治者实行的崇文抑武国策有关。明确提出这一国策的不是大宋王朝的开国之君宋太祖,而是大宋王朝的第二位皇帝宋太宗。太宗皇帝即位以后,出于多方面的需要,他对于文化事业的热情远远超过了他的兄长。最为突出的表现是科举取士数量的井喷,这让读书人看到了自己美好的前程,激发了大批文人读书的热情,而这批人是文化创造的主体。与此同时,对文化载体的图书之大规模编纂也迅速提上日程。宋代文化事业上值得大书特书的是出现了四部宏伟巨著,而且这四部巨著中有三部是在太宗朝完成的。这是哪四部书呢?宋太宗为什么一上台就忙着编纂图书呢?

四部大书的基本情况

这四部大书的名称是：《太平御览》《太平广记》《文苑英华》《册府元龟》。先简单介绍这四部书的一些基本情况。

第一部《太平御览》。

这部大书是在太平兴国二年(977)三月十七日，在宋太宗即位还不满五个月的时候，下令一帮文人开始编纂的。这部书规模宏大，有一千卷，五百多万字，直到太平兴国八年十一月，前后共用了六年零八个月的时间才算编纂完成。

这部书最初编纂的时候不叫《太平御览》，而是叫《太平总类》(有的文献还记载说最初叫《太平类编》或者《太平编类》)。为什么这部书最初定名为《太平总类》呢？

这是由这部书的性质决定的。按照中国古代图书的分类方式，这部书属于类书。类书，顾名思义，就是按照类别来编纂的图书。这部书按照天、地、职官等，分成了五十五个大类，每个大类之下又分小类，有五千多个小类。在每个类别之下，检索宋代能够见到的图书，把每种图书中有关这个类别的内容，抄写在每一类之下。因为是"以类相从"，按照类别来编纂，所以叫类书，用现在的话说，这是百科全书，是具有中国特色的百科全书。又因为编纂"包罗群书"，参考了所有能搜集到的典籍，是一部规模宏大、包罗万象的类书，所以叫"总类"。这部书是在宋太宗太平兴国年间编纂的，所以叫《太平总类》，叫这个名称，符合这本书的编纂体例，名副其实。那为什么后来又叫《太平御览》呢？其中有一段故事。

太平兴国八年(983)，这部规模宏大的类书编纂完成后，太宗皇帝下令说：每天给我送三卷来，我要亲自读一遍。当时的宰相宋琪说：这部书卷帙宏大，读下来要花很长时间，陛下日理万机，每天还要读三卷书，是不是太辛苦劳神了。太宗皇帝说：朕本来就喜欢读书，况且多读点书，总是有益处的，所以我并不觉得辛苦。这部书一千卷，我想用一年时间把它读完。想想那好学之士，读万卷书也不觉得辛苦。汉语中"开卷有益"这个成语就是从这里来的。

太宗皇帝不是随便说说，而是真读，要是哪一天事务繁忙，抽不出空来看，等哪一天有空了，一定会多读几卷，把落下的补上。就这样，太宗用一年的时间，把这部书读了一遍。因为皇帝亲自读过，所以不久改名"御览"，这部书叫《太平御览》，是"名符其事"。

《太平御览》这部宏伟巨著引书接近两千种，十之七八今天已经亡佚，所以此书保存了大量宋代以前的文献，有很高的价值。可惜，今天很少有人，包括一些专业学者，能像宋太宗那样，静下心来把这部书读一遍了。

第二部《太平广记》。

这部书是与《太平御览》同时受诏编纂的，编

> 诏史馆所修《太平总类》，自今日进三卷，朕当亲览。宋琪等言：『穷岁短晷，日阅三卷，恐圣躬疲倦。』上曰：『朕性喜读书，开卷有益，不为劳也。此书千卷，朕欲一年读遍，因思学者读万卷书亦不为劳耳。』——《续资治通鉴长编》卷二十四

> 太宗日阅《御览》三卷，因事有阙，暇日追补之。——王辟之《渑水燕谈录》卷六（中华书局1981年版）

纂者与《太平御览》是同一套班子。它也是类书，属于专门类书，因为这部书的内容取材范围比较专门，取材于野史小说、佛教典籍、道家典籍等。这部书并不像《太平御览》那样要包罗万象，所以卷帙规模稍小些，只有五百卷，接近三百万字；编纂时间也不长，从太平兴国二年(977)三月开始，到第二年八月就编纂完毕，前后用了一年零五个月。

《太平广记》按神仙、道术、报应等题材分为九十二类，把汉代至宋代文献中记载的相关内容抄录在每类之下。其中，神怪故事所占比重最大，是此书取材的重点所在。按照今天的文学分类，《太平广记》基本上是一部按类编纂的古代小说总集。许多已失传的书，仅在此书内存有佚文，有些六朝志怪、唐代传奇作品，全赖此书而得以流传。众所周知的一些小说如《李娃传》《莺莺传》《南柯太守传》等，全靠《太平广记》这部书才传下来。

鲁迅先生说："我以为《太平广记》的好处有二，一是从六朝到宋初的小说几乎全收在内，倘若大略的研究，即可以不必别买许多书。二是精怪，鬼神，和尚，道士，一类一类的分得很清楚，聚得很多，可以使我们看到厌而又厌，对于现在谈狐鬼的《太平广记》的子孙，再没有拜读的勇气。"鲁迅《破〈唐人说荟〉》《鲁迅全集》第8卷，人民文学出版社1981年年版)现在网络上盗墓、玄幻、灵异类的小说很流行，也可视为《太平广记》的子孙，不妨读读《太平广记》再创作，或许能提升一个档次。

第三部《文苑英华》。

《文苑英华》是一部接续《文选》的文学总集。《文选》是南朝时期梁代昭明太子组织编纂的一部文学总集，收录作品截止到他生活的梁代。梁代以后，历经隋唐五代，这时的中国古代文学有了很大的发展，文人众多，作品众多。太宗皇帝认为，前代个人文集，数量太多了，虽然每家各有所长，但不可能篇篇都写得很好，难免存在一些芜杂的作品。面对这种状况，在太平兴国七年(982)九月，《太平御览》的编纂接近尾声的时候，从这套班子里分出部分人员，又另外增加了一些，共二十余人，让他们从前代作品中精心选择，仿照《文选》的分类，编纂成了《文苑英华》这部巨著。这部书的编纂人员多一点，又有编纂《太平御览》《太平广记》的经验，所以规模虽然与《太平御览》差不多，也是一千卷，五百多万字，但编纂的速度不算慢，到雍熙三年十二月，告竣完工，前后用了四年零三个月。

《文苑英华》的规模远远超过了《文选》，收录作家二千余人，作品两万余篇，其中唐代作品占十之八九，这是研究唐代文学的重要参考资料。

第四部《册府元龟》。

《册府元龟》这部书不是在太宗朝编纂的，而是在真宗朝编纂的。但这四部书，从宋代的时候就经常放在一起，称为四部大书，所以这里顺便提及。

《册府元龟》虽不是在太宗朝完成的，但也不是与宋太宗没有任何关系。太宗皇帝本来是想在上述三部大书编成之后，接着继续编修这部书的，但考虑到编纂

> 上以诸家文集，其数实繁，虽各擅所长，亦榛芜相间。乃命翰林学士宋白等精加铨择，以类编次，为《文苑英华》一千卷。——《续资治通鉴长编》卷二十七

人员多年来连续不断地工作，非常辛苦，所以暂时搁置了这项工程。

真宗继承父志，令十几名大臣，利用八年时间，完成了这部以"历代君臣事迹"为主要内容的一千卷的史学类书。此书原名《历代君臣事迹》。宋真宗很有意思，他也学他父亲的方法，在此书编修过程中，亲自审阅，也是要求"日进三卷"，一年读完，赐名《册府元龟》。这部大书的材料主要来源于正规史书，自上古至五代，一般不采用可靠性较差的野史笔记，有重要的史学价值。

《太平御览》《太平广记》《文苑英华》《册府元龟》这四部大书，有三部是在太宗朝编纂的，《册府元龟》虽非编纂于太宗时期，但也与他的"创意"有关。由此我们产生这样一个疑问：宋太宗为什么如此热衷于大型图书编纂事业呢？尤其是冠以"太平"年号的两部大书——《太平御览》和《太平广记》，这是在他当上皇帝还不满半年的时候就下令开始编纂的。图书编纂真的是非常急切的事情吗？

> 日进草三卷，帝亲览之，摘其舛误，多出手书诘问，或召对指示商略。三月丁卯，诏或有增改事，标记复阅之，凡八年而成之。——王应麟《玉海》卷五四（江苏古籍出版社、上海书店1987年版）

一心干好安排给你们的工作，其他的别胡思乱想

有一种观点认为，宋太宗如此急切地组织一批文人编纂大型图书，不仅仅是为了推进文化事业，而是有

更深刻的政治意图。这种观点出现得很早,早在南宋初年就有了。

南宋孝宗时期有个叫王明清的文人,他在笔记中这样记载:太平兴国年间,各割据政权的降王都死了,他们的旧臣心存怨言。于是,为了消除新征服的各国文人学士对宋朝的不满,太宗皇帝把这些旧臣集中在三馆之中,给他们提供优越的条件、丰厚的待遇,让他们编纂《文苑英华》《太平广记》等大型图书,通过长年累月地编纂图书,消磨掉他们失意、愤懑的不满情绪。因此,这些人一生与文字为伴,以至于老死于文字之间。

王明清在笔记中说,这种观点是从比他年长的一个叫朱希真(朱敦颐)的文人那里听来的。朱希真这个人诗词写得很好,在文学史上有一席之地,他生活在两宋之交,说明这种看法很早就有了。按照朱希真的看法,太宗皇帝组织编纂大型图书,不单纯是搞什么文化事业,而是"居心不良",是为了转移、消磨新征服的各国文人学士对朝廷的不满情绪。朱希真的这种观点有没有道理呢?

他的结论暂且不说,他列举的几条证据在当时就有人提出了异议。最早提出异议的是南宋孝宗时期的一位史学家,这个人叫李心传,研究南宋历史的人对这个人都不陌生。李心传对朱希真的说法提出了三条异议:

太平兴国中,诸降王死,其旧臣或宣怨言,太宗尽收用之,置之馆阁,使修群书,如《册府元龟》《文苑英华》《太平广记》之类,广其卷帙,厚其廪禄赠给,以役其心,多卒老于文字之间云。——王明清《挥麈后录》卷一(《全宋笔记》第6编第1册,大象出版社2013年版)

第一，降王死而用旧臣修书不合史实。

太平兴国二年(977)，宋太宗下令编纂《太平御览》《太平广记》二书，而李煜死于太平兴国三年，即在下诏修书之后，他死的时候，《太平广记》已经接近完成。所以，朱希真说降王死、旧臣怨，太宗才令他们修书不符合史实。

第二，《册府元龟》是太宗太平兴国年间编纂的不合史实。

这一点前面已经讲过，《册府元龟》是真宗朝景德年间修纂的，既不是在太宗朝，更非在太平兴国年间。

第三，参与修书的文士多老死于文字之间不合史实。

李心传列举了参与修书的部分人员，考察了他们后来转任他职的履历后说，这部分人是当时著名的文臣、文人，根本就没有老死于文字之间的事。

李心传只是列举朱希真三条证据的谬误，而对朱希真的结论未置一词。所以，后来的研究者有的只是对其证据之谬误稍加修正，仍认同朱希真的这个结论；有的对结论稍加扩充，把旧臣扩大到所有文人，承认宋太宗组织编纂大型图书存在深刻的政治意图。

如清代组织编纂大型图书《四库全书》的乾隆皇帝不止一次地说：宋太宗的皇位来得不明不白，为了

当修《御览》《广记》时，李重光尚亡恙，今谓因"降王死而出怨言"，又误矣。——《旧闻证误》卷一(中华书局1981年版)

《册府元龟》乃景德二年王文穆、杨文公奉诏修，朱说甚误。——《旧闻证误》卷一

其后，汤、徐并直学士院，张参知政事，杜官至龙图阁直学士，吴知制诰，皆一时文人。——《旧闻证误》卷一

消除朝野的议论，他才集中文人编纂《太平御览》《太平广记》《文苑英华》这些大型图书。乾隆皇帝认为宋太宗组织编纂大型图书有政治意图，只是将心存怨言的群体从亡国旧臣扩展到了当时大部分文人，将文人不满的原因归结到太宗皇帝帝位的来路不明，内心羞愧。

再如鲁迅，修正了朱希真的证据谬误，完全沿袭了朱希真的观点。他说，宋初太宗朝等大型类书的编纂是统治者为了安抚那些多为海内名士的降王臣佐而采取的一种政治策略。

看来，宋太宗即位不久就组织编纂大型图书的背后存在着深刻的政治意图，这种观点似乎是无可争议的了；然而，也有不少研究者不认同甚至彻底否认这种说法。

反对此观点的证据一如李心传所列，并没有增加新的证据。因为朱希真所说的证据不可信，所以《太平御览》《太平广记》等图书的编纂不一定非得有深刻的政治意图。宋太宗召集文人编纂大型图书，只不过是为了使自己获得一个崇尚文化的美名，起用降王旧臣，是因为这些人有文化。

在考证中，通过一一否定他人的证据材料，来证明他人的结论是错误的，这是一个有效的

宋太宗身有惭德，因集文人为《太平御览》《文苑英华》三大书，以弭草野之私议。然千秋公论自在，又岂智术之所能掩覆乎！——《御制诗四集》卷十二。卷十七、卷四十九、卷八十七亦有类似之观点

宋既平一宇内，收诸国图籍，而降王臣佐多海内名士，或宣怨言，遂尽招之馆阁，厚其廪饩，使修书，成《太平御览》《文苑英华》各一千卷；又以野史传记小说诸家成书五百卷，目录十卷，是为《太平广记》。——《中国小说史略》第十一篇

愚意以为太宗之敕修群书，不过为点缀升平，欲获右文令主之名。其用南唐遗臣，亦仅以其文学优赡，初不必有何深意。——聂崇岐《太平御览引得·序》，郭伯恭《宋四大书考·导言》

手段，这一招叫"釜底抽薪"。但是，有一个前提，必须彻底否定证据，这叫"证死"。如果对证据"证不死"的话，结论很难"证死"。那么，否认宋太宗组织编纂大型图书有深刻的政治意图者有没有做到这一点呢？

没有。

第一，降王死而用旧臣修书虽不合史实，但利用这些降王的旧臣修书是事实。

第二，《册府元龟》不是宋太宗组织编纂的，但《太平御览》《太平广记》《文苑英华》三部大书是太宗皇帝组织编纂的。

第三，这些文人最后老死于文字之间不符合史实，但这些人的确多年来一直在编纂大型图书。

所以说，持异议者并没有完全否决证据，自然对结论也不能彻底否定。事实上，我们上面讲的这种考证方法，如果做得好，只能否认他人的观点，并不能由此得出一个新的结论。但是，他们恰恰由此得出了一个结论：因为宋太宗组织编纂大型图书并没有深刻的政治意图，所以他的目的是博得一个非常热爱文化的美名。这种论证过程就如同这样一个推理：1+1=3是不对的，所以1+1=4，这显然很荒唐。

我们再回过头来看，宋太宗在当上皇帝不久就急切地组织编纂大型图书，到底有没有深意？

笔者认为虽然朱希真所言有多处谬误，但如果以此认为这些图书之编纂无涉政治显然难以令人信服。

第一，从编纂人员来看。

参与《太平御览》《太平广记》编纂的先后共十七人，其中有八人来自南唐。南唐是在开宝八年十一月才并入大宋版图的，修书之初，南唐官员入宋仅一年，李煜在入宋以后一直闷闷不乐，他的旧臣心生怨言是有可能的。所以，太宗皇帝诏令南唐官员参与大型图书的编纂，可能有慢慢消除他们对新朝不满的意图。退一步讲，即使这些人忠心耿耿，难道宋太宗就能寝食无忧？换句话说，即使这些人口无怨言，太宗利用他们编纂图书，未尝没有笼络南唐文人的想法。所以，单纯从南唐降臣所占参编人数的比例看，对宋太宗的用心就会有所察觉。

第二，从编纂时间来看。

《太平御览》与《太平广记》是同时受诏编纂的，时间在太平兴国二年（977）三月，宋太宗即位五个月的时候，也就是说宋太宗在皇位还没有彻底坐稳的时候，就开启图书编纂事业。从这个角度来看，图书编纂事业对于他的皇位稳固应该是有积极意义的。而且，有文献记载，太宗那么着急地下令编纂的大型小说集《太平广记》，并不是当时社会所急需的，编成以后并没有急着印刷。试想一下，太宗那么着急地下令编纂一部当时学者并不急需的书，这说明什么？其中一定有图书之外的意图。

第三，从历史上的类似情况来看。

唐太宗时编纂《五经正义》，所用均为隋、陈旧

> 言者以为非学者所急，收墨板藏太清楼。——《玉海》卷五十四

臣，目的在于笼络这些文士；明成祖朱棣篡夺帝位，被方孝孺等士大夫视为"大逆不道"。于是他想到了编修一部大型类书《永乐大典》，通过把士人集中起来，可以消弭朝野间的抗拒力量，达到笼络士人的目的，确立自己的正统地位。康熙皇帝编纂《古今图书集成》、乾隆皇帝编纂《四库全书》，最初都不是为编纂而编纂，都有编纂之外的意图。有意思的是，乾隆皇帝三番五次地拿宋太宗说事，说他编纂图书不像宋太宗那样别有用心，不免让人觉得有"此地无银"的嫌疑。他固然不是篡夺得位，自身当然不会觉得有什么"惭德"，所以不需要想办法堵塞众人之口，但精通帝王之术的乾隆下诏编纂《四库全书》，恐怕也不仅仅是雅爱古籍，当是和唐太宗等人一样别有深意：满族统治者更需要使天下英雄，特别是汉人入其彀中，这与宋太宗为了安置降王旧臣、笼络文人而修三大书是极相似的。

综上所述，宋初太宗朝大型类书的编纂是统治者为安抚那些多为海内名士的降王臣佐而采取的一种政治手段。但是，安抚与笼络士人绝不是图书编纂的唯一意图。那么，太宗皇帝大张旗鼓地编纂图书还有其他意图吗？

一举多得的事，何乐而不为

赵光义图书编纂事业背后的政治意图是一定存在的，这也是他组织编纂图书的最初意图、根本意图，当然，有些政治意图是不能光明正大地说出来的，往往要借着某种比较冠冕堂皇的方式来呈现，由此，宋太宗的图书策划与编辑事业就具备了多种意图。所以，我们认同朱希真的观点，同时，我们也认同反对朱希真者提出的观点。这并不矛盾，难道宋太宗编纂图书只能有一种意图吗？

第一，兴文抑武，博取右文之美名。

这是一个副产品，也是一个美好的借口。太宗皇帝即位以后，急需做的事情就是迅速摆脱太祖的影响。最好的方法就是大张旗鼓地做太祖没有做过的事情。太宗皇帝很清楚自己的长处，他在武功方面很难超越太祖，而且太祖留给他发挥的机会也不是很多了，而在文化方面他颇为自负，所以他迅速从此入手。科举考试的改革、崇文院的改建、大型图书的编纂，都是可行之法。

必须注意一点，太宗皇帝的图书编纂意图并非一成不变的，在不同的时段，有不同的侧重点。可以这样简单描述，在太平兴国二年 (977) 下令编纂"太平"两大书时，消弭士怨的意图显然占了主导，兴文抑武、博取一个热爱文化的美名，是消弭士怨的副产品。但是，随着图书编纂事业的进行，士人的不满早已消失在图书编纂的文化事业中，也就是说太宗皇帝的意图已经实现；在此种情况下，《文苑英华》的编纂，更多是彰显帝王崇文的意图，所以，参加《文苑英华》图书编纂者，不光有亡国旧臣，大宋王朝通过科举拔萃而出的一些文士也加入了这个编纂队伍。

第二，神道设教，王朝合法性的神秘论证。

这里再重点说说《太平广记》这部书。

《太平广记》属于小说类图书，小说在古代属于不登大雅之堂的

"小道"，太宗皇帝是崇文好儒的一代帝王，参加编纂的也是精通儒学的知名文士，他们为什么要编纂这种"君子弗为"的东西呢？

前面我们讲过，《太平广记》这部书在编纂完成以后，并没有接着印刷，原因是当时就有人说这类书不是当前所急需的，由此我们推测太宗皇帝下诏编纂一部当时并不急需的图书，目的在于消耗读书人的精力，转移读书人的视点，把他们内心的郁闷慢慢消耗在图书编纂中。这种意图肯定是存在的，但是还有没有其他意图呢？

有。

太宗皇帝的帝位之获得扑朔迷离，当时就有不少臆测。神怪故事在证明太宗继承帝位的正当性方面就有了市场。

举例说明，《续资治通鉴长编》在记载"斧声烛影"的时候，还写了一个神乎其神的故事：建隆初年的时候，在今陕西周至县一个叫张守真的人家里，天神降临了，这个天神自称黑杀将军，是玉帝的大臣。张守真每次斋戒，请神降临，都很应验。黑杀将军能够预言人间祸福。宋太祖病重的时候，将张守真召来，在建隆观设置道场，请天神降临。天神降临后说："天上宫阙已成，玉锁开。晋王有仁心。"这没头没尾的话，大意是说上天已经给太祖准备好了地方，

> 小说家者流，盖出于稗官。街谈巷语，道听途说者之所造也。孔子曰："虽小道，必有可观者焉，致远恐泥，是以君子弗为也。"然亦弗灭也。闾里小知者之所及，亦使缀而不忘。如或一言可采，此亦刍荛狂夫之议也。——《汉书·艺文志》（中华书局1962年版）

开门等他上天了，就是说宋太祖要死了。晋王赵光义有仁义之心，言外之意是说要晋王继承皇位。所以，太祖就夜召赵光义进宫，嘱托后事。

这一天神降语的故事，对太宗继承帝位的正当性做出了很大的贡献。此事发生后半年，即太平兴国二年(977)五月，太宗皇帝下旨，修建祀奉天神的终南山北帝宫，就是张守真用来祭祀天神的地方《续资治通鉴长编》卷十八。这些故事，显然是赵光义集团利用宗教编出来的，但在民间，应该有较大的市场，当然，其背后一定有太宗的旨意。

预言太宗登极的，不光有黑杀将军。开宝末，晋王的一个亲信到西部去买马，回来途中曾宿在今甘肃一个神庙旁。半夜里，梦见有神人对他说：晋王已经即位了，你现在要快马加鞭回京城。这个人临近京城时，得知太祖已经升天，赵光义果然做了皇帝。所以，太平兴国二年秋七月，太宗皇帝下令整修这个庙宇，按时祭祀。

初，有神降于盩厔县民张守真家，自言：'我，天之尊神，号黑杀将军，玉帝之辅也。'守真每斋戒祈请，神必降室中，风肃然，声若婴儿，独守真能晓之。所言祸福多验，守真遂为道士。上不豫，驿召守真至阙下。壬子，命内侍王继恩就建隆观设置黄箓醮，令守真降神。神言：'天上宫阙已成，玉锁开。晋王有仁心。'言讫不复降。上闻其言，即夜召晋王，属以后事。——《续资治通鉴长编》卷十七这些故事，尤其是在民间，对太宗即位的合法性起了很大的教化作用，并强化了其神圣的权威。在一个王朝初建时，皇帝往往不仅自己崇奉佛教、道教，而且会通过各种宗教手段，以确立权威，收揽人心。所以，太宗即位不久，就下令组织编纂佛道志怪故事集《太平广记》，这是他对自己即位合法性的一种神秘论证，当然其中也包括神道设教之意。

总之，宋太宗即位之初就组织编纂的三部大书背后，存在着图书编纂之外的多重意图。但不管是什么意图，这种政府行为，客观上对文献进行了一次规模宏大的整理，宋代文化的繁盛，与太宗的努力与引导是分不开的。太宗皇帝对知识阶层的礼遇和利用，对于文化事业的提倡与推动，使知识阶层恢复了文化自信，也由此获得了知识阶层对其政权合法性的认同。

文人地位的提高，意味着武人地位开始下降。太宗皇帝在加强文化建设的同时，对地方节度使这些军阀势力也没有放松，采取了一些与太祖朝不同的方式抑制地方势力，从而实现了其对国家整体的驾驭与控制。那么，太宗即位以后，是如何抑制武人、有效统治地方的呢？

今非昔比

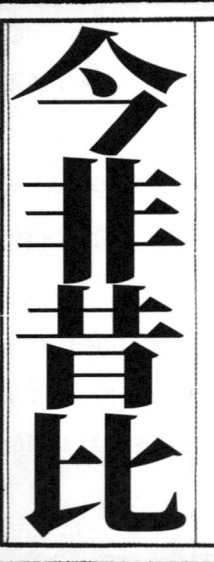

九

宋太宗在《即位大赦诏》中说太祖创业近二十年，制度完善，谨当遵承，再三宣称要继承太祖的遗志，不敢有丝毫逾越。的确，在一些方面，如加强中央集权，宋太宗继承了太祖的一贯国策。但是，太宗皇帝丝毫不敢逾越的说法也就是句官方的套话，他"不逾年而改元"的极端做法不但很快就将套话推翻，而且向朝野内外表明了他不会亦步亦趋地追随太祖的路线，显示了他不同寻常的变革决心。所以，在利用各种手段提升文人地位的同时，他双管齐下，对地方节度使采取各种方法加以控制。在文人的春天到来的时候，武人的日子就没那么好过了，地位一落千丈，今非昔比。那么，宋太宗是怎样抑制地方节度使的势力的呢？他这样做的目的又是什么呢？

从一手硬、一手软到一刀切、重点抓

宋太祖赵匡胤针对五代时期武人嚣张跋扈、动辄颠覆国家政权的深刻教训，从他自己陈桥兵变黄袍加身的亲身实践中得出经验，上台伊始，就有步骤地消除武人的权力，这是一个既定方针，"杯酒释兵权"就是一个经典范例。但是，宋太祖在控制武将权力的时候，并没有实行"一刀切"，而是"两手抓"，一手硬，一手软，对守边将领采取了与中央禁军截然不同的措施。

对于边将，太祖不仅没有收回他们的兵权，而且在经济上给予相当大的自由，部属州县财政收入不用上缴中央、全部由地方自由支配不说，还允许边将自由贸易、获取暴利，这种贸易活动有一个专有名词，叫"回图"。"回图"又叫"回易"，是一种官方性质的商业经营活动，享有免税的特权，自然利润非常丰厚。所以，在太祖严禁大宋官员经商贸易、削夺藩镇各种权力的同时，边将成了一个特权阶层。

从宋太祖的"一手硬、一手软"的措施来看，宋太祖削夺藩镇之权的道路，只是迈出了一大步，并没有走到终点。边将阶层的这种幸福时光，到太宗皇帝登基以后，才戛然而止。

太平兴国二年 (977) 正月，宋太宗下诏：从今以后，不管朝中大臣还是边关将领，一律禁止回图，禁止与民

> 多与公钱及属州课利，使之回图，特免税算，听其召募骁勇，以为爪牙。苟财用丰盈，必能集事。——《续资治通鉴长编》卷三

争利。有违反者，州县长官直接把他们的名字上报中央。这实际上是太宗上台后实行的第一项重大政策。太宗皇帝为什么要禁止边将回图呢？

史书上在记载太宗皇帝下诏的同时，从两方面说明为什么要出台这个诏令：

第一，回图是五代时期藩镇的一贯作风。这些藩镇通过回图，富得流油，有钱了生活就奢侈起来，行为举止就往往僭越，不合法度，比如养马千余匹，童仆千余人，这比皇帝还会享受。更可怕的是，地方军阀的经济实力强大了，武装势力随之强大，这对中央就构成了直接威胁。事实上，五代时期的政权更迭正源于此，所以首先要断绝他们的财路。这是从历史的教训方面来说的。

第二，宋朝建国之初，功臣数十人仍沿袭五代的遗风，太祖皇帝对此也很忧虑，但是没有能够彻底禁止。这是从宋初的现实方面来说的。这个原因讲得就有点笼统了。太祖皇帝严禁官员回图，但对边将则支持并纵容他们自由贸易，这是有意为之，并非没有办法禁止。这是由当时的形势决定的。大宋建国之初，财力并不充足，又要将主要兵力集中在南方战场，必须保证后院不起火，保证西北、北方边境不受入侵，必须避免腹背受敌。既要马儿跑得快，又不给马儿吃草，只能由马儿自给自足了。所以太祖允许边

> 诏中外臣僚，自今不得因乘传出入，赍轻货，邀厚利，并不得令人于诸处回图，与民争利，有不如诏者，州县长吏以名奏闻。——《续资治通鉴长编》卷十八

> 五代藩镇多遣亲吏往诸道回图贩易，所过皆免其算，既多财则务为奢僭，养马至千余匹，童仆亦千余人。——《续资治通鉴长编》卷十八

> 国初，大功臣数十人，犹袭旧风，太祖患之，未能止绝。——《续资治通鉴长编》卷十八

将回图。不过，有一个前提：太祖皇帝有足够的能力控御边将。太祖说过"安边御众，须是得人"《续资治通鉴长编》卷三，意思是统率士兵守卫边境，必须选准人。这个"得人"，不光是选择有能力的将领，也含有能够驾驭的意思。事实上，在他统治的十七年中，大宋国境西北至东北一线没有边患之忧，这为削平南方诸国、完成局部统一进而统一全国奠定了坚实基础。

太宗即位以后发布的第一项政策就是严禁回图，除了他光明正大地宣称的这是五代藩镇的遗风不可遗留，以及太祖已着手这项事业只是还不彻底的两种原因外，还有两个因素也需要考虑。

第一，形势变了。

宋太宗登上帝位的时候，大宋王朝南方各分裂的割据政权已经消失，只剩下福建的漳泉与吴越这两个半割据政权，这是不需要动用军队就能解决的，所以宋太祖在驾崩之前并没有急着吞并它们，而是选择又一次对北汉用兵。事实上，当大宋"南方无战事"的时候，对北方边将的纵容也该画上句号了，北方边将的这种幸福时光也就到头了。设想一下，如果太祖皇帝不死，他很可能也会采取一些措施来抑制北方边将的权力，这是形势的变化使然。

第二，皇帝变了。

禁止边将回图是太宗皇帝登上帝位以后实施的第一项政策，这说明此问题非常急迫。太祖当初选择并允许他们自由贸易的这批人（李汉超镇守关南，马仁瑀镇守瀛州，韩令坤镇守常山，贺惟忠镇守易州，何继筠镇守棣州，负责防备北部的最大劲敌辽国；郭进镇守西山，武守琪镇守晋州，李谦溥镇守隰州，李继勋镇守昭义，负责防备与辽国结盟的北汉；赵赞镇守延州，姚内斌镇守庆州，董遵诲镇守环州，王彦昇镇守原州，冯继业镇守灵武），**都是深得太祖**

信任的人，因为他们对太祖忠心耿耿。相反，越是对太祖忠心的人，就越引起太宗的警惕，因为太宗的帝位来得有点不明不白。所以，太宗皇帝必须想办法抑制太祖帮，想办法削弱太祖信任的武将的势力。太祖纵容他们，还因为太祖有足够的自信、足够的能力驾驭他们，太宗皇帝显然缺乏这方面的能力，也没有这个自信。所以，防患于未然最好，禁止回图，截断他们的经济来源，这是釜底抽薪的办法。新官上任还要烧三把火，何况一个国家的最高统治者，是不允许任何人享有特权的，这是对帝王权威的侵蚀。所以，登基之初，太宗立刻出台新政，是比较恰当的。

形势变了，皇帝变了，所以政策也跟着变化，而且必须变，这是很自然的事情。接下来的事实证明，禁止边将回图只是削弱地方藩镇势力的第一步。那接下来，太宗皇帝又采取了什么措施呢？

第一，严禁藩镇任人唯亲。

尽管从太祖时期已经开始限制地方节度使的各种权力，但节度使在自己的辖区内仍有很大的自由度。按照惯例，地方节度使可以将自己的亲信随从提拔、补充到自己辖区内某地任职，而且都是一些关键的位子；或者边将将自己的亲信提拔至自己辖区内某地担任镇将。

这种任人唯亲的做法有没有好处呢？有。它能够保证辖区内团结一心，尤其是被提拔的亲信能够对藩镇将领忠心，能够有效地抵御外敌入侵。有没有缺点呢？当然有。这不但是对国家行政权、人事任免权的一种侵蚀、对皇权的挑衅，更可怕的是地方往往会形成非常独立的势力，对国家政权具有潜在的危险。这种危险，在刚刚过去的五代时期频频上演，所以在太祖时就开始抑制了。不知是没有彻底实施,还是对边将网开一面,总之,藩镇将自己的随从亲信任命为镇将的事情依然存在。所以,在太宗下诏严禁边将回图之后,接着又下令禁止藩镇补亲吏为镇将,不许将自己的亲信随从安置在辖区某地任最高长官,如果缺员,要么从低级武将里选拔,要么由朝廷直接任命。这样,在地方节度使控制的区域,地方官不是他们的亲信,这就在很大程度上削弱了地方节度使的势力,防止了地方沆瀣一气,出现可能的威胁。

但以牙校为之,亦有宣补者。——《续资治通鉴长编》卷十八

第二,京城统一安置节度使子弟。

此前,地方节度使可以将自己的子弟安置在军中,担任一些低级的武官,但这些人的身份不一般,他们仗着自己父亲或者兄长的地位财力,骄傲蛮横,在地方上为非作歹,成为民间一害,当时名声最大的是"洛阳十恶少"(洛下十衙内)。太宗在未做皇帝时就深知此弊,当上皇帝后,立刻下诏,令地方州府对这批官员子弟统计造册,然后送到京城开封,总共一百多人,全部补殿前承旨这些低级职位,以此把他们笼络控制起来。事实上,太宗皇帝将这批人集中到京城安置,不纯粹是为了笼络他们,还有将他们变成人质控制起来的意思。自己的子弟在天子的脚下,地方节度使投鼠忌器,自然不敢轻举妄动,这样就有效地制约了地方节度使,以此加强了对地方的控制。非常有意思的是,地方送来的这一百多

悉补殿前承旨,以贱职羁縻之。——《续资治通鉴长编》卷十八

个人中，有五个年老多病的，太宗借口这五个人身子弱干不了活，打发回去了。年老多病、气息奄奄的人，不光干不了活儿，做人质的价值也不大。

第三，罢免一批节度使。

太宗皇帝即位以后，地方节度使要到京城来朝拜新皇帝。安远节度使向拱、武胜节度使张永德、横海节度使张美、镇宁节度使刘廷让奉命进京。太宗皇帝借着他们这次进京的机会，解除了他们的节度使职位，给了他们京城的一些"环卫"闲职，不是负责环境卫生，就是负责保卫，都是些不定员的闲职，级别很高（二品、三品），没有实权。太宗皇帝解除他们职位的理由是：节度使的工作那么辛苦，不能再让你们这些德高望重的老一辈辛苦了。张永德、张美是后周以来的功臣宿将，深得太祖信任、重用；刘廷让即刘光义，是太祖义社十兄弟结拜成员之一。这一年（太平兴国二年）的闰七月，太祖义社十兄弟的另一名成员天雄军节度使李继勋也因生病被免除节度使，不久即离世。由此可见，太祖皇帝时代的同僚和将领，几乎都被从一线撤换下来，退休了。这事儿简直就是"杯酒释兵权"的重演，所缺者唯有酒耳。

所以说，削夺藩镇之权的道路，宋太祖只是向前迈出了一大步，剩下的问题，留给了宋太宗。太宗即位以后，从取消太祖朝藩镇将领的回图特权入手，禁止藩镇将领的各种特权，并将节度使的子弟集中到京城，授予

> 余五人，老病不任事，遣还。——《续资治通鉴长编》卷十八

> 不敢以藩领之任重烦旧德。——《续资治通鉴长编》卷十八

低级别的职位,作为人质掌控起来。同时,太宗皇帝为了抑制那些曾经为太祖所信任的武将,罢免了一批节度使,给他们一个京城的闲职,光荣退休。通过这样的方式,太宗皇帝不仅将地方节度使牢牢掌控起来,也对京都禁军的将领来了一次大换血。

太宗皇帝削夺藩镇之权,削夺贸易权、削夺行政权,罢免节度使,有清除太祖朝势力的意图,也是太祖强干弱枝国策的彻底贯彻。接下来,太宗皇帝又借机削减了节度使的控制范围,地方藩镇的权力消失殆尽。这是怎么回事呢?

地盘越来越小了,权力越来越少了

这是太宗实施的第二项政策措施:废除支郡。

唐末五代的时候,藩镇的领地遍及数州,藩镇治所所在的州称为府州,其他的州称为支郡,支郡隶属藩镇,这样一来,地方节度使不但控制的地理范围很大,而且权力也很大,支郡的财政、民政等都归藩镇掌控,节度使就是掌控一方的土皇帝。

太祖皇帝在乾德元年(963)平定湖南后,为了加强对这一地区的掌控,将原先隶属湖南的潭州(今湖南长沙市)、朗州(今湖南常德市)等支郡独立出来,直接隶属中央,这是宋代废除支郡的开端。尽管后来还有个别地方甚至是

> 始,唐及五代节镇皆有支郡。太祖平湖南,始令潭、朗等州直属京,长吏得自奏事。——《续资治通鉴长编》卷十八

县上升为直属中央的辖区，但是太祖朝的这项行政区划变革毕竟是个别事件，并没有普及。太宗皇帝即位以后，正努力从各方面削夺藩镇权力的时候，一个事件促使他废除了支郡，这是怎么回事呢？

这件事情与赵普有关。

开宝六年(973)八月，宰相赵普被罢为河阳三城节度使，黯然离京。河阳三城节度，治所在今河南焦作市的孟州，怀州(今河南沁阳市)等地都是其支郡。太宗即位以后，派遣高保寅到怀州做了知州。怀州隶属河阳，河阳节度使是赵普，史书上说："保寅素与普有隙"《续资治通鉴长编》卷十八，"素"是"向来"的意思，这是说高保寅与赵普之间一向有矛盾。这一点太宗皇帝应该是知道的，可他为什么还派高保寅知怀州呢？派遣知州本来就是朝廷限制、削夺对方藩镇势力的一种方式，而太宗派一向与赵普不和的高保寅到赵普的地盘上做官，绝对是有意为之。结果，高保寅到怀州以后，处处受赵普牵制，干什么都施展不开拳脚。高保寅很郁闷，心里愤愤不平。毕竟这是赵普的地盘，要摆脱这种受人牵制、被穿小鞋的局面，唯有让自己管辖的这片区域从赵普的地盘中分离出去。于是，高保寅就向太宗皇帝上书，请求废除节镇统领支郡的制度，请求怀州直属中央，知州可以不经过节度使直接向皇帝上奏。结果太宗皇帝欣然同意。

谁想这只是开了个头，接着就有人效仿。虢州(今河南灵宝市)刺史向朝廷上书，陈述保平节度使杜审进工作中的多项缺失。杜审进是谁？杜太后的弟弟，赵光义的舅舅。太宗派人前去调查，自然属实。派去的这个人是右拾遗李瀚（有些文献中作李幹），借此机会进言说：节镇统领支郡，大多让亲信官吏掌管各州关津、市场，很不利于商人贸易，使天下货物流通不畅。望圣上下令不让节镇统领支郡，这也是分散节镇的权力、强化中央统治力量的强干弱枝之术。太宗皇帝欣然下诏，命令全国三十多个州直属中央，节度使统领支郡的局面一去不复返了。

废除节镇统领支郡，从两个典型（一个是大宋前宰相赵普、一个是国舅爷杜审进）抓起，进展异常顺利。没有了支郡的节度使，第一，其所领有的土地，只剩下一州，即治所所在的州，其实际地位等同于其原先统领的支郡；第二，节度使在自己掌管的州郡内，再也不能为所欲为，权力被层层分割。朝廷派文人去做知州、通判，把行政权、财政大权全部收归中央。领地没了，权力没了，对地方的实际影响也就弱了，节度使还有什么？徒有虚名而已。

太宗皇帝即位后实施的两大措施，一方面是太祖皇帝强干弱枝政策的进一步贯彻，另一

> 虢州刺史许昌裔诉保平节度使杜审进阙失事。——《续资治通鉴长编》卷十八

> 节镇领支郡，多俾亲吏掌其关市，颇不便于商贾，滞天下之货。望不令有所统摄，以分方面之权，尊奖王室，亦强干弱枝之术也。——《续资治通鉴长编》卷十八

> 天下节镇无复领支郡者矣。——《续资治通鉴长编》卷十八

方面是太宗皇帝崇文抑武国策的积极实施。强干弱枝也罢，崇文抑武也罢，其根本意图均在于削弱地方势力，强化君主的权力，全面提高皇权对国家的绝对控制。太宗皇帝的这些政策取得了怎样的效果呢？

一个不可思议又不难捉摸的事件

先看一个太平兴国三年(978)四五月间，在大宋西北境内发生的事件。

这个事件的主要人物叫李飞雄，是秦州（今甘肃天水市）节度判官李若愚的儿子。史书上说李飞雄这个人凶恶阴险，品行恶劣，连家人也不容他，所以经常在京都开封与河北之间游荡，与各地无赖恶少纵酒赌博（蒲博）。因为他父亲在秦州做官，所以他对秦州一带官署、仓库储藏、军队数量、地势情况等了如指掌。李飞雄在这一带玩腻了，于是从开封去看望在凤翔盩厔任县尉的岳丈。离开之时，李飞雄将他岳父的官马顺手牵羊。在一个深夜，李飞雄凭着这匹官马，走进一个官方驿站，诈称自己是朝廷派来的巡边使者，在驿站换了马匹，还从驿站选了一个兵卒作为向导。接下来，李飞雄继续假称受皇帝之命巡边，一路上，先后将巡驿殿直、陇州监军、吴山县（今陕西宝鸡市境内）县尉骗过，每到一个地方，就以朝廷巡边使者的身份将这些官吏叱责一番，然后挟持同行。

尽知其府库仓廪所有及地形险易，兵籍多少。——《续资治通鉴长编》卷十九李飞雄只身一人出来，就像滚雪球一样，从增加一匹马开始，逐步增加驿卒、巡驿殿直、陇州监军、吴山县县尉，这一行人簇拥着一个伪朝廷巡边使者，到了秦州清水县（今甘肃清水县）。

秦州位于大宋王朝西北边隅，这里远离国家的中心地带，又有迁入内地的少数民族经常作乱，所以宋朝诏令都巡检使周承瑨等七人在秦州境内的清水县屯兵。李飞雄带着这几个懵懵懂懂的大宋官员，到达清水，一声令下，将周承瑨等七人全部捆绑起来。周承瑨看到随行人员中有巡驿殿直，这个人他认识，所以根本就没怀疑这个天子使者的真假，另外一个叫田仁朗的痛哭流涕，说要看看诏书，不料引来李飞雄一顿怒叱：我奉圣上密旨前来，因为尔等怯阵避敌，不遵圣命，圣上令我将尔等全部诛杀。难道你们没听说封州（今广东封开县）杀李鹤的事吗？诏书岂能随便看？

吾受密旨，以汝辈逗挠不用命，且令尽诛汝辈。岂不闻封州杀李鹤耶，诏书岂得见也？——《续资治通鉴长编》卷十九

封州杀李鹤是怎么回事？原来，太宗刚即位的时候，派遣亲信使者到各地巡视，到岭南的亲信报告说封州知州李鹤违法乱纪，诬陷李鹤意图谋反，太宗立刻下令：不用调查、不用审问，就地处决。这也是太宗皇帝上台后急于树立个人绝对权威的一个极端事件，帝国境内应该家喻户晓。李飞雄拿这件事来恐吓他们，果然无人再申辩。李飞雄一时胆大，准备将这几人押往秦州处死，再劫城叛乱。

李飞雄假传圣旨的时候透露了一个信息，说他曾是太宗晋王府的亲信，这当然是他编造出来的。巧的是在清水屯兵的这被绑的七人中确有一人有这个工作履历，这个人叫刘文裕。这是一根救命稻草，刘文裕哀求说：使者大哥，我也曾在晋王府干过，你能忍心不救我吗？这下李鬼碰到了李逵，李飞雄赶紧屏退左右，对刘文裕耳语道："汝能与我同富贵否？"这句话让李飞雄露出了马脚，刘文裕立刻明白这是一个无知妄作的冒牌货，他假装答应，然后设计将李飞雄擒住，押往秦州大狱，一顿棍棒，李飞雄全招了。他既不是朝廷派来的使者，更不是原晋王府的亲信。

之后的处理很简洁，李飞雄被夷灭三族，驿站被骗的那个士卒灭族，一路上被骗的那些朝廷官员腰斩，与李飞雄关系交好的那些无赖，一并斩杀。顺便说一下，这事还牵涉了一个毫无瓜葛的人——乾州知州李若拙，因为李飞雄的父亲叫李若愚，太宗皇帝怀疑他们是兄弟，将其下狱，查明同宗（都姓李）非亲，且"不知其谋"，不过最终结果还是将其流放海岛。《续资治通鉴长编》卷十九；《宋史·李若拙传》

整个事件牵涉了不少人，似乎很复杂，其实很简单：李飞雄假冒天子使者，在大宋西北境内（今陕西至甘肃一

> 我亦尝事晋邸，使者忍不营救之乎？——《续资治通鉴长编》卷十九

带），只身空口轻易骗过沿途所有官员，准备劫城叛乱。请注意以下几个方面：第一，李飞雄只身一人，仅凭着他偷的岳父的一匹官马开始了行骗；第二，李飞雄空口白牙，口称天子使者开始行骗；第三，李飞雄一路上行骗很顺利，一句话就能让朝廷官员、守边的武将束手就擒；第四，被骗的官员、武将不止一个，有名有姓的有十人，还有一个无名的驿站士卒。李飞雄智商很高吗？他为什么能够一路上行骗成功？其成功的法宝只有一件：假冒的天子使者的身份。这一看上去很荒唐的事件说明了什么问题？

第一，太宗皇帝的绝对权威已经深入人心，太宗皇帝对国家的掌控已经相当稳固。

第二，武将的地位已经今非昔比，昔日的嚣张跋扈已经荡然无存。

第三，武将已经树立了彻底服从天子权威的意识，这种观念已经相当牢固。

宋太宗崇文抑武双管齐下、强干弱枝相辅相成。太祖没有做完的事情，他完成了；太祖没有解决的问题，他解决了。一个崇文抑武的新型国家政权初见端倪。在大宋境内地方军阀解体的时候，在国家的东南方还有两个政权没有真正并入大宋的疆域，虽然这两个政权与大宋一直保持着不同寻常的亲密接触。这两个政权，一个是漳泉，一个是吴越。在宋太宗还忙着削弱地方藩镇势力的时候，漳泉的军阀陈洪进就匆匆跑到开封来了。这是怎么回事呢？

漳泉纳土

十

宋太祖登基以后,采取先南后北的统一策略,先后将荆湖、后蜀、南汉、南唐这些区域一一并入大宋的版图,但是大宋的南方并没有完全统一,因为至少还有两个处于游离状态的半割据地方政权:一个是漳泉,一个是吴越。因为这两个地方政权在大宋建国前后一直表现得相当顺从,所以在太祖皇帝有生之年并没有急着将其收入囊中。太宗皇帝即位以后,为了迅速摆脱太祖的影响,大张旗鼓地兴文抑武,彻底废除地方藩镇的各种特权,迅速加强中央对地方的绝对控制。在这种情况下,漳泉、吴越这两个割据政权的地位就岌岌可危了。一向很识时务的两个地方政权最高领导争先恐后地往京都开封跑,而平海节度使陈洪进则抢先将漳州、泉州两州的土地献了出去。那么,漳泉地区的割据是怎样形成的呢?陈洪进为什么会主动献出漳泉呢?

下面我们围绕三个人来解释这两个问题：一个是闽国的实际开创者王审知，一个是漳泉的最初割据者留从效，一个是最终将漳泉献给大宋的陈洪进。

王审知：宁为开门节度使，不做闭门天子

漳泉地区位于今天的福建，包括漳州、泉州，当时下辖十四个县。漳泉地区是如何形成割据势力的，先要从闽国说起。

闽国是五代十国的十国之一，是北方人南下后建立的一个地方政权，这个政权的创立者姓王，叫王审知，后人习惯上称这个政权为王闽。

王审知原本是光州固始县（今河南固始县）的一个农民，他的哥哥王潮在固始县衙做过公务员。

时间还要追溯到唐朝末年。黄巢起义的时候，江淮一带也兴起了多股起义军，安徽一个叫王绪的屠夫揭竿而起，攻陷周围县市，包括王审知的家乡固始。打下固始后，王绪听说王潮、王审知兄弟在当地很有名气，便将其招进军中。在唐末军阀混战中，王绪为了保存与发展实力，退出固始南下，就这样，一直打到了福建。

王绪这个人趁乱世起兵，虽然豪爽，但生性多疑，肚量极小，容不下比自己强的人，见到有点能力的手

> 王审知，字信通，光州固始人。父恁，世为农民。唐广明中，黄巢犯阙，江淮盗贼蜂起。……审知兄潮，时为县佐。——《旧五代史·王审知传》（中华书局2015年修订本）

下就找个借口杀掉。结果惹恼了军中众将,到达漳州的时候,王潮兄弟联合众人将王绪做掉了,然后王潮被推举做了这支军队的领袖。

王潮有从政的经历,有政治头脑,他立刻整顿军纪,军队秋毫无犯,深得当地百姓拥戴。这支起义军在当地百姓的恳切请求下,先后攻陷泉州、福州,最后掌控了福建五州全境。后来,唐昭宗任命王潮为福建观察使、王审知为副使,这意味着唐朝朝廷正式承认了王氏兄弟对福建的控制。实际上到这个时候,闽国已经形成了,只是还没有闽国的正式名称。

王潮并没有将位子传给自己的儿子,而是传给了自己的弟弟王审知。据说王审知这个人五大三粗,在军中骑一匹白马作战,兄弟中排行第三,所以有"白马三郎"的美誉。虽然是农民出身,但他很有才能。中原的朱温代唐自立,建立后梁,封王审知为闽王,这才有了闽国的名称。

当中原大地群雄纷纷割据称帝的时候,有人劝王审知称帝,王审知回绝说:"我宁为开门节度使,不作闭门天子。"吴任臣《十国春秋》卷九十(中华书局1983年版)这是说王审知宁可做大国的藩镇节度使,也不愿意搞独立,称皇帝。王审知有割据称帝的条件,但一直没有称帝。这是为什么呢?因为在当时周围割据政权林立、对闽国都虎视眈眈的情况下,只有尊奉中原王朝正朔,对中原王朝称臣纳贡,才是最好的保全之计。王审知的策略是对的。所以,即使杨吴

绪多疑忌,部将有出己之右者皆诛之。——《旧五代史·王审知传》

政权占据江淮地区，闽地与中原隔绝的时候，王审知也没有终止与中原政权的往来。陆路不通，他就让人由海路，冒着海上风暴的危险，转道山东，再到开封，向中原政权进贡。每次因海上风浪而死掉的使者有十之四五，但一直没有间断。王审知审时度势，外交政策对头，又身体力行，轻徭薄赋，在乱世之中，偏安东南的福建竟成为一片世外桃源。

到后唐庄宗同光三年（925），王审知去世。之后，其子相继嗣位，他们已经不满足于开门做节度使，先后称王称帝。众多儿子非但没能光大父业、传祚久远，反而为争夺王位同室操戈，骨肉相残，互相攻杀，二十年间，闽国换了五位国君。频繁的内乱终于导致国破家亡。

> 是时，杨氏据江、淮，故闽中与中国隔越，审知每岁朝贡，泛海至登莱抵岸，往复颇有风水之患，漂没者十四五。——《旧五代史·王审知传》

三十年间，一境晏然。——《旧五代史·王审知传》

留从效：岂劳大军久戍于此

当闽国执政者兄弟内讧的时候，各方为了增加胜出的筹码，各自寻找外援，有求于南唐者，有求于吴越者。南唐中主李璟看到闽国乱成一锅粥，且没有了中原王朝的庇护，认为有利可图，遂发兵南下。吴越认为如果福建被南唐占有，自己将会处于被南唐三面合围（东面是大海）的不利境地，也立刻出兵福州。南唐、吴越、闽国三方博弈，结果福建五州被三家瓜分。南唐占有了建州、汀州,吴越占领了福州。

本来泉州、漳州也是南唐的,但是南唐任命的留守留从效早有预谋,看到南唐在福州被吴越打败,就对南唐的守将说:泉州这个地方本来就土地贫瘠,又加上连年战争,农桑荒废,一年的租税,才勉强够我们自给,就不劳烦你们长久在此驻扎了。接着,不管南唐军队愿不愿意,就在泉州郊外置酒设宴饯行,南唐的军队刚在福州被吴越打败,兵力单薄,无力再用兵,只得乖乖撤走。从此,南唐对漳泉二州仅维持名义上的统治,留从效名义上是南唐的清源军节度使,实际上为割据一方的土皇帝。漳泉的割据地位正式形成。留从效在割据漳泉期间是如何保土安民的呢?

留从效这个人出身寒微,深知民间疾苦,所以他统治时期,以勤俭养民为中心,深得百姓爱戴,漳泉二州在乱世之中又有了一次安定发展的机会。难得的是,留从效对当时天下大势有着非常清醒的认识。当时天下是什么形势呢?

两个字:统一。留从效割据期间,中原地区的后周开始崛起,周世宗确立先南后北的策略后,统一天下的大业开始实施。周世宗有这个能力,后周也有这个实力。所以,从显德三年至五年(956—958),后周三次征伐淮南,结果李璟战败求和,向后周称臣,南唐长

泉州与福州世为仇敌,南接岭海瘴疠之乡,地险土瘠。比年军旅屡兴,农桑废业,冬征夏敛,仅能自赡,岂劳大军久成于此! ——《资治通鉴》卷二八六(中华书局2011年版)

在郡专以勤俭养民为务……民甚爱之,部内安治。——《宋史·留从效传》

江以北十四州悉数并入后周版图。由于对时局有着清醒的认识，所以留从效在后周与南唐的争霸战争中采取了两手策略。

第一，与南唐虚与委蛇。

一方面，不出兵，静观事态的发展。名义上称藩南唐的留从效冷静观望这场战事，始终不肯派兵参与。战争期间南唐也曾派大员前来福建招募骁勇之士，建州、汀州都有得力将领应募参战，唯有漳泉两州没有响应。这说明留从效对南唐和后周的实力看得比较透彻，在观望形势的发展。另一方面，不管怎么说，漳泉名义上还是南唐的区域，也要表现出不是完全置身事外的样子，所以留从效多次给李璟上书，指出南唐屯兵紫金山的军事部署会使军队疲惫，不利于形势发展。这很有意思，一方面不出兵，另一方面还站在一旁指手画脚。

第二，与中原主动接触。

南唐与后周的三年较量，结果失去了江北十四州，留从效审时度势，准备归附后周。为此，他先后秘密派了至少两路人马前往开封。一路装扮成商人，将书信藏在革带中，经湖北前往开封，向周世宗表达要归附中原的意图；另一路通过一直臣服于后周的吴越的关系，派人向周世宗进献贡品，并请求在后周设置办事处。但是，这两次与后周政权的接触，并未取得实质性的结果。周世宗经过慎重考虑后，诏书回报留从效，赞扬了

> 周师南侵，元宗遣潘承祐诣泉、建募骁勇。——《十国春秋》卷二十四

> 从效累表于景，言其顿兵老师，形势非便。——《宋史·留从效传》

> 从效又乞置邸京师。——《宋史·留从效传》

他主动向中央输诚的表现，但以刚与南唐达成和议为由，婉言拒绝了漳泉直接隶属后周和在京师设置办事处的请求。

> 虑其非便，不许。——《宋史·留从效传》

大宋建国后，留从效的外交政策没有改变，一面继续与南唐周旋，一面继续向大宋上表称藩。

宋太祖登基当年，留从效就派遣使者到达开封，上表称臣，宋太祖也遣使厚赐留从效。建隆二年(961)，南唐迁都洪州（今江西南昌市），留从效怀疑南唐对其归附大宋的做法不满，迁都是为了讨伐他，内心忧惧，急忙派遣自己的儿子带着厚重的礼品前往南唐进献，同时派遣使者，经吴越到达开封，向大宋进贡。宋太祖为了安抚他，特地派遣使者带着大量礼品前往福建慰问。可惜的是，大宋使者还没到福建，留从效就病死了。

> 厚赐以抚之。——《宋史·留从效传》

> 疽发背死。——《续资治通鉴长编》卷三

在后周至宋初的这段时间，割据漳泉的留从效对中原政权与南唐执行两面策略，这是为什么呢？

第一，实力不济。漳泉仅有两州之地。从最后归附宋朝的统计来看，户口十五万，兵力不足两万，无论从哪一方面看，其实力都不能与南唐、北宋抗衡，在此种情况下，最好的外交政策是谁都不得罪。

第二，势态均衡。继续做着名义上的南唐节度使，又向中原政权真实表达归附的念头，用正在崛起的中原政权抑制南唐，从而实现一种势力平衡。

第三，保土安民。说到底，留从效就是想"保土安

民",保土就是继续保持现有的割据状态;安民就是避免战争,维持漳泉辖区内的安定与发展。

面对漳泉留从效的归附,中原政权统治者(后周世宗、宋太祖)表现出一种从最初的谨慎处理到开始接纳的转变,这当然是中原政权与南唐实力彼此消长造成的。可以想见,如果留从效不死,他最终也会将漳泉二州悉数纳入大宋的版图,但时运不济,就在宋太祖派遣使者带着厚重的礼品前往福建慰问安抚的路上,留从效死了。

留从效死后,接管漳泉地区的又是谁呢?

陈洪进:一步一个脚印

这个人叫陈洪进,是留从效手下掌管军队的统军使。但是,陈洪进成为漳泉的老大,并不是一下子实现的,这其中还有一些波折。

最初的即位者是留从效的儿子。

留从效没有子嗣,过继了他兄长的两个孩子。他死的时候,大点的孩子已经去南唐出差了。宋太祖平定李重进叛乱后,顺便恫吓了一下南唐,指责南唐与大宋的叛臣勾结。李璟觉得金陵这个地方待不下去了,遂起了迁都洪州的念头。不料,李璟一迁都,留从效心里犯嘀咕了,因为迁都洪州,与漳泉地区更近了,是不是因为我向大宋称藩,你李璟要来讨伐我呢?所以,他立刻派遣大一点的孩子带着厚重的礼品前往洪州觐见李璟,以此表达对南唐臣服的决心。没想到,这个孩子到洪州的时候,李璟已经死了,李煜在金陵即位,于是他又转道前往金陵,这一来二去就耽误了时间。所以,年长的这个孩子没有接留从效的班，而在家的小儿子留绍镃接班了，史书上说他的年龄"尚幼"《宋史·留从效传》。小孩子接班是很危险的，果不其然，很快就让陈洪进找个借口给废了。什么借口呢？

吴越的使者来泉州公干，留绍镃夜里召见这个使者，与之饮宴叙谈，这本来可能没有什么大不了的。陈洪进借此机会说，留绍镃要谋叛，要将漳泉二州献给吴越，于是就把这个小孩子及全家送到了南唐。你不是我们的领导吗？就把这个麻烦甩给你南唐。但是，陈洪进并没直接接班，小孩子不行，推举一个年老的吧，统军副使张汉思接任，自己做副使。

留从效的幼子即位，没有什么政治经验，所以很快被废掉了。但是继任者张汉思年龄大了，缺乏领导的才能，脾气性情憨厚，做事小心谨慎，这性格缺乏威严，管理军队就不行，所以任何事最终都由陈洪进决断。张汉思的几个儿子都在军队中，对陈洪进的做法很不满，为他们的父亲不平，张汉思也认为陈洪进太过专权，于是设下"鸿门宴"，准备除掉陈洪进。

张汉思密谋鸿门宴，准备在酒宴之间除掉陈洪进，一切布置就绪，这陈洪进并不知情，如果没有意外，陈洪进可能早就被"结果"了。然而，人算不如天算，偏偏出现了意外。宴会刚刚开始，忽然地动屋摇。一瞬间，房屋倾侧，众人坐也坐不稳，站也站不

> 吴越遣使聘泉州，绍镃夜召其使与之燕语，统军使陈洪进诬绍镃谋叛，欲以其地入吴越，执绍镃送于唐。——《续资治通鉴长编》卷三

> 张汉思，年老醇谨，不能治军旅，事皆决于副使洪进。——《续资治通鉴长编》卷四

> 汉思诸子并为牙将，颇不平，图害洪进。汉思亦患其专，乃大飨将吏，伏甲于内，将杀洪进。——《续资治通鉴长编》卷四

住。这明显是地震了，不过来得太巧了，所以参与密谋的有些人害怕了，以为这是天意，是上天警告他们，要惩罚他们，所以有人就赶紧将密谋告诉了陈洪进。陈洪进这才明白这是鸿门宴，趁乱立刻离去，众将也惊恐不安，纷纷散去。一场准备充分的谋杀被突发的地震彻底搅黄了。

> 酒数行，地忽大震，栋宇倾侧，坐立皆不自持，同谋者惧，以告洪进。洪进遽出，众惊悸而散。——《续资治通鉴长编》卷四

事态已经很明了，张汉思没有能力，但不愿做傀儡，所以要杀掉陈洪进。结果，张汉思谋害未遂。他想到陈洪进一定会报复，所以戒备森严，时刻提防陈洪进。陈洪进的两个儿子在军中都是指挥使，一怒之下，要命令手下部队消灭张汉思，不过陈洪进没有同意。

> 汉思事不成，虑洪进先发，常严兵为备。洪进子文显、文灏，俱为指挥使，勒所部欲击汉思，洪进不许。——《续资治通鉴长编》卷四

和平夺权。陈洪进没有立刻反击，是要先稳一稳局势，是不愿意流血，并不是没有反应。他选了一个好日子，还是穿着平时的衣服，但在袖子里放了一把大锁，带着两个儿子，像平常一样，不慌不忙地去见张汉思。张汉思防着陈洪进呢，所以守卫值班的有几百人，不过被陈洪进一声叱喝，他们都退下了。当时，张汉思正要从内门往外走，陈洪进从袖中取出准备好的大锁，顺手就把外门给锁上了。对张汉思说：军中将领都认为您年老了，头脑不清醒，恳请我接您的班，群众的意见是不可违背的，您还是把大印交给我吧。张汉思时刻防备着陈

> 洪进袖置大锁，从二子常服安步入府中。——《续资治通鉴长编》卷四

> 军吏以公耄荒，请洪进知留务，众情不可违，当以印见授。——《续资治通鉴长编》卷四

洪进的武力反扑，绝对没想到陈洪进会来这一手，内心矛盾错乱，不知如何是好，就把大印从两扇门之间交给了陈洪进。陈洪进立刻召集将领，宣布：张汉思年纪大了，军务处理不了，把帅印交付给我了。军中将领纷纷称贺。

顺便说一下，陈洪进还算厚道，没对张汉思怎样，给了他一所大房子养老，几年后寿终正寝。

史书上讲，陈洪进这个人年轻时读了不少书，熟谙兵法，有勇有谋。事实确实如此，没有流血，陈洪进连用两招"移花接木"，在大宋建隆三年（962）四月，成了漳泉名副其实的统治者。陈洪进掌管漳泉以后，又会采取什么策略来维持漳泉的地位呢？漳泉的割据还要持续下去吗？

> 汉思错迕，不知所为。——《续资治通鉴长编》卷四

> 汉思退居数年，以寿终。——《续资治通鉴长编》卷四

> 颇读书，习兵法，及长，以材勇闻。——《宋史·陈洪进传》

终于走在了前头

陈洪进做了漳泉的老大后，立刻分别向南唐、大宋遣使奉表汇报。这说明，陈洪进遵循的仍是两属的策略，但陈洪进对大宋表现得似乎更加亲近，而且，随着大宋与南唐之间实力的消长，宋太祖对漳泉的态度也发生了转变。

按照《续资治通鉴长编》的记载，陈洪进当上漳泉的老大后，派遣的使者辗转吴越，在十月到达

开封。在表章中，陈洪进自称"清源节度副使，权知泉、南等州"（南州指的是漳州），并表达了听命于大宋的殷切希望。宋太祖显然对此感到满意，接着做了四件事：

第一，遣使慰问漳泉。

派遣使者带着诏书前往福建安抚慰问，传达太祖的意思。

> 赍诏抚谕。——《续资治通鉴长编》卷四

第二，诏谕南唐国主李煜。

毕竟漳泉名义上属于南唐，所以，太祖皇帝也要知会南唐一声。在诏书中，太祖向李煜说准备接纳陈洪进归附，准备授陈洪进节度使；还说漳泉原先虽属于你，但其实属于谁都一样，我接纳，主要是为了让漳泉稳定，你不必介怀，你要理解朕。这是外交的言语，好像很客气，其实就是告知李煜，明确接管漳泉，以后陈洪进由我罩着了。可以想见李煜收到诏书后的心情。李煜不甘心，又上表太祖说：陈洪进这个人是个大骗子，首鼠两端，他说的话千万不要信，千万不要授其军权。太祖皇帝又一次下诏，李煜无奈，只得听命，也不敢难为陈洪进。

> 具言所以纳洪进之意，且将授钺也。——《续资治通鉴长编》卷四

> 洪进多诈，首鼠两端，诚不足听。——《宋史·陈洪进传》

> 不必以彼此为意……当体朕怀。——《宋史·陈洪进传》

第三，改名。

漳泉地区称清源军，漳州称南州，这都是南唐的命名。太祖皇帝将清源军改为平海军，南州再改

回漳州。

第四，授职。

宋太祖授陈洪进为节度使，陈洪进两个儿子分别为副使、南州刺史。漳泉名正言顺地归属了大宋。

这样，陈洪进成功得到宋朝的庇护，增加了与南唐周旋的筹码。陈洪进名义上属于大宋，对大宋不断进贡，也相当顺从，但还是具有很强的独立性。

开宝九年（976）六月，大宋这个时候已经拿下南唐，另一个割据势力吴越国的国王钱俶已经亲自到达开封，觐见宋太祖。陈洪进内心不安，立刻派遣自己的儿子漳州刺史带着大量的礼品到达开封，请求朝廷同意陈洪进觐见，宋太祖答应了陈洪进的请求。陈洪进从福建动身，前往开封，到达南剑州（今福建南平市）的时候，得知宋太祖驾崩，于是折返，回到泉州，举行仪式哀悼。

宋太宗即位后，陈洪进又一次踏上北上的路途，太宗皇帝接到消息后，自然很高兴，派遣翰林使程德玄前往宿州（今安徽宿州市）迎接。太平兴国二年（977）八月，太宗皇帝在崇政殿接待了远道而来的陈洪进，给予了极高的礼遇，赐钱千万，白金万两，绢万匹。

太平兴国三年四月，陈洪进接受手下建议，上

陈洪进以江南、吴越入朝，不自安，戊寅，遣其子漳州刺史文颢来贡方物，且乞修觐礼，诏许之。洪进行至南剑州，闻国有丧，乃归镇发哀。——《续资治通鉴长编》卷十七

陈洪进入见于崇德殿，礼遇优渥，赐钱千万、白金万两、绢万匹。——《续资治通鉴长编》卷十八

表，将漳泉二州献出，割据东南沿海十多年的漳泉政权终于并入大宋的版图。

陈洪进献土，漳泉归地，大宋没费一兵一卒，太宗皇帝自然很高兴，封陈洪进为武宁（今江苏徐州市）节度使、同平章事，赏赐安家费，在开封买房子，安心养老。年已六十四岁的陈洪进在京都开封，享受着宰相级别的待遇，直到雍熙三年（986）才离世。

漳泉地区主动并入大宋的版图，仿佛是水到渠成的事，宋太祖打下了基础，宋太宗坐享其成，"前人栽树，后人乘凉"。不管怎样，这功绩记在了太宗皇帝的头上。这说明两个问题：一是太宗皇帝接班顺利，太祖时对漳泉的政策得以持续；二是太宗皇帝在即位还不足两年的时间内，迅速强化了大宋的中央集权，加强了中央对地方的绝对控制，正是他的控制力、威慑力让割据势力不得不主动归顺。

陈洪进积极主动献出漳泉二州的时候，开封城内还有一批特殊的"客人"，他们是吴越国王钱俶和一大群幕僚，他们先于陈洪进来到开封，在开封已经有段时间了，但太宗皇帝并没有让他们回去的意思。钱俶及群臣为什么会到开封来呢？陈洪进主动献出漳泉二州，这次终于走在了吴越的前头，这对吴越又意味着什么呢？

上表献所管漳、泉二州，得县十四，户十五万一千九百七十八，兵一万八千七百二十七。——《续资治通鉴长编》卷十九

吴越献地

十一

吴越是五代十国中的十国之一,是杭州人钱镠建立的一个地方政权,其兴盛时疆域大约相当于今天的浙江全省、江苏省西南部、福建省东北部。这个割据政权是如何形成的呢?太平兴国三年(978),平海节度使陈洪进抢先将漳泉二州土地献给大宋。身在开封的吴越国王钱俶感受到了多种无形的压力。五月,他将所辖十四州土地献给大宋。钱俶为什么要纳土?大宋王朝对吴越的兼并究竟是如何实现的呢?

钱镠：敞开门做节度使，关起门来搞生产

先从吴越这个地方政权讲起。

吴越的缔造者叫钱镠（liú），是杭州临安县人。钱镠小字婆留，据说他生下来奇丑无比，还伴随着各种怪异现象，他父亲就想把他给扔了，是他的外祖母坚决不同意，才得以存活下来，所以起了"婆留"这个名字，意思是外婆留其命。他叫这个名字叫了很长时间，直到二十一岁参加家乡的临时义兵时才改称钱镠的，为什么改叫这个名字？因为他是金字辈，因此用"金"字作偏旁，仍保留了"留"字的读音。

> 祖妣知非常人，固不许，因小字曰婆留。——《吴越备史》卷一（杭州出版社2004年版）

钱镠出身贫贱，祖上世代务农，十六岁开始做盐贩子，在杭州、越州（今浙江绍兴市）、宣州（今安徽宣城市）贩卖私盐。贩卖私盐是官方严厉禁止的，因为官方禁止，所以利润丰厚，不少人铤而走险，政府禁不胜禁。据当今学者的研究，贩卖私盐的队伍类似于一伙地方武装，为了对抗政府的镇压，往往携带武器，结帮成行。钱镠年轻时期这段贩盐谋生的经历，对其一生影响极大。不光练就了强健的体魄和胆略，据说他每次能担二百多斤食盐，行走如风；而且通过走南闯北，扩大了见闻，增长了见识，同时还结交了一大批地方豪杰。何勇强《钱氏吴越国史论稿》第一章（浙江大学出版社2002年版）

> 每担盐斤有二百余，行走甚捷。——《钱氏家乘》卷五（上海书店出版社1996年版）

五年以后，从商海成功上岸的钱镠组织地方武装，

投奔了杭州地方镇将董昌，凭借不凡的身手，很快赢得了这位同乡的赏识，做了董昌的副将（偏将）。在唐末另一个盐贩子黄巢发起的全国性起义中，钱镠开始获得露脸的机会。他曾带领二十名手下，虚张声势，成功伏击了黄巢的两千大军。这件事在当时很出名，引起了大唐朝廷地方官员的关注。紧接着平定了浙江地区的地方军阀以后，唐僖宗授予钱镠杭州刺史的职位，开始掌控浙西，这原先是董昌的地盘，董昌则被大唐朝廷任命为越州观察使，派往越州，掌控浙东。

在军阀混战的时代，越州观察使董昌终于按捺不住，自己做起了皇帝。唐朝令钱镠为招讨使，命其讨伐董昌。钱镠念其提携之恩，告诫董昌：关起门来做天子，必定会身死国灭，株连九族，百姓遭殃，哪比得上做朝廷名正言顺的节度使，可保终身富贵无忧。董昌不听，结果身死国灭。钱镠接手了董昌的地盘，成为镇海、镇东节度使，从此，开始全面掌控浙东、浙西地区。

钱镠劝谏他的老领导董昌的话不是说说而已，他是亲身实践，一直效忠中原王朝，向中原朝廷称臣。在唐亡之前，钱镠忠于唐朝；后梁代唐后，他又效忠于后梁。到后梁的时候，钱镠被封为吴越国王，这标志着吴越国的正式建立。钱镠虽未称帝，但仪仗名称、百官之号、府第、官署都是天子的那一套，只

> 巢前军二千余众果崎岖而至，王率二十骑伏于草莽，巢小将单骑先进，王亲注弩射之，应弦而毙。伏兵遂起，巢兵大溃。——《吴越备史》卷一

> 与其闭门作天子，与九族、百姓俱作涂炭，不若开门作节度使，终身富贵无忧也。——《吴越备史》卷一

是没有更改年号，尊奉中原的正朔而已。在浙江这个地狭兵少、实力不足的地方，董昌做节度使做成了皇帝，这是他的悲哀；钱镠却把皇帝当节度使来做，这是他的高明。吴越名义上是中原王朝的藩属，实际上是一个相对独立的小王国。

此后，钱镠一直贯彻"保境安民"的国策，保境就是确保吴越控制的区域不丢失；安民就是不主动发动战争，保持吴越境内稳定，发展地方生产。"敞开门做节度，关起门搞生产"，数十年间，浙江富甲一方。在当时混乱的时代，钱镠为什么不称帝，却坚决实行"保境安民"的国策呢？这是由吴越的实际国情决定的。

吴越的西北，先是吴，吴以后是南唐，这两个地方政权的实力都很强大；吴越的南方是闽国，东方是大海，这样一个地理位置，很容易形成三面受敌、领土被瓜分的局面，这对吴越是一个严重的威胁。所以，一方面臣服于中原正统的朝廷，取得中原朝廷的支持，借以牵制强邻，这就是"保境"。事实上，吴越的这种"事大"政策的确收到了成效。特别是在唐末梁初，钱镠受到来自淮南的压力很大，在吴越与杨吴政权的战争中，朱梁朝廷罩着对他称臣的吴越，经常出兵与他遥相呼应。即使到后来，吴越与中原王朝的联盟关系仍对周边割据政权起着很大的牵制作用。如冯延巳曾建议李昇攻打吴越，李昇说：吴越钱氏父子，动不动就以奉事中原

> 命所居曰宫殿，府署曰朝廷，其参佐称臣，僭大朝百僚之号，但不改年号而已。——《旧五代史·钱镠传》

朝廷为幌子，现在贸然去进犯，也没有个合适的理由。最终没有采纳冯延巳的建议。另一方面，不主动发动战争，保持国内稳定，这就是"安民"。按照吴越国的实力，也不是没有发动战争的条件。后梁刚刚建立的时候，吴越表示臣服，有人曾建议钱镠讨伐，说：即使讨伐失败，完全可以退守吴越自保，自立为帝，何必侍奉篡权的贼人？从当时情形来看，吴越是完全可以与后梁争一时之雄的。钱镠没有这样做，他说一旦发生战争，外敌必会乘虚而入，百姓必遭涂炭，我以有土有民为主，所以不忍兴兵杀戮。

钱镠生前坚定不移地贯彻这个国策，他临死的时候，也是以此告诫子孙，要好好地侍奉中原王朝，不管中原王朝政权如何变化，都不能放弃这个原则。那么，钱镠的子孙会不会像南方的闽国一样，在创建者王审知死后，就迫不及待地称王称帝，结果身死国灭呢？

钱俶的两次进京：
丢了精神，丢了自由，丢了国家

钱镠死后，虽然即位者也出现稍许波动，

但基本遵守了钱镠的"凡中国之君,虽易异姓,宜善事之"《钱氏家乘》卷六的遗训。

公元948年,钱镠的孙子钱弘俶(shū,"俶"有三种读音,一般的工具书多读作chù,考虑到钱俶字文德,俶有"善"义,此处读shū为是)继承吴越国王位,他继承了祖先留下的繁荣局面,也继承了祖先留下的遗训,对中原诸王朝贡奉之勤,海内罕有其匹。

赵匡胤建立北宋后,钱弘俶立刻把名字改了,去掉"弘"字,这是避宋太祖父亲赵弘殷的名讳,不仅对大宋派遣使者频繁,供奉骤增,而且钱俶还先后两次亲自到京城开封拜谒。这里重点讲讲钱俶的两次进京。

第一次在太祖朝,时间是开宝九年(976)。钱俶这次入朝,是应宋太祖的盛情邀请而来的。

在兵发江南之前,宋太祖召见吴越驻京办事处官员,说:回去告诉你们元帅(宋太祖在建隆元年封钱俶为天下兵马大元帅),抓紧时间练兵。江南李煜倔强不朝,我要出兵讨伐,到时需要元帅出兵相助。因为吴越对中原政权表现得一向顺从,钱俶对当时的时局也有很清醒的认识,所以,他不顾江南国主李煜的书信的恫吓,也不管吴越国丞相的进谏,毅然发兵,按照大宋的部署,进攻南唐的常州(今江苏常州市)。身在开封的宋太祖为此特地拨冗召见吴越国驻

> 汝归语元帅,当训练兵甲。江南倔强不朝,我将发师讨之。元帅当助我。——《续资治通鉴长编》卷十五

> 江南,国之藩蔽,今大王自撤其藩蔽,将何以卫社稷乎?——《续资治通鉴长编》卷十六

京办人员，说：元帅攻打常州立下了大功，等到南唐平定后，可来开封一见，聊慰长期思念之情，必当即刻返回，不需久留。朕已多次虔诚地向上天表达诚意，不会自食其言的。吴越国新任宰相也说：天下的事态局势已经很明了了，保护宗族，顾全百姓，这是上策啊。所以，在南唐被灭以后，钱俶立即向太祖皇帝请示，准备进京拜谒，给太祖皇帝祝寿。这是钱俶第一次进京的前因。

钱俶这次进京，宋太祖给予了极高的礼遇。

第一，遣皇子赵德昭前往睢阳（今河南商丘市睢阳区）迎接。

第二，太祖皇帝亲自视察礼贤宅，巡视设备用具，这是给钱俶特意准备的居所。

第三，多次宴请，上门看望钱俶。

第四，宴请之时，陪同者是赵光义、赵廷美诸人，钱俶向他们行拜礼，太祖总是命令侍者搀扶起来。太祖还让钱俶与赵光义、赵廷美等人叙兄弟之礼，钱俶伏地叩头坚决推辞，这才作罢。

第五，诏令钱俶剑履上殿，诏书不名。佩剑穿靴上朝，诏书中不称名，这是极大的礼遇。

第六，封钱俶妻孙氏为吴越王妃，这是前所未有的事情。大宋宰相对此事提出异议，说异姓诸侯王没有封赐王妃的旧例，太祖说：那不妨从现在开始实行，以示特别的恩宠。

总之，钱俶这次进京拜谒，享受到了一个藩王应有

———

元帅克毗陵有大功，俟平江南，可暂来与朕相见，以慰延想之意，即当复还，不久留也。朕三执圭币以见上帝，岂食言乎！"——《续资治通鉴长编》卷十六

宰相谓异姓诸侯王妻无封妃之典，上曰："行自我朝，表异恩也。"——《续资治通鉴长编》卷十七

的、不应有的全部待遇。太祖皇帝也兑现了自己的承诺，设宴遣送钱俶回国。太祖说：南北风土气候不同，天气渐热，还是及早上路出发。钱俶感泣，请求三年入朝一次，太祖又说：路途遥远，等有诏令再来吧。

> 川途迂远，俟有诏乃来也。——《续资治通鉴长编》卷十七

临行之时，宋太祖将一个封存结实的黄色包袱交给钱俶，告诫道：这东西你在路上秘密观看。半道上，钱俶打开这个包袱，里面全是朝廷大臣的奏疏，主题只有一个，就是要求将钱俶扣留，吞并吴越土地。钱俶看得心惊肉跳，又感动又恐惧。回国后，钱俶对宋廷更加谨慎尽心。

> 及启之，则皆群臣乞留俶章疏也，俶益感惧。——《续资治通鉴长编》卷十七

这是吴越国王第一次到开封觐见的整个过程。这次钱俶进京，顺利回国，但丢失了一样东西——精神。太祖皇帝看似大度地让钱俶归国，又将朝臣的奏章留给钱俶，让钱俶感恩戴德，对大宋王朝更加尽心，这招欲擒故纵，实现了对钱俶的精神控制。

钱俶第二次进京在太宗朝，时间是太平兴国三年 (978) 三月。

这次钱俶进京，将府中全部金银珠宝、绫罗绸缎等财物装车随行，价值难以估算。钱俶这次进京纳贡，是倾其所有，目的只有一个，借此讨大宋的欢心，希望这次还能够平安回来。虽然太宗皇帝对钱俶也给予了很高的礼遇，但迟迟不肯让他回国。钱俶连

> 尽辇其府实而行，分为五十进，犀象、锦采、金银、珠贝、茶绵及服御器用之物逾巨万计。——《续资治通鉴长编》卷十九

续上表三十多次，一直没有获得恩准。所以，钱俶的这次进京，让他失去了人身自由，而太宗皇帝实现了对钱俶的人身控制。

这个时候，漳泉的陈洪进主动献土归朝，这令钱俶又惊又怕。当天即上书请求罢免天下兵马大元帅的职位，请求废除诏书不名的待遇，恳请允许回国，太宗又一次没有恩准。这令钱俶不知所措。吴越国相崔仁冀说：朝廷的意思已经明明白白了，大王如不即刻献纳国土，大祸马上临头。钱俶左右臣僚纷纷反对，崔仁冀厉声道：如今离国有千里之遥，已在人家掌控之中，除非插上翅膀，才能飞离。一语惊醒梦中人，最终，钱俶听从崔仁冀的建议，将吴越十三州、一军上表献出。钱俶退朝后，吴越臣僚才得知消息，齐声痛哭道：我们的王是回不去了。

据宋人的笔记记载，钱俶在离开杭州之时，已经想到这次回来的概率微乎其微，一一拜别宗族陵庙，哭着说：不孝孙钱俶不能守护宗庙，又不能为国而死，如今要远离家邦，朝觐大宋，能不能回来不好说，万一一去不返，没有机会再来拜祭先祖，祈愿先王英灵安宁。由此看来，有了第一次进京的惊险，有了对当时局势的清醒认识，钱俶在离国之前就已经做好了纳土的心理准备，虽然还有

凡三十余进，不获命。——《续资治通鉴长编》卷十九

俶不知所为，崔仁冀曰：『朝廷意可知矣，大王不速纳土，祸且至。』俶左右争言不可，仁冀厉声曰：『今已在人掌握中，去国千里，惟有羽翼乃能飞去耳。』俶独与仁冀决策，遂上表献所管十三州、一军。……俶朝退，将吏僚属始知之，千余人皆恸哭曰：『吾王不归矣。』——《续资治通鉴长编》卷十九

嗣孙俶不孝，不能守祭祀，又不能死社稷，今去国修觐，还邦未期，万一不能再扫松槚，愿王英德各遂所安。——《玉壶清话》卷七

可能心存侥幸。就这样，吴越全境县八十六，户五十五万六百零八，兵十一万五千零三十六，悉归大宋。

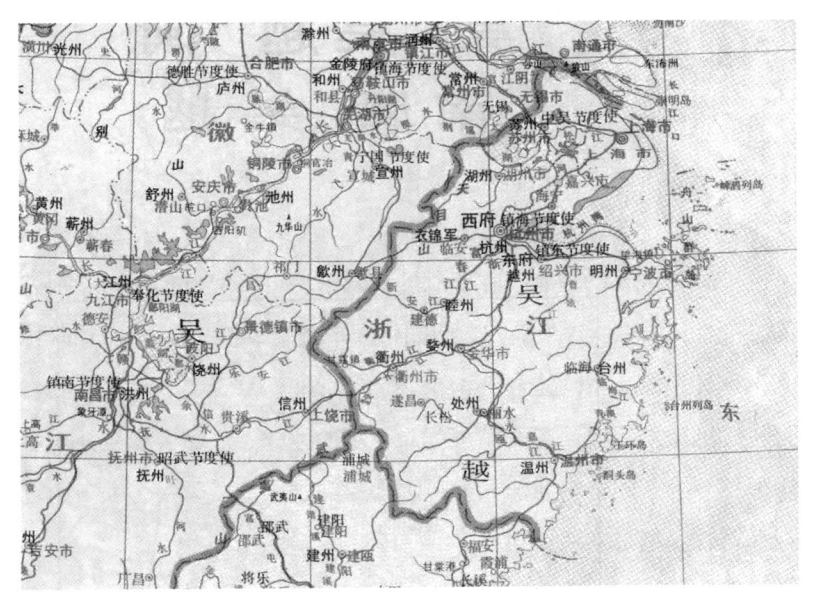

吴越地图（选自谭其骧主编《中国历史地图集》）

太平兴国三年(978)五月，吴越国王钱俶纳土归降，这标志着大宋王朝兼并吴越国目标的实现，也标志着大宋王朝对南方的统一基本完成。在没有通过任何战争的情况下，钱俶为什么要纳土归降？大宋王朝对吴越国的非武力兼并是如何实现的？

没有刀光剑影的兼并

先看第一个问题，大宋王朝对吴越的兼并，为什么没有通过战争的方式？这有四方面的原因。

第一，大宋与吴越之间的宗藩关系。

吴越从建国开始，就向中原朝廷纳贡称臣，历经五代，一直延续到大宋建国，这是一种宗藩关系。尤其是大宋政权建立以后，吴越与大宋之间的往来更为频繁，吴越不断向大宋进贡，以尽藩国之责；大宋也不断派遣使者到吴越宣谕赐封，以示宗国之职，这些活动进一步强化了宗藩关系。当然，吴越与大宋的宗藩关系，不是单纯的中央与地方的关系，在吴越的管辖区域内，吴越仍保留着很强的独立性，所以，这个政权，我们称为半割据政权。从吴越方面讲，强化这种宗藩关系，是为了继续保持这种割据状态；从大宋方面看，强化这种宗藩关系，是为了加强对吴越的控御，进而实现兼并。不管吴越与大宋的各自意图如何，因为存在这种宗藩关系，大宋通过战争吞并吴越是不适宜的。

第二，大宋与吴越之间的战略同盟关系。

除宗藩关系之外，大宋与吴越还存在另外一种关系，即战略同盟关系。这种关系是由地缘政治因素形成的。在大宋建国的时候，实力比较强大的只有南唐，在南唐之前则是杨吴政权。杨吴—南唐政权，与吴越之间不止一次地发生军事冲突，在周世宗征伐淮南之前，杨吴—南唐政权是唯一对吴越国构成严重威胁的国家。面对来自邻居的威胁，吴越国需要寻找军事支持，中原王朝无疑是最佳结盟对象。中原王朝或者为保持自身政权的稳定，或者为实现统一，要往南扩境，都不可避免地与杨吴—南唐政权发生冲突。所以，中原朝廷，不管后周还是大宋，也都非常重视与吴越的结盟。这就是大宋与吴越之间的战略同盟关系。事实证明，这种战略同盟关系不但有效牵制了南唐对吴越的侵犯，也对大宋讨灭南唐，甚至是平定国内的李重进叛乱都起了至关重要的作用。

所以说，宗藩关系，不能发动战争；战略同盟关系，也不能发动战争。从大宋与吴越的这种双重关系来看，大宋都不适宜通过战争的方式来吞并吴越。

第三，吴越的"事大"国策。

吴越国从创建者钱镠开始就一直以"善事中国"和"保境安民"为国策。所以，此后的四代吴越国王都遵循钱镠的遗训，并没有改变这一基本国策。

第四，吴越的恭顺态度。

"事大"是吴越政权的基本国策，但对中原王朝的态度并不是一开始就表现得相当顺从，而是经历了一个变化的过程。当中原王朝动乱不止的时候，南方诸国往往无所顾忌。比如后唐的使者拜见吴越国王时，曾"称臣拜舞"《资治通鉴》卷二七六，吴越显然是一种自大的态度。这种态度自后周世宗征伐淮南后发生了改变。淮南之战后，当时的格局由原来的中原王朝与南唐两强并立转为一强独霸，吴越国开始感受到来自中原朝廷的巨大压力，双方的关系急剧变化，吴越开始以一种恭顺卑下的面貌出现，到大宋初年，更加谦恭。钱俶在第一次进京回国后，曾不断向西北开封方向朝拜，对大宋王朝的恭

> 一日，命徙坐于东偏，谓左右曰："西北者，神京在焉，天威不违颜咫尺，俶岂敢宁居乎？"——《续资治通鉴长编》卷十七

顺达到了极致，这表明吴越政权的附庸化走向极端。

吴越政权的"事大"与忠顺，具体表现为贡奉的不断增加——频率增加，数量增加，对大宋朝廷在统一过程中的发兵要求满口答应。吴越政权对大宋的恭顺态度也换来了大宋的格外恩典，钱俶在第一次进京时所享受的待遇可见一斑。这种待遇使钱俶对大宋朝廷感恩戴德，又进一步强化了这种附庸关系。太祖皇帝召钱俶进京，是在平定南唐后不久，其真实目的当然不是表扬钱俶在征伐南唐时的出兵，更不是太祖皇帝说的聊慰思念之情，太祖皇帝是在试探钱俶的态度。比如南唐李煜，对大宋表现得也很恭顺，进贡也持续不断，但他倔强不朝，所以只能通过战争解决问题。而钱俶的进京，不光表明了对大宋的忠顺，也决定了大宋兼并吴越方式的选择。对于这样一个一直恭顺的政权，当然不能采用战争的方式。采用什么方式呢？太祖皇帝故意将朝臣建议扣留钱俶取其土地的奏章交给他，是欲擒故纵，本质上是在提醒，要其积极主动地献地。

由于大宋与吴越之间的宗藩、战略同盟的双重关系，加之吴越对大宋朝廷一直表现得相当恭顺，"伸手不打笑脸人"，因此大宋不宜使用战争的方式实现兼并。

再看第二个问题，大宋王朝对吴越的兼并为什么能顺利实现？这也有四方面的原因。

第一，大宋绝对的强势地位。

中原朝廷从后周世宗时期开始有统一天下的意图与行动，这当然奠定在强大的物质基础与军事基础之上。宋太祖建国以后，按部就班，将荆南、湖南、后蜀、南汉、南唐一一收入囊中，力量更加强大。吴越国无论从哪一方面讲，都处于绝对的劣势。大宋对吴越的兼并没有通过战争，但是，兼并能够顺利进行，背后必然有强大的军事支撑力量。

第二，战略同盟关系的丧失。

前面讲过，大宋与吴越之间存在着双重关系，即建立在称臣进贡基础之上的宗藩关系以及建立在共同的敌人南唐之上的战略同盟关系。但是，在吴越的帮助下，南唐成功地并入大宋的版图，吴越与大宋共同的敌人消失了，建立在这种基础之上的战略同盟关系也不复存在。两个政权之间仅存在宗藩关系，而宗藩关系本质上就是一种控制与被控制的关系。所以，钱俶第一次进京，宋太祖对他恩宠有加、故意将朝臣的奏疏交给他，实现了对钱俶的精神控制；钱俶第二次进京，三十多次上表请求回国，太宗皇帝就是不允许，实现了对钱俶的人身控制。

第三，吴越国的彻底孤立。

当吴越政权积极出兵帮助大宋朝廷拿下南唐后，在大宋的南部，不算交趾在内，只剩下漳泉的陈洪进与吴越了。在处境本来就很不看好的情况下，漳泉的陈洪进又抢先一步纳土归顺，这对吴越而言，是彻底孤立，已经走投无路了。

第四，钱镠的遗训。

吴越国的缔造者钱镠不仅要求继位者必须与中原朝廷搞好关系，临终时，他还留下遗训说：一定要识时务，要量力而行，要与时俱进，中原出现明主的时候一定要迅速归附。他还引用圣人"顺天者存""民为贵，社稷次之"的言语告诫子孙一定要爱民，勿动干戈，并说有违背者立即消亡,遵守者世代荣光。有先祖的这些遗训,钱俶在第二次进京迫不得已的情况下主动献上土地也是很自然的事情。

总之,赵宋与吴越国的双重关系、钱氏政权"事大"的忠顺态度决定了大宋王朝不用通过战争而实现对吴越的兼并。赵宋绝对的强势地位、两国战略同盟关系的丧失、吴越国的彻底孤立、钱氏先祖的遗训,则是兼并得以顺利实现的条件(参考何灿浩《控御与柔服:赵宋兼并吴越国的特殊方式》一文的部分内容)。

漳泉纳土、吴越献地,都是从太祖时期,甚至从后周开始已经下足了功夫,这是水到渠成的事情。但不管如何,这两件大事是在太宗皇帝掌权时继续对两个政权施加压力才得以最终实现的,而且没有通过战争,没有生灵涂炭,这是难能可贵的事。这也说明,战争能够实现统一,但战争不是唯一的统一方式。

到此为止,南方基本实现统一,按照先南后北的策略,大宋下一步就要对北汉动手了。北汉是一块硬骨头,从后周世宗柴荣开始到大宋的太祖皇帝,曾不止一次地讨伐却没有成功。北汉不过是割据太原的一个蕞尔小国,为什么能够抵御中原王朝多次大规模讨伐呢?北汉王朝还能坚持多久呢?

> 要度德量力,而识时务,如遇真主,宜速归附。圣人云顺天者存,又云民为贵,社稷次之。免动干戈,即所以爱民也。如违吾语,立见消亡。依我训言,世代可受光荣。——《钱氏家乘》卷六

强弱旦升势

十二

五代后汉乾祐四年（951），后汉重臣郭威推翻后汉政权，建立后周王朝。后汉被推翻后，后汉高祖刘知远的弟弟刘崇在太原（晋阳）称帝，建立北汉政权，继续使用后汉的年号，依靠辽国的庇护，开始与中原朝廷对抗。四年后，胸怀统一大志的后周世宗柴荣曾征伐北汉，由于辽军的支援而被迫退兵。大宋开宝元年（968）、二年、九年，宋太祖赵匡胤曾先后三次征伐北汉，均由于各种因素未能取得预期的成果。北汉是十国中唯一在北方的蕞尔小国，疆域不及后周的十五分之一，不及大宋的三十分之一，人口三万多户，这样一个疆域局促、土地贫瘠、人民贫穷的割据政权，在五代后期的动荡局势中，为什么能够维持二十九年？为什么能够顶住周世宗、宋太祖多次大规模的讨伐呢？

北汉：我有恃故我在

区区北汉能够顶得住周世宗、宋太祖的数次讨伐，有多方面的因素，此处主要从北汉的角度来看，总结为七点。

第一，地险。

北汉是十国之一，都城在太原，疆域大致相当于今天的山西省中部和北部。史书上习惯将这一区域称为河东，因为这一区域处于黄河"几"字形右侧，位于黄河东部。河东独特的地理位置，使其具备了左右五代政局的举足轻重的地位。北汉东面为太行山，西面有龙门、黄河，北面有雁门关、五台山，南面是霍山、鼠雀谷。这样的一个山川险固的军事要地，易守难攻，是历来兵家必争之地。后唐、后晋、后汉、后周都是据此起家。后汉的开创者刘知远离开太原入主中原时，不肯将此地授予他人，任命其弟刘崇坚守，这也是刘崇能够建立北汉的军事地理条件。河东是个盛世最后归附、乱世最先叛乱的地方，也是缘于其山川险固的军事地理条件。

> 国家盛则后服，衰则先叛。——《（光绪）山西通志》卷五十七（三晋出版社2015年版）

第二，城固。

太原城历史悠久。历史上太原城军政地位特殊，曾作为赵国初都、东魏霸府、北齐别都、盛唐北京而名著历史。李唐王朝即发迹于太原，五代政权也多发迹于此，千百年来，一直是政治军事要地。太原城经过千百年的经营，城墙十分坚固，周长有四十里，以当时的兵器，要顺利攻陷这个堡垒是相当困难的。太原城墙坚固，得到了当今考古与地球物理探测研究的证明，太原古城墙地面遗存宽约30米，夯土构建，土质杂乱且坚硬。沈鸿雁等《晋阳古城遗址考古地球物理特征》(《地球物理学进展》2008年第4期)

太原城方四十里。——《新五代史·东汉世家》(中华书局2015年修订本)

第三，王气。

李唐王朝发迹于此，此后五代好几个政权均从这里起家，望气者说这里有王气，是出帝王的地方，宋代称之为龙城，也流传着能出真龙天子的说法。这虽然是迷信的说法，但这种舆论对北汉割据者的心理暗示，对北汉民众、士兵的凝聚力无疑是很有用的，这也是北汉"死猪不怕开水烫"的部分心理基础。

第四，死敌。

北汉与中原王朝有世仇，是死对头，这要从北汉的建国说起。北汉是在后汉灭亡后建立的。后汉是五代中最短命的一个王朝，仅存在了四年。建立者刘知远在位一年就死掉了，年仅十八岁的汉隐帝即位。汉隐帝年幼，大臣专政，枢密使郭威主持河北军政，统率诸镇，拥兵自重，逐渐具备了左右朝廷的能力。后来，汉隐帝为收回权柄，大肆诛杀大臣，郭威家族身在开封，全遭屠杀。汉隐帝又遣使诛杀郭威，郭威不得已，率兵回汴，控制了局面，汉隐帝也在混战中被杀。郭威并没有接着自立为帝，而是搬出了刘知远的养子、刘崇的儿子刘赟(yūn)。刘崇是刘知远的弟弟，当时他正要率军与郭威决战，见郭威立自己的儿子为帝，高兴地说：我儿子做皇帝了，还有什么担忧的？也就不再举兵。当时的形势，谁都能看出郭威立刘承赟只不过是逢场作戏罢了，但偏偏刘崇脑子进了水，还把劝谏他继续出兵的人给杀了，说是离间他们父子之间的关系。结果，他的儿子还没有到达开封，郭威就在澶州黄袍加身，杀回开封，亲自做了皇帝，建立了后周。从徐州赶往开封准备登基的刘赟，才到宋州（今河南商丘市）就被杀了。

刘崇自视为后汉的继承人，于是割据河东，改名刘旻，国号仍称汉，沿用后汉的乾祐年号，这就是北汉。在刘崇看来，刘家的天下被篡夺，他的皇帝儿子被杀，所以与后周有不共戴天之仇，刘崇以报仇复国为号召，建立北汉割据政权，当然视后周为死敌。因为有这种历史的原因，后周攻打北汉时，北汉上下自然以死相搏。

大宋王朝代周以后，北汉视中原朝廷为死对头的心理仍根深蒂固。所以，宋太祖曾通过边境的间谍向北汉主传话说：您和后周世代有仇，坚决不向其低头，这完全可以理解。现在我和您又没什么过节，为什么还继续让一方之民受困呢？如果您有称霸中原的想法，不妨走出太行山，南下中原，咱俩一决雌雄。从宋太祖对北汉主的传话可以看出，后周虽然被大宋取代了，但北汉把中原朝廷看作仇恨对象的心理仍然存在。有这种历史渊源，有这种心理存在，北汉问题和平解决自然不可能，战争征服恐怕也没那么容易。

第五，顽固。

北汉政权内部的顽固派势力有强大的基础，这是由北汉政权的构成决定的。

一是刘崇长期在河东统治，有统治基础。

二是刘氏政权以后汉继承者相标榜，以维系刘家血脉相号召，对一部分后汉遗民有影响，由此形成固守一隅的顽固派。北汉主对宋太祖通过边境间谍传来的答复是：我们家族世世代代不是叛乱之人，我固守于此，就是为了刘氏家族不断血脉。我的土地和兵马比不上你，不会南下，你要是想打，你来就是，我们会背城一战。这话说得倒是不卑不亢，话语中不乏对后周甚至对大宋政权由来的讥讽，更有据城而守的理由与顽固。

余家世非叛人，欲存汉氏宗祀耳。土地士马，不能敌君十一，安敢深入？君欲决胜负，当过团柏谷来，背城一战。——《续资治通鉴长编》卷九引《十国纪年》

另外，宋太祖在登基之初平定李筠联合北汉的叛乱时，也有一部分人逃亡北汉，这部分人也是顽固死守派。顽固死守这一派在北汉朝廷中占了主导。所以，当北汉的投降派——宰相郭无为在开宝二年(969)面对宋太祖亲征的猛烈攻势，以死劝说北汉主投降赵宋时，北汉主不但不为所动，后来，干脆借机将郭无为杀掉，可见北汉的顽固死守

明日，置宴，群臣皆预，宰相郭无为哭于廷中，拔佩刀自刺……盖无为欲以此摇众心也。……郭无为复劝北汉主出降，北汉主不听。——《续资治通鉴长编》卷十

派势力不小。宋太宗时攻打北汉，北汉主刘继元投降以后，北汉的民众还在继续抵抗。"君王出降民犹战"的事实，一再证明了北汉抵抗派的顽固（金代元好问有诗《过晋阳故城书事》中有云"薛王出降民不降，屋瓦乱飞如箭镞"，反映的即是这个史实）。

第六，强援。

北汉自建国起，就投靠军事实力强大的辽国，向辽自称侄皇帝，接受辽的册封，不断向辽进贡，成为辽的一个附属国。辽国从自己的利益出发，也愿意将北汉作为一个与中原朝廷对立的中间地带、缓冲地带，视北汉政权为牵制中原王朝的重要砝码。辽国的执政大臣曾说过这样的话：我国和北汉，是父子之国。因此，出于军事地理上互相依靠的因素、出于地缘政治的因素，北汉一旦告急，辽国立刻出兵援助。辽国骑兵速度快，战斗力强，有战斗能力强盛的辽国罩着，这是周世宗、宋太祖多次攻打太原城而不成功的最重要因素。

第七，其他。

在战争中，一些突发问题是不能避免的，这甚至成为左右战争结果的重要因素，或者说是左右战争结果的重要转折点。比如开宝二年(969)太祖亲征北汉的那次战争，大宋退兵的一个关键因素是大宋在甘草地驻扎，天气炎热，多雨潮湿，士兵染病——应该是肠炎一类的腹泻传染病——宋军因此失去了作战能力，宋太祖才无奈退兵。后来的事实证明，大宋的这次讨伐功败垂成，因为宋军退却后，被汾水淹泡的太原城城墙在水退去之后，自动坍塌了。再比如，北汉军中有刘继业（杨业）那样有勇有谋的善战将领，有战斗能力极强的士卒，等等。

由于以上因素的存在，后周世宗、大宋太祖多次攻伐北汉均以失败告终。在这数次攻伐中，唯一不能确定的是宋太祖开宝九年（976）的这次征讨。虽然这次征讨事实上也无果而终，但这次征讨是因为特殊的原因而被终止的。因为宋太祖的猝然而死，即位的宋太宗当务之急是先巩固自己的统治，所以下诏班师回京。也就是说，大宋朝廷的这次北征，是半途而废。宋太祖的前两次攻伐都没有达到预期的意图，我们感到好奇的是，假若太祖皇帝没有猝死，开宝九年这次北征的结果又会是怎样的呢？

北汉与辽：七年之痒

在上述七大要素中，最为重要也唯一有可能改变的是第六个要素——辽国的军事支持。如果缺少了辽国的军事支持，不管河东如何险要，太原城如何坚固，总有被攻陷的时候。所以，通过大宋、北汉、辽国三者之间的关系变化，可以推测宋太祖第三次北伐有没有成功的可能。

在大宋、北汉、辽国三者之间，大宋吞并北汉，这是既定目标，这一点无须申述，否则太祖皇帝也不会一次又一次地北伐了。剩下的就是辽国与北汉、辽国与大宋之间的问题了。

先看辽国与北汉之间的关系有无发生变化。通过史书的零散记载，我们发现，在建国者刘崇死后，北汉与辽国之间的关系不再亲密无间，开始出现隔阂。北汉与辽国之间关系的变化始于北汉主刘钧改元不向辽国请示、汇报。北汉自建国以来一直使用后汉乾祐的年号，到公元957年，刘钧改元天会，正好七年，所以，用"七年之痒"来比喻两国之间的关系不算勉强。

造成隔阂的原因有两个：一是北汉对辽国侍奉不够勤谨，辽国扣留北汉的使者；二是辽国出于好心插手北汉内政，北汉主对此不满、猜疑并无声地抵制。

北汉刘崇建国的时候，对辽国侍奉甚是勤谨，事无大小，一定向辽主禀报。后来的继位者对辽国军事上仍然依靠，但在礼节上远没有刘崇那么周全恭顺；更令辽主生气的是，北汉国内的一些大事，如更改年号、支持李筠叛乱、杀死重要大臣等，均是北汉主擅自做主，且事后不向辽主禀报，这让辽主很恼火。于是派遣使者持书前来问责，因为是父子之国，辽主就像骂自己的儿子一样将北汉主批评教育了一通，语言很不客气。北汉主惊恐万分，赶紧派遣使者，带着厚重的礼品，到辽国道歉谢罪，辽主扣押使者，对北汉不理不睬；北汉主赶紧再派，辽主依旧扣押。北汉像一个犯了错的、理亏的孩子，辽国则像一个得理不饶人的顽固老人，前后扣留的北汉使者

北汉主得书恐惧，遣使重币往谢，契丹执其使不报。北汉主再遣使修贡，契丹又执其使不报。——《续资治通鉴长编》卷四

至少有十六人。试想一下，辽国与北汉之间这种"猫抓耗子"的游戏肯定会影响两国之间的实际关系。

除此以外，辽国还插手北汉内部事务，尽管这种插手很可能出于一种良好的意图，但北汉主却不这么想，不但怀疑辽国的动机，而且进行无声的抵制。如开宝三年(970)正月，辽国使者从北汉回国后，向辽国皇帝汇报说：现在的北汉主刘继元执政很艰难，关键是缺少辅佐他的人。我国与北汉，是父子之国。北汉派遣来觐见的使者不是其重臣，就是北汉主的子弟。上一任皇帝因为北汉偶尔供奉粗疏而勃然大怒，尽数扣留北汉使者，这样做没有啥意义。现在北汉换了新主人，辅佐他的没有一个旧臣，现在他们形势艰难，难道不会怨恨我们吗？还是把扣留的使者都放回去吧。辽国皇帝深以为然。从《续资治通鉴长编》记载的这则材料来看，辽国有与北汉改善关系的意图。为此，辽国从扣押的使者中选择了两个人：一个是刘继元的旧臣李弼，一个是刘继元的兄弟刘继文。辽国还给他们预先安排了回国后的职位，一个是枢密使，一个是保义节度使，下诏书令北汉主任命。但是，这两个人回到北汉后，新的领导班子集体进谗言，刘继元也考虑到他们在辽国待了那么长时间，心存猜疑，并没有按照辽国的良好意图安置他的兄弟与旧臣，而是将他们下放到地方任刺史去了。辽国皇帝得知后大怒，又遣使问责，说本来是派得力的人去辅佐

> 我与晋阳，父子之国也。岁尝遣使来觐，非其大臣，即其子弟。先君一怒而尽拘其使，甚无谓也。今嗣主新立，左右皆非旧人，国有忧患，宁不我怨？宜以此时尽归其使。——《续资治通鉴长编》卷十一

你，你却不领情，"不听老人言"，对我大辽哪里有半点儿恭顺之心！北汉主面对辽国使者的问责诏书，惊恐万分，认为一定是他的兄弟私下里向辽国汇报的，又派人去问责，结果他的兄弟忧惧交加，吓死了。这件事情让辽国很恼火，觉得自己这个靠山做得太没权威了。

辽国与北汉是"父子之国"的关系，辽国干涉北汉的内政也不算过分，何况辽国插手北汉内政的确出自一种良好的意图，没想到会引来北汉主的戒备、猜疑与抵制。既然如此，辽国需要对其与北汉的关系重新评估与调整。

辽国与北汉之间的关系出现隔阂的同时，大宋与辽国之间的几次战争也使辽国重新认识了大宋的军事力量。那么，大宋与辽国之间的关系会不会因此向良好的方向转变呢？

大宋与辽：从对抗到缓和

促使辽国对大宋军事实力重新评估并调整外交策略的是辽宋之间的几次战争。开宝三年（970）十一月的遂城（今河北保定市徐水区境内）之战就是一个典型的例子。按照《续资治通鉴长编》的记载，这次战争是这样的：

辽国派遣六万骑兵入侵，太祖皇帝派遣田钦祚率三千士兵抵抗。太祖皇帝叮嘱田钦祚说：敌众我寡，只

北汉主得书恐惧，且疑继文报契丹，乃密遣使按责继文，继文以忧惧死。——《续资治通鉴长编》卷十一

需在城下列阵以待，敌至即战，不需追杀。宋兵与辽在满城遭遇，辽军稍稍退却，宋则乘胜追击。途中，田钦祚坐骑中箭跌倒，立即换了另外一匹战马，继续追赶，军心振奋，从早到晚，杀敌甚多，一直追到遂城，夜晚进入遂城。辽兵围攻遂城数日，田钦祚考虑到遂城之中粮草不足，突围而出，当晚到达保定，军中无一损伤。这次战争影响很大，大宋"三千打六万"的传言甚盛。

> 彼众我寡，但背城列阵以待之，敌至即战，勿与追逐。——《续资治通鉴长编》卷十一

> 军中不亡一矢。北边传言"三千打六万"。——《续资治通鉴长编》卷十一

表面上看，遂城之战是宋辽交战中规模很小的一场战争，但如果结合辽宋关系的转变来看，这场战争意义甚大。大宋以三千兵力击败了辽国铁骑六万的事实，让辽国很吃惊，促使辽国对宋军的战斗力进行重新认识——宋军并非软弱可欺，于是开始调整对宋策略，开始主动与宋建立外交关系。

辽国与大宋关系的转变可以概括为两个试探。

第一个试探，是由辽国最先发起的，结果大宋积极响应。

尽管辽宋双方的史书都记载说是对方首先发起倡议、派遣使者主动要求改善两国关系的，但通过研究辽宋双方史料的记载发现，这次主动示好最初是由辽国发起的。**王晓波《宋辽战争论考》（四川大学出版社2011年版）**时间是在开宝七年（974）十一月，辽国通过边境上的涿州刺史耶律琮向大宋边境的雄州（今河北雄县）知州孙全兴致书，试探性地表

达了两国通好的愿望。

这封书信虽然是以辽国边境刺史的名义向大宋边境的知州发出的，显然代表的是辽国皇帝的意思。在这封书信中，辽国将其与中原王朝的交恶归咎于后晋的末代皇帝，然后说，现在我们两国之间本来就没有什么过节，如果互通使者，重新修复睦邻友好关系，互为友邦，不也是很好的事情吗！这封外交书信，至少透露了两重意思：一是辽国对多年来持续不断的战争也厌倦了；二是辽国主动请求互通使节，与大宋建立睦邻友好关系。

对辽国议和性质的试探，宋太祖积极回应，以相等的规格，不失体面地令孙全兴修书答复，同意修好。辽国为了表达与大宋修好的诚意，在事情完全确定下来之前，就派遣使者前往北汉，告诫北汉主刘继元，说现在形势变了，强弱也变了，不要不识时务，动不动就想进犯大宋。史书上说，接到命令的刘继元失声恸哭，竟然要出动军队与辽国拼命，幸亏经大臣的百般劝说才无奈作罢。

从开宝七年 (974) 开始，宋辽之间展开了频繁的外交活动，两国都给予对方使者以极高的礼遇，两国之间由此建立了平等睦邻的友好关系。尽管关于北汉与燕云诸州的历史遗留问题仍悬而未决，尽管宋辽双方的文献都没有记载两国和约的具体内容，但两

> 两朝初无纤隙，若交驰一介之使，显布二君之心，用息疲民，长为邻国，不亦休哉！——《续资治通鉴长编》卷十五

> 遣使谕北汉主以强弱势异，无妄侵伐。北汉主闻命恸哭，谋出兵攻契丹，宣徽使马峰固谏，乃止。——《续资治通鉴长编》卷十五

国之间应该是缔结了和约的。这从后来宋太宗回复辽国使者的话中可以看出，宋太宗征伐北汉时，辽国遣使来询问原因，宋太宗说若辽国不出手救援北汉，和约仍然有效，否则只有战场上说话了。

第二个试探，则是大宋发起的，结果辽国选择了沉默。

开宝八年(975)三月，大宋潞州（今山西长治市潞州区）的军队进入北汉境内，攻下一座城堡，斩首数千，获得战马八百《续资治通鉴长编》卷十六。大宋的这次行动，带有明显的试探性质，试探辽国对大宋征伐北汉的反应，而这一次，辽国则选择了沉默。也就是说，尽管辽国对大宋仍保持着戒备，但宋辽之间在北汉问题上似乎已经达成了默契。在宋太祖看来，辽国已经不会为了北汉，而破坏两国已经建立的友好关系，也不会发生大规模的军事对抗。于是，在第二年的八月，大宋开始分几路征伐北汉，所向披靡，捷报频传。尽管辽的文献中有记载支援北汉的材料，但宋方的资料中却没有这方面的记载。一些学者认为，这种现象暗示辽国的救援只是一种象征性的援助，对大宋而言微不足道，同时也有警告大宋要适可而止：北汉可以放弃，但不要图谋燕云。《宋辽战争论考》如果大宋继续进攻，辽朝很可能会做出放弃北汉的让步，但遗憾的是，宋太祖还没来得及看到最后的成果，就在斧声烛影中稀里糊涂地去了，大宋的这次军

若北朝不援，和约如旧；不然则战。——《辽史·景宗本纪下》

事行动也因国家最高领导人的更换而暂时中止。

不妨再总结一下，大宋征伐北汉的最强对手并不是北汉，而是其背后的援助者辽国。在大宋—北汉—辽国三角关系中，最初辽与北汉是坚定不移地站在同一条战线上的；但是，随着大宋南方统一的基本完成、军事实力的壮大，北汉对辽的态度出现一些粗疏与忤逆，辽国及时调整了外交策略，对自己的属国北汉可能还会保持军事援助，但因为与大宋的关系，这种援助很可能是有限度的、象征性的。辽对宋的示好，是当时军事实力与格局变化的结果，辽国出于自身的考虑，很可能会牺牲北汉而努力保持后晋以来的领土现状，通过和平外交的方式，通过一定程度的妥协，使大宋默认这种领土现状。所以在这个三角关系中，辽对北汉不再那么看重，而更加重视国力与军事实力更强大的大宋，与北汉、大宋双方都保持着不同程度的关系。由此我们推测，如果太祖皇帝不是猝死，开宝九年(976)的这次北伐很可能会取得满意的结果。当然，这只是推测，只是假设。

按照前面几章的解释，赵光义正是抓住了太祖皇帝下令北伐、开封城内兵力空虚的关键时机而成功上位的。太宗皇帝登基之时，最要紧的事情不是北伐，而是巩固自己的帝位。当太宗皇帝成功地站稳脚跟，并迫使南方的漳泉与吴越纳土以后，他不想攻打北汉都不可能了，何况太祖皇帝几次征伐未果，恰好给他留下了超越的机遇。所以，太平兴国四年(979)，太宗皇帝不顾个别朝臣的反对，正式北征。宋太宗的这次北征，能否一举收工？

钉破并州

十三

太平兴国三年（978），宋太宗先后迫使陈洪进献出所辖的漳泉二州，吴越国王钱俶献上所辖的十三州一军之后，大宋的南方基本平定。太宗皇帝没动一刀一枪、不费吹灰之力便吞并了南方的两个半割据政权，他的目光开始转向北汉。作为十国中唯一在北方立足的割据政权，北汉竟然先后顶住了周世宗、宋太祖的多次征伐，北汉就真的不可征服吗？对宋太宗而言，这是一个极大的挑战，也是他超越太祖的一个绝佳机会。但是，宋太宗能啃下这块硬骨头吗？

不要再说了，我决定了

事实上，宋太宗征服北汉的想法，并不是在南方两个半割据政权顺利归降之后才产生的，他从即位之初就有了初步计划。《续资治通鉴长编》中记载：宋太宗即位之初，曾对齐王赵廷美说过这样的话：北汉，我是一定要拿下的。按照《宋史》的记载，宋太宗说这句话的时间是在太平兴国二年(977)二月。所以说，最晚在太宗即位后的第五个月，也就是在他的皇位基本稳固后，就开始考虑平定北汉的事宜了。史书上虽然没有直接的记载，但可以肯定就在这一年五月，朝廷曾商讨征伐北汉的事情。史书中记载了这样一件事，太平兴国二年五月，大宋朝廷派遣辛仲甫出使辽国，当辛仲甫到达边境之时，听说了朝廷正在商讨发兵北汉之事，他考虑到辽国与北汉之间的关系，所以有些担心，不敢立刻出境，而是滞留边境，先向朝廷飞奏，征询朝廷的意见，结果太宗皇帝下诏令其按原计划进行。事实上，这个时候，宋太宗讨伐北汉的前期工作还没有完全准备好，出使辽国也是前期重要准备工作之一。太平兴国四年正月，再一次在朝堂之上展开讨论。讨论的议题是征伐北汉，讨论的重点围绕两个问题：一是周世宗、宋太祖为什么没有能够攻陷北汉；二是现在征伐北汉是否可行。

> 上初即位，谓齐王廷美曰：「太原我必取之。」——《续资治通鉴长编》卷二十

> 太平兴国二年，继元胡桃寨指挥使史温等以其民内附。太宗谓齐王廷美曰：「太原，我必取之。」——《宋史·北汉刘氏世家》

> 闻朝廷议兴师伐北汉，实倚契丹为援，迟留未敢进，飞奏俟报，有诏遣行。——《续资治通鉴长编》卷十八

太宗皇帝首先询问负责国家军事的领导（枢密使）曹彬：周世宗和我朝的太祖，都御驾亲征过北汉，凭借当时的兵力都没有打下来，这是什么原因呢？难道是太原城太牢固，根本就没有法子攻破吗？曹彬解释说：周世宗及我朝太祖皇帝北征未果都是有特殊原因的。周世宗征伐失败，是因为把守石岭关的将领史超兵败战死，这是辽军南下的必经通道，所以军心不稳，周世宗因此才果断撤军的。太祖皇帝则是因为在甘草地驻扎，士兵都患上流行性腹泻，才无奈回师的。这和太原城坚固不坚固、完整不完整没有关系，当然更不是没有办法靠近。

> 周世宗及我太祖皆亲征太原，以当时兵力而不能克，何也？岂城壁坚完不可近乎？——《续资治通鉴长编》卷二十

> 世宗时，史超败于石岭关，人情震恐，故师还。太祖顿兵甘草地中，军人多被腹疾，因是中止，非城垒不可近也。——《续资治通鉴长编》卷二十

事实上，周世宗、宋太祖多次征伐北汉没有成功，有多种因素。在上一章中，我们单从北汉的角度考虑，就总结了七点。曹彬的解释不过是强调了其中的偶然性因素，并将其视为唯一的原因，这其实也有为尊者讳、给领导留面子的意思。对曹彬的解释，太宗皇帝应该是满意的，太宗皇帝接着问道：朕现在想举兵征伐，你认为可行否？曹彬说：现在国家军队装备精良，士兵战斗力强，人人拥护，这个时候讨伐北汉，吊民伐罪，如摧枯拉朽，轻而易举，有什么不可以的呢？曹彬的一番话，不仅打消了宋太宗的疑虑，而且坚定了他出征北伐的决心，在太宗内心深处，北伐这件事就这么定了。但是，也有人对此表示反对，

> 国家兵甲精锐，人心忻戴，若行吊伐，如摧枯拉朽，何有不可哉。——《续资治通鉴长编》卷二十

而且不止一个人。

以宰相薛居正为代表的一批朝臣对太宗皇帝的两个问题给出了与曹彬不同的答复。

对第一个问题，薛居正派的理由是：后周世宗之所以没有攻陷太原，是因为北汉依仗着辽国的援军，依靠着坚固的太原城，坚壁不战，拖垮了后周的军队。至于太祖皇帝为什么没有成功，薛居正倒是没有做任何直接的解释，当然周世宗碰到的困难宋太祖同样会遇到。对宋太宗的第二个问题，薛居正的回答很有意思，他并不直接说，在当时情况下大宋征伐北汉是否可行，而是说北汉根本就没有攻打的价值。他这样解释：太祖皇帝把雁门关以南的北汉民众已经全部迁移到黄河、洛水之间了，虽然北汉的巢穴尚存，但本身困穷危急，已经难以延续。像这样的地方，得到它也增加不了多少土地，放弃它也不会造成危害。所以，恳请陛下三思。

客观地讲，薛居正等朝臣反对的理由比起曹彬的说法更为客观。偶然性因素虽然在多次北伐中起了重要作用，相同的偶然性因素并不是每次都出现的，根本原因还是坚固的太原城、死战的士兵、强大的后援。试想，正是这些因素存在，才会形成持久战，各种偶然性因素方得以出现。薛居正派的意思也很清楚，因为这些客观因素依然存在，现在打也不见得会有什么

> 昔世宗起兵，太原倚北戎之援，坚壁不战，以致师老而归。——《续资治通鉴长编》卷二十

> 及太祖破敌于雁门关南，尽驱其人民分布河、洛之间，虽巢穴尚存，而危困已甚。得之不足以辟土，舍之不足以为患，愿陛下熟虑之。——《续资治通鉴长编》卷二十

好结果。

对于攻打北汉，薛居正等人为什么持反对意见呢？

第一，怕。薛居正也算是几朝元老了，他对北汉的了解和认识应该是比较清晰的，正因为如此，才产生了畏惧心理：畏惧北汉坚固的太原城，畏惧依靠太原城顽固死拼的北汉士兵，畏惧北汉背后具备强大作战能力的辽国，畏惧持久战，畏惧持久战中出现的偶然性因素。

第二，忧。对新任皇帝军事能力的担心，对北伐能否成功的担心。宋太宗本是一个文人，根本就没有指挥过一次像样的战役。虽然南方两个半割据政权都归顺了，但没有动一刀一枪，这还是太祖皇帝打下的根基。连一生戎马倥偬、经历无数战争的顶尖军事家周世宗、宋太祖都打不下北汉，你一个没有任何军事经验的人能行吗？这是薛居正等朝臣的担心，当然这一点是不能明说的，所以他们宕开一笔，说北汉没有攻打的必要，太原城没有攻陷的价值。

不过，对于薛居正等人的反对意见，早已下定决心的宋太宗说了三个"不"。

第一，形势不同了。虽然事情还是这个事情，都是征伐同一个北汉，形势却不是那个形势。现在和从前不一样了，你们不是也说北汉现在很不堪吗，而我们却在不断强大。这种情况下，为什么不打呢？

第二，不能半途而废。太祖皇帝将北汉雁门关南的民众迁移到内地，那里只剩下一片片荒芜的空地，你们就说北汉没有打的必要了，就没有价值了。尔等这是误解了先帝，太祖皇帝之所以这么做，就是为了今日能够顺利攻灭北汉，岂能半途而废？

> 徙其人而空其地者，正为今日事也。——《续资治通鉴长编》卷二十

第三，不要再说了。最后，太宗皇帝一句话终结了反对的声音：我已经决定出兵，你们不要再说了。

> 朕计决矣，卿等勿复言。——《续资治通鉴长编》卷二十

宋太宗为什么不听薛居正等大臣的意见，执意攻打北汉呢？

第一，必须。

唐末开始出现分裂动乱局面，到后周的时候，中原王朝统一的趋势开始显现。周世宗、宋太祖均顺应这种趋势，身体力行，南征北战。周世宗、宋太祖制定的先南后北的统一策略，遵循的是先易后难的原则，并非"打南弃北"，并非"柿子只拣软的捏"，并非"谁好欺负欺负谁"，打北汉也是统一过程中必不可少的步骤。在先南后北的原则下，当大宋的南方已经没有"可打"的情况下，征讨北汉必须提上日程。尽管有薛居正等朝臣反对的声音存在，像曹彬那样的赞成者也大有人在，在这种情况下，宋太宗想不打都不行。何况太宗即位的时候，大宋正在征讨北汉，是他暂时中止了这次行动，因为当时有比征伐更要紧的事情（稳固皇位）需要处理，如果没有意外发生，说

不准北汉早就拿下了。所以，当宋太宗的帝位基本稳固以后，当南方的漳泉、吴越两个半割据政权主动缴械投降以后，就必须讨伐北汉了。

第二，必要。

薛居正等朝臣之所以反对，有一个不能说出口的理由，即他们对宋太宗的军事能力缺乏信心，对北伐的结果深感担忧。朝臣没有明说，宋太宗心里未尝不知。越是这样，他越要通过一场战争来证明自己，这也是他加强统治、稳固自己政权的资本。除此以外，宋太宗内心深处还有一种急于超越宋太祖的心态。宋太宗即位以后所实行的多种措施，本身有"去太祖化"的强烈意图。宋太宗询问曹彬的时候，拿自己和柴荣、赵匡胤比较，就反映了这种心态，体现了他急于超越此二人的强烈愿望，尤其是急于走出太祖余荫的想法：他们没有征服北汉，未尝不是一件好事，"英雄的悲哀在于一无可用之处"，幸亏还有个北汉，我可以借此搞出个大名堂。所以，为了强化自己的权威，为了证明自己的能力，为了稳固自己的统治，征伐北汉实在太有必要了。

北汉一定要打，必须打，但是，宋太宗做好打的准备了吗？事实上，在此之前，宋太宗已经做了大量的准备。

一是加紧训练士兵。

在正式出兵前，宋太宗多次视察检阅士兵的训练情况。如太平兴国二年(977)秋天，大宋朝廷在京城开封西郊举行了一次阅兵。由殿前司崔翰指挥，分布队伍，南北绵延二十里，以五色旗作为号令，在崔翰的指挥下，大宋禁军前进后撤，六军运动变化如同一个整体。太宗皇帝非常高兴，把在王府时所用金带赏赐给崔翰，并对身边的人说：北汉的将领，一定没有像崔翰这样的。

再如太平兴国三年末，宋太宗又一次巡幸讲武台，检阅士兵发机石(用机械把石块投出去)以及连弩(可以连续发射)的训练情况，史书上还特别强调说这是太宗皇帝在为北伐做的准备。

除此以外，宋太宗还组建了一支数百人的特殊队伍——舞剑队。这批人员是从禁军中专门选拔出来的壮士，有专业人员教授舞剑，学成之后，都能把剑扔到空中，然后跳起来接住，非常惊险。数百人一起演练这种剑舞，只见空中全是刀光剑影，看得人心惊胆战，目瞪口呆。辽国的使者前来聘问之时，太宗皇帝曾拉出这支特殊部队来炫耀，史书上说使者脸生恐惧之色。这支特殊部队后来在攻打太原城的时候经常表演给北汉士兵看，史书上讲北汉士兵"望之破胆"《续资治通鉴长编》卷二十。"破胆"倒是有些夸张，不过这的确会有震慑与瓦解北汉军心的作用。

大宋大张旗鼓地练兵，明显是为攻伐北汉做准备，这一点，连辽国的使者都看出来了。太平兴国三年(978)，辽国的一个使者回国后向辽景宗汇报说：各独立的小国，宋国都拼命吞并，现在宋国正

讲武于西郊，时殿前都指挥使杨信病瘖，命翰代之。翰分布士伍，南北绵亘二十里，建五色旗号令，将卒望其所举，以为进退。六师周旋如一。上御台临观，大悦，以藩邸时金带赐之，谓左右曰："晋朝之将，必无如崔翰者。"——《宋史·崔翰传》

先是，帝决意取太原，乃选诸军壮士数百，教以剑舞，皆能掷剑空中，跃其身左右承之，妙绝无比，见者震恐。会北戎遣使修贡，赐宴便殿，因出剑士示之，袒裼鼓噪，挥刃而入，跳蹲承接，霜锋雪刃，飞舞满空，戎使见之，惧形于色。——《宋会要辑稿》兵七之六（上海古籍出版社2014年版）

大张旗鼓地讲习武战，训练军队，一定是为攻打北汉做准备。不过，辽国皇帝并没有信服这种推断。

二是后勤保障。

早在太平兴国二年底，太宗皇帝就下令北方各州大量制造兵器以及攻城的器具，同时疏通漕运，开始向北方运输粮草。当北汉边境的情报人员将这一动态禀告刘继元时，史书上说"北汉主甚恐"《续资治通鉴长编》卷十八。

三是加强与辽国的外交关系。

攻打北汉一个最大的障碍是辽国，太祖皇帝在世的时候，就已经与辽国恢复了外交关系，两国之间外交使节往来频繁。太宗即位以后，继续加强这方面的往来。根据史书的记载，从太平兴国元年底至太平兴国三年底，大宋至少六次派遣使者到辽国。从太平兴国三年起，宋朝还增设"送伴使"，即派专人护送辽国使者，一直送到边境《续资治通鉴长编》卷十九。这不仅进一步加强了宋辽之间的关系，也在一定程度上麻痹了辽国，所以当辽国使者回国后说宋朝将要攻伐北汉时，辽景宗竟然不相信。

四是无后顾之忧。

太平兴国三年四五月，割据漳泉的陈洪进、吴越的钱俶先后纳土归降，大宋南方全面统一，南北作战的后顾之忧已经没有了。

总之，宋太宗在太平兴国四年正式出兵之前，已经

> 诸僭号之国，宋皆并收，唯河东未下。今宋讲武习战，意必在汉。——《辽史·耶律虎古传》

做好了各项准备。那么，出征北汉作为太宗登基后的第一场动刀动枪的战争，他会做出怎样的部署呢？这次北伐能够取得他想要的结果吗？

里外通吃

大宋征伐北汉的消息传至辽国之后，太平兴国四年(979)正月初五，辽景宗派遣使者前来询问大宋出征北伐的理由。大宋是这样答复的：北汉不听话，应该被收拾。若贵国不掺和，以前宋辽和约依然有效，否则，只有战场上相见了。你听，这话说得铿锵有力，底气充足，就像是最后通牒。这是自唐末以来中原王朝发出的最强大最有力的声音，以后这种声音就很罕见了，这也说明太宗皇帝已经准备好了一切。

宋太宗的基本作战方针可以概括为四个字：围城打援。这四个字有两种解释：一是"围城"与"打援"二者其一为手段，其一为目的。换言之，或者以"打援"为目的，或者以"围城"为目的。二是"围城"与"打援"都是目的。宋太宗的"围城打援"属于前者，围攻太原城是目的，阻止辽国军队的支援（打援）是手段。具体的措施包括以下五个方面：

第一，任命总指挥。太宗皇帝命潘美为北路都招讨制置使，负责北汉前线全局的总指挥。

> 河东逆命，所当问罪。若北朝不援，和约如旧，不然则战。——《辽史·景宗本纪下》

第二，四面攻城。太宗皇帝攻打太原城没有主次之分，分命四员大将从太原城东南西北四个方向围攻。在分配四个方向的任务时，还出现了一个花絮。按照最初的次序，彰信节度使刘遇负责攻打太原城西面，这是北汉宫城的位置，自然是块硬骨头。曹翰想攻打这个方向，曹、刘二人争执不下，最后还是太宗出面，满足了曹翰的要求。

第三，彻底孤立太原。具体做法是命将领带兵攻打太原周围的北汉各州，将太原孤立起来。

第四，命将打援。太宗皇帝任命郭进为太原石岭关都部署，阻击辽的援兵。

第五，皇帝亲征。太平兴国四年（979）二月二日，宋太宗选了这个"龙抬头"的日子，下诏亲征。

先看打援。

宋太宗这次北征的中心任务是攻下太原城，关键则在于有效阻击辽军，隔断辽国与北汉的联系。有鉴于此，宋朝特别任命名将郭进负责太原城北方的攻防，以断辽援。郭进在北方边境驻守了二十余年，熟悉北汉山川地形、辽国进军路线，是最合适的人选。阻击地点选在石岭关。

石岭关在今太原市北五十公里、忻州市南二十公里，阳曲县大盂镇北境与忻州交界处。据史料记载，此关建于唐初，历朝历代都是防范北方强族的太原北面首

> 河阳节度使崔彦进攻其城东面，彰德节度使李汉琼城南面，桂州观察使曹翰城西面，彰信节度使刘遇城北面。——《续资治通鉴长编》卷二十

道巨防,也是北方强族南犯太原首先要突破的关隘。

北汉主刘继元得知宋兵压境,急忙向辽乞求援兵。辽派南府宰相耶律沙、监军敌烈领兵援救北汉。当他们日夜兼程行进到忻州以南的石岭关时,宋朝大将郭进已在那里等候多时了。按照耶律沙的意思,是要等辽国的后援部队赶到以后,再渡涧与郭进决战,但敌烈不同意,要率先带军过河。当辽国军队渡涧之时,郭进突然发起攻击,辽军大败,狼狈北逃,敌烈战死。郭进率军一直追赶到与辽国的援军相遇才撤回。

石岭关之役,宋军消灭辽兵一万多人《契丹国志》卷十五(中华书局2014年版),迫使辽退兵。被宋军包围的刘继元期盼着辽国的军队,左等不来,右等不到,又派遣使者带着密信从小路前往辽国搬兵,结果被郭进逮了个正着。郭进把这个密使押到太原城下,在北汉守城士兵的集体见证下,将此人"咔嚓"了,北汉绝望了。

> 北汉主复遣使间道赍蜡书走契丹告急,进捕得之,徇于城下,城中气始夺矣。——《续资治通鉴长编》卷二十

再看围城。

宋军在攻克了太原外围的各州之后,大约从三月开始围攻太原。辽国的军队虽然指望不上了,但北汉仍有可以依仗的,那就是坚固的太原城。虽然史书上说北汉士兵绝望了,但城内的人在绝望之后反而会爆发出更强大的力量,死守太原城。史料中明确记载,倾全力攻城的宋军在一个多月里都未能撼动太原。太宗皇帝在四月底到达太原城下,亲自督战,一面劝降,一面攻

宋灭北汉示意图

（选自《中国古代战争战例选编》第三册，中华书局1984年版）

城。宋军不分昼夜攻城，轮番向城内射箭，太原城上就像刺猬的毛一样，据说北汉仅收集到宋军射进太原城的箭就有上百万支，但士卒居民依然苦战不退。不过，重压之下，北汉统治集团内部却开始分裂，有些人贪生怕死不敢再战，有些人担心城破后宋军屠

> 蹲甲交射，矢集太原城上如蝟毛焉。——《续资治通鉴长编》卷二十

城，也欲归降，也有人不怕玉碎，要战到最后一刻。就这样，北汉主刘继元一直死撑到五月六日，最后选择了投降。但是，刘继元投降后，城内部分居民依然不肯归顺，仍然在顽固抵抗。

投降后的刘继元说，他本就想归顺，顽固抵抗全是别人挑唆，是别人不让他投降。宋太宗对北汉的顽固抵抗本就很恼怒，再加上刘继元这样说，太宗皇帝就下令将那些所谓的亡命之徒，实际上是对北汉忠心耿耿的人全部斩杀，据说有八百人。宋代的笔记中记载这个场面说是"流血满川"。

> 臣自闻车驾亲临，即欲束身归命，致陛下盗舆暴露，尚敢以孤垒拒战，盖亡命卒惧死，劫臣不得降耳。——《续资治通鉴长编》卷二十

至此，北汉十州、四十一县、三万五千二百二十户及三万军队全部归顺宋朝。《续资治通鉴长编》卷二十五代十国时期最后一个独立的小王国被消灭了。

北汉是一块硬骨头，周世宗、宋太祖多次征伐都没有成功，宋太宗终于得偿所愿。虽然啃下了这块硬骨头，但是太宗对北汉的顽抗恼恨不已。太原城被攻陷后，太宗皇帝采取了异乎寻常的措施，结果太原古城从地球上消失了。宋太宗采取了哪些措施呢？

> 驾至并门，继元降，上御崇台，戮其拒王师者，流血满川。——《玉壶清话》卷七

从地球上抹掉它

第一，毁城。

毁城分两步走。

先是火烧。

太原城被攻破之后，宋太宗决定"平毁"太原城，就是把太原城荡平，让它从地球上彻底消失。他命令城中居民全部迁走，放火烧城。一时间，太原城一片火海，来不及出城的居民，葬身火海者数不胜数。史书上记载当时的场面是："万炬皆发，宫寺民舍，一日俱烬。"《宋会要辑稿》兵七之八这是宋太宗的"暴力拆迁"。这座一千五百年的古城在一日之间化为灰烬。一同被焚毁的还有北汉下辖的一个州——隆州（今山西祁县），该州是太原南部的门户，团柏谷就在这里。火烧太原几天后，太宗又下令让这个地方也消失。

再是水淹。

火烧还不算完，到第二年四月，宋太宗又下令封堵汾水、晋祠水，灌入太原。火烧之后，没有接着水淹，是因为当时水源不足。就这样，太原古城经此火烧、水灌，变为一片废墟。

第二，改名。

毁掉太原城后，将其改名为平晋县。太原城外汾水之东驻跸之行宫，命名为平晋寺。为显示自己的功绩，喜好文艺的太宗还创作了《平晋赋》《平晋诗》，并命令从臣和诗。

第三，降级。

太平兴国四年（979）灭掉北汉后，将太原府降为并

> 尽焚其庐舍，民老幼趋城门不及，焚死者甚众。——《续资治通鉴长编》卷二十

> 诏壅汾河晋祠水灌太原故城。——《续资治通鉴长编》卷二十一

州，太原从一个并州方镇的治所，降级为一个主要承担军事卫戍功能的"紧州"。

> 平刘继元，降为紧州，军事。——《宋史·地理志二》

第四，新建。

太平兴国七年(982)，宋太宗又命将太原治所从榆次迁到唐明镇，该地在太原古城以北二十五公里处。百姓逐渐聚集到这里定居下来。由于此处地理位置十分重要，宋太宗派潘美在唐明镇的基础上，兴建新太原城。据说赵宋在新修太原城街道时，都筑成丁字街，取其谐音，"钉"破"龙脉"，又将城外系舟山的山头削平，表示割去了"龙首"，使太原不再出现"真龙天子"。

太宗皇帝为什么这样做呢？

第一，泄除愤恨。

宋灭南方诸国，都是一举成功，唯独太原城城池坚固，易守难攻，屡攻不下。太宗从太平兴国四年(979)正月开始发兵，直到五月六日才攻下太原城，花了四个多月的时间，事实上太原城最终也没被攻陷，是刘继元无奈投降的。对此，太宗皇帝自然恼怒不已，所以决心彻底平毁太原城以消心头之恨。

第二，防止割据再现。

李唐是从太原起兵而夺取天下，到唐末五代一些割据者或据太原争夺天下，或据太原抗衡中原王朝，这是宋太宗要严加防范的。坚固的太原城是形成割据的有利凭恃，防止割据出现最好的办法是彻底摧毁，所以，火烧之后不算，还要水淹，要彻底将太原城荡平。

第三，宗教的力量。

宋太宗即位时，多有道教人物相助，道教附会天象认为：大宋起家之地为归德，属于"商星分野"，而太原则属于"参(shēn)星分野"，自古参商不相见。这样，当中央政权强盛时，太原地区最后才服从，而当中央政权衰弱时，太原则将最先叛乱；望气者也认为太原有王者之气，所以宋太宗必须荡平太原城。

太宗皇帝彻底摧毁晋阳城，的确消除了新的割据势力形成的依靠与可能，但同时也毁掉了一座战略地位非常重要的边防重镇，这是赵光义的短视、狭隘，是他还不自信的一种表现，也遭到了后人的议论。金代诗人元好问在咏史诗中讽刺这件事说："官街十字改丁字，钉破并州渠亦亡！"《过晋阳故城书事》将赵宋王朝的灭亡归结为焚毁太原古城，确实太夸张了，但与此也不是毫无关系。

不管怎样，在太平兴国四年(979)上半年，宋太宗一举平定了周世宗、宋太祖多次征伐都没有拿下的北汉，至此，五代十国分裂割据的局面才算真正结束，这是宋太宗一生中的重大贡献。但是，北汉消失以后，太宗皇帝忽然下令兵伐辽国，说是要收回燕云地区。这是宋太宗早就想好的战略部署，还是一时的头脑发热？宋太宗的这次征伐能取得他想要的成果吗？

高梁河败兵 〈十四〉

太平兴国四年(979)五月,经过四个多月的围城打援,五代十国中的最后一个割据政权北汉并入了大宋的版图。周世宗、宋太祖多次征伐都没有打下的太原,到宋太宗这里实现了。他不仅把北汉从地图上抹去,而且把太原古城彻底化成了历史的陈迹。他有理由为自己的胜利自豪。踌躇满志、欣喜若狂的太宗皇帝并没有停下征伐的脚步,他做出了一个几乎出乎所有人意料的决定:立刻出兵收复幽燕地区。宋太宗为什么会做出这样一个决定呢?这个目标能够实现吗?

冲动是魔鬼

没有任何迹象表明，在大宋王朝征伐北汉之前、征伐北汉的过程中，已经制定了灭亡北汉之后、顺路出征幽燕的战略决策。所以说，宋太宗赵光义在北汉投降之后，决定出兵幽州，显然是一个临时的决定。太宗皇帝为什么会临时做出这样一个决定呢？

第一，成功平定北汉，让宋太宗有点得意忘形。

前面已经讲过，北汉是十国中唯一割据在北方的政权，它凭借辽国的军事支援、坚固的太原城、士兵顽强的战斗力，持续了二十九年。后周世宗、大宋太祖先后多次征伐，都没有成功。周世宗、宋太祖没能实现的事情，到宋太宗这里实现了。一方面，平定北汉，是大宋统一天下进程中的重要成就；另一方面，一心想超越宋太祖的他，终于有了可以证明自己实力的真凭实据。双重的喜悦，尤其是后者，让太宗皇帝颇为兴奋。宋太宗得意忘形，如同一个喝酒喝高了的人，大脑一冲动，就容易短路，一短路就容易做出异乎寻常的决定。

第二，成功打援，让宋太宗错估了辽国的军事力量。

平定北汉的重心是攻下太原城，关键则是打援——阻击辽国援军的南下。当时负责打援的是镇守北汉边境二十年的郭进，郭进先到，占领有利地势，在辽军渡涧之时突然发起攻击，辽军不战而乱，宋军趁机追杀，辽军大败。这一战，郭进占了地利的优势，利用了辽军轻敌的错误，没费多大劲就完成了任务，让辽国损兵折将，这为灭亡北汉奠定了基础，也让太宗皇帝低估了辽国的军事力量，由此直接推动宋太宗灭亡北汉后立即征伐幽州决策的出笼。

在围攻太原城数月，粮草将尽、军队疲惫的情况下，宋太宗突然提出一个新的作战目标，并要求立即执行，这样做是否合适呢？对此，有两种截然相反的意见。

一派极力赞成。

赞成者以殿前都虞候崔翰为代表。当太宗皇帝提出接着征伐幽燕的想法之后，在几乎所有将领都选择沉默的时候，崔翰却立刻上奏说：征伐幽州这件事，朝廷不需要再一次出兵，现在恰逢其时，因为我军刚刚平定北汉，借着这破竹之势，顺道收复幽燕，甚是容易，机不可失，时不再来啊。这是史书的记载，笔记中记录的崔翰之言更形象，也更狂妄。他说：现在我军的气势高昂，就像从陡峭的山坡上往下滚弹丸一样，用不着费多大的劲儿，绝对会畅通无阻，一切顺利；如果这次不行动，将来一定后悔。不过，像崔翰这样积极支持太宗皇帝想法的人，似乎少之又少。笔记中记载持这种观点的还有一个叫赵昌言的文臣，他说：从这里出发征伐幽州，就如同在热鏊上翻饼一样简单。这个比喻也很形象，把幽燕比作一张热鏊上的饼，在失去了北汉的缓冲地带以后，幽燕地区还确实是块烫手的山芋。在热鏊上翻饼，不

攻围太原累月，馈饷且尽，军士罢乏。——《续资治通鉴长编》卷二十

此一事不容再举，乘此破竹之势，取之甚易，时不可失也。——《续资治通鉴长编》卷二十

当峻坂走丸之势，所至必顺，此若不取，后恐噬脐。——《玉壶清话》卷七

自此取幽州，犹热鏊翻饼耳。——《续资治通鉴长编》卷二十注引《摭史》

用费劲,随便动动手,一张饼就整个翻过来了。不管崔翰、赵昌言用什么比喻,中心只有一个:借着平定北汉的胜利气势,接着征伐辽国,那是再容易不过的事情了。

另一派当然是不赞成,不过都选择了沉默。

根据史书的记载,赞同接着出征幽燕的人寥寥无几,《续资治通鉴长编》卷二十中这样说:"诸将皆不愿行,然无敢言者。"意思是众将领都不愿意接着出征,然而没有人敢提出反对意见。不过,宋人笔记中倒是记载了一个叫呼延赞的将领,这个人在后来的历史演义《杨家将》《呼家将》中倒是很出名,他对赵昌言的无知不屑一顾地说:书生的话怎么能全信呢?照我看,这块饼不是那么容易翻的。

幽燕这块饼,到底是好翻还是难翻?在当时情况下到底要不要翻?我们从宋朝方面简单分析一下。

第一,不能打。征伐幽燕是太宗皇帝一个临时性的决定,各项工作根本没有准备,包括物质准备(粮草)、心理准备。从现实看,从太平兴国四年(979)正月出兵到五月平定北汉,连续数月行军、作战、攻城,士卒疲惫(军士罢乏),像长时间绷紧的弦,也该松松了。

第二,不想打。攻陷太原之后,众将领终于松了一口气,正盼望着论功行赏呢,这是必需的,也是他们争胜的一个动力;没想到没等来行赏,却是接着出征,因

> 书生之言不足尽信,此饼难翻。——《续资治通鉴长编》卷二十注引《麈史》

此将士们内心不愿、不满。

这两条简单的理由，是单纯从宋军方面来看的，即使这样，仓促出征幽燕的不合适也是显而易见的。但是，反对的人慑于皇帝的威严，选择了沉默。

以崔翰为代表的极少数表示了积极的响应，极力赞成的理由只有一个：乘胜借势。有没有道理呢？有。击败了辽国的援军，攻陷了太原城，的确有先声夺人之势。但是，这种"势"随着新的战略目标的出现反而消失了，因为宋太宗没有提前的规划，没有一个整体的战略，宋军根本就没有心理准备。当经过持久战终于攻下太原城时，预期是论功行赏、凯旋休整，仓促的战略目标转移让士卒丧气，所以这方面的优势也不复存在了。唯一算得上优势的是，打完北汉接着征伐幽燕，能少走几步路；但是，征伐幽燕这么重大的事情，能为了少走几步路就仓促决定吗？

虽然众将领心里都反对，但他们不敢明说，只能无声地反对，这不但说明太宗皇帝的专制，也暗示将领们对太宗的行事作风比较了解，他决定了的事情是很难改变的。所以，当崔翰一番狂妄言论后，宋太宗如同找到了知音，非常高兴。这件事就这么定了。

宋太宗不计各种不利因素，仓促决策，仓促开始军事行动。在这样的情况下，能取得他想要的结果吗？

冲动的代价

征伐幽燕是宋太宗在平定北汉之后头脑发热的仓促决定，对北征必然会产生影响，仓促的决定具有两面性。

一是大宋将士没想到，所以不少将士内心不满。

当然内心不满的将士不敢明说，却以实际行为表达了抗议。撤离太原的大军往东翻越太行山后，到达镇州（今河北石家庄市）。太平兴国四年（979）六月十三日，宋军从镇州出发，正式北征。出征集合之时，到了约定时间，还有一些将士迟迟不到，这是表达不满，这是无声的抗议。宋太宗大怒，准备以军法处置。马步军都虞候赵延溥急忙进谏说：陛下亲征，目的是剿灭外敌，收复土地，现在外敌尚未歼灭却诛杀处置将士，以后谁还为陛下尽力呢？太宗皇帝或许认为赵延溥言之有理，或许只是做做样子，借机作罢。

二是辽国没有想到，所以猝不及防，连连败北。

宋太宗不按套路出牌，宋军将士没有想到，辽国也没想到。所以，最初的进展异常顺利，金台顿（今河北保定市东关外）——岐沟关（今河北涿州市松林店镇岐沟村）——涿州，辽国城池接连归降，几乎没有遇到多少抵抗，出现抵抗的也能轻而易举地解决。

宋军进展非常顺利，十天后，宋太宗到达幽州城南。在清理了外围的部分辽军后，立刻开始四面围城。

> 扈从六军有不即时至者。——《续资治通鉴长编》卷二十

> 陛下巡行边陲，本以外寇为患，今敌未殄灭而诛谴将士，若图后举，谁为陛下戮力乎？——《续资治通鉴长编》卷二十

尽管宋太宗一再亲临城下督战，把当时各种先进的攻城武器(如云梯、洞子等)都用上了，但一直到七月六日，宋军仍未能攻下幽州城。在此期间，宋军围困幽州的消息传到辽国朝廷，辽景宗立即部署，并派遣十万大军前往幽州支援。宋军面临腹背受敌的局面。

七月六日，高梁河(遗迹在今北京紫竹院内)战役正式打响。交战之初，与宋军交锋的是辽国援助北汉的那批军队。他们一直在幽州城外的得胜口、清河、沙河(北京昌平清河、沙河)一带驻扎，与幽州城内守兵遥相呼应。这批军队的存在，给幽州城内固守的士卒增添了信心，可惜太宗皇帝一心攻城，以为能够速战速决，并没有先消灭他们。这批军队，在辽国援军未到之时，已开始投入战斗，边战边退，等待援军。傍晚时分，耶律休哥带领的十万大军赶到，每人手持两把火炬，二十万把火炬照得夜空通明。宋军多日连续攻城没有结果，本身已经疲惫得很，又见一片火光，不知到底来了多少辽军，心理上已经落了下风。幽州城内的辽军乘机开城迎战。宋军两面受敌，其斗志彻底瓦解。这一仗打得十分激烈，结果宋军大败，一片混乱，狼狈南逃，耶律休哥一直追杀三十余里，宋军被斩杀一万余人。宋太宗在逃跑途中也身受重伤，差一点成了辽军的俘虏。

> 追杀三十余里，斩首万余级。——《辽史·耶律休哥传》

宋代的国史、实录大都讳言高梁河之败，《续资治通鉴长编》中记载得也很委婉，说宋太宗因为在幽州城

高粱河之战示意图
（选自《中国古代战争战例选编》第三册，中华书局1984年版）

下攻打十几天没有打下来，将士疲惫困顿，后勤运输又不方便，太宗担心辽国援军到达，所以下诏撤兵。御驾是在傍晚启程，同时命令众将领集合军队，整齐有序地回京。事实上，高粱河一战，宋军不仅败了，而且是大败、惨败，败得一塌糊涂，败得很没脸面。

上以幽州城逾旬不下，士卒疲顿，转输回远，复恐契丹来救，遂诏班师。车驾夕发，命诸将整军徐还。
——《续资治通鉴长编》卷二十

宋太宗受伤，一路南逃，差点成了俘虏；宋军更是丢盔弃甲，狼奔豕突。在宋朝的史书中，这段丢人的经历、全面的灾难、巨大的伤亡，变成了宋太宗乘着那一抹夕阳，挥一挥手，起驾回京；大宋将士则是踱着四方步悠闲地溜达着回去的。这就是记录的历史。

不过，辽国的史书却没有给宋太宗留情面，可能是比较真实地记载了这次征伐的结局：宋朝皇帝与他的大队人马失去联系，只身逃离战场，一直逃到涿州，偷偷地换乘一辆驴车才算摆脱追杀。辽军杀死了大量的宋兵，并缴获了数不清的武器、盔甲、辎重、装备、货币和粮食。

> 宋主仅以身免，至涿州，窃乘驴车遁去。甲申，击宋余军，所杀甚众，获兵仗、器甲、符印、粮馈、货币不可胜计。——《辽史·景宗本纪下》

如果说这是出自辽国史书、有可能过度渲染本方的战争成就的话，不妨再看看宋代笔记的记录。《默记》中说：太宗皇帝在幽州城下兵败，辽军追杀，勉强逃脱。服饰、车马、各色器物都被辽军夺走，身边侍从、宫嫔全部被杀，而且太宗腿上还被辽军射中两箭，每年都旧伤复发，太宗的死也与此有关。另外，另一种笔记《烬余录》中也有大致相似的记载。这些个人笔记与《辽史》的记载是吻合的，甚至记载得更为详细，是可信的。从《辽史》、《默记》和《烬余录》的记载可以看出，高梁河之败是多么惨重，太宗皇帝是多么狼狈！

> 太宗自燕京城下军溃，北虏追之，仅得脱。凡行在服御宝器尽为所夺，从人宫嫔尽陷没。股上中两箭，岁岁必发，其弃天下竟以箭疮发云。——王铚《默记》卷中（中华书局1981年版）

高梁河之战，对宋方而言，是一场全面的灾难。

这场战争没有取得任何成果，大宋先前占领的几个地方全部失去不说，其直接后果：一是士兵死亡万人，二是军备物资损失惨重，三是太宗差点丧命。这些都还不算致命的，这场战争的一些间接后果更为严重，而且直接引发了辽国多次的军事报复。

下面我们先讨论一下这次征伐幽燕失败的原因。

败局早已注定

失败的原因很多，最重要的一点是宋太宗战略决策失误。

第一，宋太宗轻易否定、放弃了太祖收复幽燕的战略决策。

宋太祖建国以后，综合考虑当时局势，制定先南后北的策略，开始统一的步伐。太祖皇帝并没有忘记燕云地区，在历史上燕云诸州已经割让给辽国、当时大宋实力不及辽国的基础上，制定了一种比较稳健的策略：设立专门基金，和平赎买为先；此路不通的情况下，再武力夺取。从宋太祖时候开始，大宋与辽国已经建立了良好的外交关系。这种外交关系并没有因为大宋征伐北汉而终止，宋太宗征伐北汉途中还在临城县（今河北邢台市临城县）接见了前来慰问太宗起居的辽国使者。在大宋已经兵伐太原的情况下，辽国仍然遣使慰问，这说明辽国想

> 契丹遣使尚书耶律拽剌梅里奉书问起居。丁丑，见于临城县。——《续资治通鉴长编》卷二十

保持与大宋的和平关系，北汉存亡不是辽国的核心利益。如果宋太宗在灭亡北汉以后，积蓄力量，加强边防，以军事做后盾，对辽诱之以财帛，太祖赎买幽燕的计划不是没有可能变为现实的。退一步讲，即使赎买不成功，先增强本国实力，当经济、军事占有绝对优势的时候，再收复燕云，这才是上上之策。可惜的是，宋太宗不仅没有采用太祖的这种策略，而且以实际的军事行动断然否定这种策略，这反映了宋太宗急于"去太祖化"的心态，更致命的是太宗的盲目出兵在很大程度上使大宋王朝自太祖以来收复幽燕的目标变为不可能。

第二，宋太宗没有将北汉、幽燕作为一个战略整体来权衡。

征伐北汉，大宋朝廷至少有过两次的公开朝议，但没有任何证据证明，宋太宗把北汉与幽燕作为一个战略整体来权衡。宋太宗征伐北汉虽然也是大宋统一的必要步骤，但他更多是从个人地位巩固方面来考虑的，根本意图还是巩固自己的皇位，加强自己的权威。当北汉被平定之后，宋太宗头脑发热，临时性地决定出兵幽州，没有全盘统筹的战略思想，单凭一时的胜利，对太祖以来一直谨慎对待的幽燕动刀，这仓促的决定本身就是赌博。如果将北汉与幽燕作为一个整体的战略目标来统筹，制定切实可行的征伐策略与步骤，即使征伐幽燕兵败，也不可能落得一个如此狼狈的结局。

以上两点是从宏观战略上的追究与问责，是宋太宗未曾考虑、未曾使用的战略，有事后诸葛亮之嫌。具体到这次北伐，其失败原因何在？

第一，骄傲轻敌。

成功吞并北汉，让太宗皇帝狂喜。狂喜之下，太宗对辽国的军事实力有了不切实际的评估,因而冲动决策,北伐幽燕。狂喜也罢,冲动也罢,都不是正常的状态。此种情形之下,大脑容易短路,不是一根筋,就是两头堵。太宗皇帝就犯了一根筋的毛病,支援北汉的辽国援兵很容易搞定,由此得知,辽国的军事力量不过尔尔,所以对攻伐幽州的艰难程度根本就没有足够的心理准备,以为能够速战速决,没有打持久战的心理准备。当宋军进入辽国境内以后,因为事出突然,辽方来不及防范,所到之处,顺利拿下。这最初的一连串胜利,强化了宋太宗轻敌的思想,也注定了战争的结局。

第二,军纪不整。

军队最强调纪律严明,步调一致。出征之时,军队中就开始有不按时到者,太宗皇帝虽然大怒,也准备按军法处置,但最终不了了之。

行军途中,携带女人,士气不扬。据笔记记载,太宗既平北汉,圣心狂悦,率军征辽时,尽载北汉妃嫔随御,诸将亦掠北汉妇女以充军妓,致令士气不扬,全军尽覆于高梁河。《烬余录》甲编笔记中的这则记载应该是可信的。据《续资治通鉴长编》中的记录,攻陷太原后,刘继元将其宫嫔百余人献出,宋太宗将这些宫嫔分赐给大宋将领。当然,太宗皇帝也"以身作则",挑选留下了一部分,他逃跑时这些宫嫔全被追杀。军纪

继元献其宫人百余人,上以分赐立功将校。——《续资治通鉴长编》卷二十

最贵严明，像这样的一支队伍，其作战能力又能如何呢？

第三，战术失误。

战术失误至少有三个明显的地方。一是没有部署打援的部队，宋军围攻幽州之时，根本没有一个宏观的战略部署，根本就不管辽国有没有援兵，更没有布置打援的任务。这与灭亡北汉时特派大将郭进在石岭关打援形成鲜明对比。二是没有彻底处理原先幽州城外的辽军士兵，这些士兵与幽州城内守兵遥相呼应，坚定了后者固守的信心。三是四面围城的部署。宋军到达幽州城下时，当时守兵作战能力不强，是些老弱病残，见宋军压城，本来是想逃跑的，不承想跑不掉，没办法，只得死守。试想一下，如果三面围城，或者给守军适当留出一条退路，宋军则可以迅速占领幽州，然后据之作战，至少不会遭遇多面受敌的局面。这是宋太宗急功近利所致，亦是太宗皇帝过于自信的偏执。

第四，军心不稳，出工不出力。

此次出征，事出突然，将士本就心存不满，态度消极，作战不力，要靠宋太宗亲临督战。这不是凭空推测，这次战争败了不假，但随行的王公贵族、各路将领居然一个伤亡的都没有，真正受伤的唯有宋太宗，这也是怪事一件。军心不稳，可从多方面看出。

皆脆兵弱卒，见宋师之盛，望风而遁，又为宋师所遏，进退无计，反为坚守。——《契丹国志》卷六

《续资治通鉴长编》中记载，曹翰的部队在幽州城东南，士卒挖土挖出一只螃蟹，曹翰说：螃蟹这东西是生活在水里的，这里是陆地，不是它应该待的地方，而且螃蟹多足，是辽军大量救兵将至的征兆。"蟹"与"解"同音，看来这次行动不会有收获，快撤军了！潮湿之地挖出螃蟹，倒也不算稀奇，宋军将领曹翰的一番解释，不应该是一个将领所为，这反映了宋军军心不稳的事实。另外，战场混乱之后，还发生了拥立新皇帝的事件，这一切都说明当时宋军中弥漫着一种乖戾的气氛。

> 蟹，水物而陆居，失其所也。且多足，敌救将至之象。又蟹者，解也，其班师乎！——《续资治通鉴长编》卷二十

第五，长途跋涉，强弩之末。

先是几个月围攻太原城，接着翻越太行山北伐幽州，太宗皇帝的想法突如其来，众将士只能以疲惫之躯应付。按照当时的行军路线推测，宋军每天要行走一百里左右，其间还有一些据点需要拿下。千里奔波的宋军，到幽州城下之时，已成强弩之末，却没有休整，立刻围城。这也注定了战争的走向。

以上这些因素，不管是将领的，还是士卒的，归根结底，太宗皇帝是要负主要责任的，要归咎于他。征伐幽州是大宋第一次大规模对辽国出兵，结果惨败。高梁河一战，宋军虽然死伤过万，但没有从根本上伤及宋军的元气，不过这场战争造成的后果很严重，产生了深远的影响。

后果的确很严重

第一，辽宋之间由和好走向敌对。

尽管宋朝大张旗鼓地进攻北汉，但辽国与宋朝之间的正常邦交并没有因此终止，因为辽宋之间的核心问题不在北汉的归属，而在燕云诸州。所以，辽宋两国正常外交的断绝应该是在宋太宗开始发兵幽燕之时，也就是说，宋太宗的盲目出击不但没有收复一寸土地，反而使宋辽之间的关系重新走向敌对。

第二，辽国多次实施打击报复。

征伐幽州是大宋第一次主动大规模对辽用兵，结果宋军大败。此后，辽国多次发兵南下，对宋朝展开军事报复。尽管宋军拼命顶住了辽国的多次进攻，但河北各地备受摧残，人民生产生活遭到极大破坏。

第三，辽国开始加强对幽燕的经营。

宋太宗的这次军事行动，以及北汉缓冲地带的消失，促使辽国加强幽燕地区的防备与军事力量，这让大宋收复幽燕越发成为不可能。

第四，高梁河的惨败，挫伤了大宋军队的士气。

从太祖皇帝起，南征北战，所向披靡，即使有失败，也没有输得如此丢人。高梁河一战对宋军的锐气深有打击，由此产生的惧敌情绪，影响了收复幽燕的信心。

第五，高梁河一战，让太宗皇帝重新认识了自己的地位。

宋太宗最初的意图是通过征伐幽州，建立自己的绝对权威，没想到事与愿违，威信大跌。高梁河的惨败以及亡命逃窜，让其心有余悸，从此不敢亲临前线，将目标转移到对内政的进一步控制上，强化内部的控御。所以说，高梁河一战，对宋军的打击，主要不在兵员，而在统御能力。此后，太宗虽不敢亲临前线，但始终不放弃且不断加强对将领的控制，结果往往适得其反。

高梁河之战是宋辽双方关系的一个重要转折点，也是宋太宗政治生涯的一个重要转折。高梁河战败之后，宋太宗没有深刻反思失败的教训，但其对自己皇位的稳固性有了新的认识。他原以为自己政权已经基本稳固了，事实却并非如此。北征过程中的一次突发事件强烈刺激了他并促使他转移目标。这是一件什么事情呢？

赵德昭之死

〈十五〉

大宋历史上的太平兴国四年(979),对宋太宗来说是难以言说的一年。这一年的上半年,他成功地将十国中最后一个割据政权北汉纳入囊中,周世宗、宋太祖多次努力没有实现的事情到他这里彻底解决了,他内心狂喜。但是,内心狂喜的他并没有停止征伐的步伐,北汉平定之后,马不停蹄,他立即下令征伐幽燕,犯了焦躁冒进的错误。高梁河一战,人困马乏的大宋军队惨败。混乱之中,太宗皇帝只身逃亡,身中两箭,狼狈不堪。狂喜之后的他跌入极度的惶恐,惶恐不仅仅是因为他差点成了辽国的俘虏,还因为他差一点丢掉了自己处心积虑、挖空心思得来的皇位。宋太祖的儿子武功郡王赵德昭也因此自杀。这一切究竟是怎么回事呢?

武功郡王赵德昭自杀缘于他的叔父宋太宗对他产生疑忌与不满，对他羞辱、嘲讽。宋太宗对自己的侄子产生疑忌与不满是因为北伐幽燕时有些将士谋立赵德昭做皇帝，将士谋立赵德昭做皇帝是因为在幽燕战场上找不到宋太宗，幽燕战场最高领导宋太宗在战争中失踪是因为他逃跑了，宋太宗逃跑是因为宋军惨败，战场混乱。这一切都是从高梁河战役开始的。所以，我们必须从这次战役说起。

战场上老大找不到了

对于宋辽之间的高梁河战役，宋代的文献记载得隐约曲折，讳莫如深。结合其他文献，我们回到太平兴国四年(979)七月初六这一天，努力重构一下高梁河战役的情形。

第一，先分析一下高梁河战役战前的形势。

当时宋军主要面对来自三个方向的辽国军队。

一是幽州城内的辽国守军。

这部分军队战斗力本来不怎么强，但在四面被围、逃跑无望的情况下，这些"脆兵弱卒"反而坚定了固守的决心，因为他们有依靠，有凭借，这就是坚固的幽州城和辽国大将韩德让的得力指挥。城内守军的拼死抵抗导致宋军速战速决的计划化为泡影。

> 辽兵先守幽州者，皆脆兵弱卒。——《契丹国志》卷六

二是幽州城外的辽军。

他们是由耶律沙等人指挥的从北汉战场退却下来的那批败军。当初他们在石岭关被郭进击败，逃亡途中与后来的援军会合，宋军因此停止追杀，这部分援军退回到幽州一带。宋军初到幽州之时，在幽州城北曾与之发生战斗，这部分辽军不久前刚领教了宋军的战斗力，心有余悸，再加之力量悬殊，很快就败退到得胜口、清河、沙河一带（今北京昌平区）。太宗皇帝可能认为这部分辽军无足轻重，并没有将其彻底消灭，这就埋下了一个隐患。这支军队通过地道与幽州城内守卒取得联系，与幽州守城士卒遥相呼应，坚定了守城士卒的信心。这是宋太宗战术的一大败笔。

三是辽国从上京（今内蒙古巴林左旗）派来的援军。

宋军进入辽国境内时，辽景宗正在外面狩猎，宋军围困幽州城的消息传至辽国朝廷，是在六月底。辽景宗派了一个得力将领耶律休哥，率兵十万，前往幽州援助。不知出于什么考虑，宋太宗或许认为可以迅速攻陷幽州，或许根本就没有考虑到，总之，对这支潜在威胁最大的援军，宋军竟没有做任何防范与军事部署。这又是一大战术败笔。

这个时候，宋太宗正像监工一样，在幽州城四周督促攻城。

第二，宋军像前几天一样继续攻城。

太平兴国四年（979）七月初六这一天，宋太宗来到幽州

> 太宗自并幸幽，乘敌无备。契丹主方猎。——《续资治通鉴长编》卷二十注引江休复《杂志》

城西北隅，像前些天一样，继续督促攻城。太宗皇帝不断亲临攻城现场，有两方面的原因：一是鼓舞士气，二是监督，充当监工的角色，后者也许是更主要的原因。因为大宋士卒历经四个多月攻陷太原城以后，接着长途跋涉，到达幽州城下，没有丝毫休整，立刻投入攻城。攻城已经十几天了，幽州城仍然纹丝不动，将士身体疲惫，思想懈怠，行动消极。所以，史书上记载这段时间太宗皇帝的主要工作就是围绕着幽州城巡幸。

> 士卒疲顿。——《续资治通鉴长编》卷二十

第三，遭遇外围偷袭。

七月初六，正当宋太宗督军攻城时，驻扎在幽州城外的耶律沙率军对宋军攻城部队突然发动袭击。这是辽景宗的战术安排。当初辽景宗在派遣耶律休哥援军的同时，又派人到幽州城外的耶律沙军队传达作战部署。外围辽军的偷袭让太宗皇帝非常意外，他只得下令暂停攻城，随即率大军迎击这股两次败于宋军手下的败兵。

> 诏谕耶律沙及奚底、讨古等军中事宜。——《辽史·景宗本纪下》

第四，宋军初战占据上风。

宋军与耶律沙援军在高梁河畔遭遇，随即展开激烈的厮杀。宋军人数占优，心理优势亦甚明显，战至黄昏，辽兵渐渐不支，耶律沙率军向后撤退。宋太宗眼看胜利在望，立即命令宋军前进追击。从后来的事实来看，这是辽军一次成功的战术退却。为什么这么说呢？耶律沙部队如果等待全部辽军赶到后再与宋军决战，

宋军或许会考虑双方新的力量对比，可能会撤退，可能会做出新的部署，总之，不会轻易地让这股败军牵着鼻子走。辽景宗的部署是在辽大批援军即将到达之时，让耶律沙率军先吸引宋军，拖住宋军主力，然后合力突袭宋军，打宋军一个措手不及。宋太宗此前没有先歼灭这支部队，此时又没有考虑到这支两次败于自己的败军为什么还敢对大宋军发动偷袭，更没有想到辽国大批援军即将到达，所以命令大军追杀。

第五，辽国援军赶到，宋军被围。

正在宋军追杀之时，耶律休哥率领十万援军赶到，这是宋太宗根本就没有想到的事情，而且耶律休哥先派遣三万人马断了宋军后路，其余从侧翼攻击。此时，困守城中的幽州守军也出城加入战斗。宋军一下子陷入四面被围的困境，场面极度混乱。

第六，宋太宗在混乱中逃走。

辽军夹击，宋军顿时晕头转向，陷入一片混乱之中，丢盔弃甲，四处奔逃，全线崩溃。宋太宗成为被打击的首要目标。耶律休哥见宋军阵势大乱，带领一队骑兵直奔宋太宗而来。宋太宗慌乱之中，抛弃大队人马，带着身边几个人，仓皇逃窜。耶律休哥一路狂追，由于他在激战中身上三处负伤，不能骑马，而是乘一辆轻车率军沿路追击，一直追到涿州。最后见无法追上，只好下令回师。否则，太宗皇帝已经成为辽国的俘

休哥以创不能骑，轻车追至涿州，不及而还。——《辽史·耶律休哥传》

跑了。

第七，宋军稍微稳定之时，皇帝却不见了。

就这样，等宋军稍微稳定之时，他们发现，他们的最高指挥官太宗皇帝不见了。

老大不见了立小老大

宋太宗不见了，无非两种可能。一是死了，二是冲出重围逃跑了。当时战争场面极度混乱，太宗身边的将领们都没有注意到太宗的逃亡。因此，大多数人怀疑宋太宗已经在战争中遇难。国不可一日无君，于是，有人提出立新皇帝，准备将宋太祖的儿子武功郡王赵德昭立为皇帝。史书中对这件事是这样记录的：

武功郡王赵德昭跟随大军一起征伐幽燕，军队中曾经发生夜惊事件，事后找不到太宗皇帝了，于是有人提议立赵德昭为帝，不过此时恰好得到了太宗皇帝的消息，这件事也就作罢。夜惊是什么意思？夜惊是指紧张的军队在夜里因突然某个事件或声音而引起的全体混乱，这是对宋军被辽军包围、太宗失踪、全军陷入极度混乱状态的一种委婉说法。记录的历史总是不能排除倾向性，一定会有所避讳。不过，我们更关注这两个问题：一是为什么要拥立赵德昭？二是哪些人提议立赵德昭？

武功郡王德昭从征幽州，军中尝夜惊，不知上所在，或有谋立王者，会知上处，乃止。——《续资治通鉴长编》卷二十按照迷雾重重的杜太后临终嘱托，还有当时宋太宗对皇室人员人事安置的实际情况来看，如果太宗皇帝真的在战争中罹难了，即位者应该是开封尹齐王赵廷美，而不是宋太祖的儿子赵德昭。那么，这些人为什么不立赵廷美呢？是因为赵廷美没在军中吗？

显然不是。

当初征伐北汉开始的时候，太宗皇帝想安排赵廷美留下来掌管东京事务，因为赵廷美是开封尹，这样的安排符合朝廷惯例，宋太宗在做开封尹的时候就多次担当这个重任。不知太宗皇帝的这个安排是不是出自真心，但他肯定会以自己的经历来思考这个问题。不过，赵廷美手下的一个人把这个难题给解决了，这个人是开封府判官吕端。吕端后来做了宰相，太宗对他的评价是"小事糊涂，大事不糊涂"《宋史·吕端传》。吕端在赵廷美留守东京这个问题上，表现了他头脑清醒的一面。他对赵廷美说：如今圣上不顾风雨、风餐露宿，出征讨伐北汉。您作为皇室成员，身处贤佐的位置，应该为人表率，随从出征。倘若留下来执掌内廷政务，那是万万不合适的。吕端的这番话说得很婉转，也很好听，其实说到底，还是为了让赵廷美避嫌。太宗皇帝对赵廷美留在京城是不放心的（因为太宗有这样的经历）。所以，赵廷美请求从征，太宗皇帝自然很愉快地答应了。虽然史书上对赵廷美在战场上的功绩没有任何记载，但赵

主上栉风沐雨，以申吊伐。王地处亲贤，当表率扈从，若掌留务，非所宜也。——《续资治通鉴长编》卷二十

廷美显然是在军中的，后来宋太宗论功行赏的时候，第一个赏的就是赵廷美。赵廷美既然在军中，为什么不拥立他呢？

这其中一定有原因，最大的原因是拥立者有想法。这些想法应该有以下三点：一是对宋太宗征伐幽州的不满，二是对宋太宗斧声烛影取得帝位的怀疑，三是二者兼而有之。总之，由于史书在这些事情的记载上遮遮掩掩，我们无法搞清楚。不过，我们可以通过推测哪些人在谋立赵德昭，来找出一些蛛丝马迹。

《续资治通鉴长编》中是这样说的："或有谋立王者。""或有"就是说"有些人"，并没有确指。然而，我们从事后太宗皇帝对出征将领的一些处罚上或许能发现一点端倪。太宗皇帝回到开封后虽然没有立刻行赏，但是，他回京后很快就责罚了三个从征的将领。这三个人是石守信、刘遇、史珪。

守中书令、西京留守石守信降为崇信节度使、兼中书令，降职责罚的理由是没带好军队，无组织无纪律，打仗不行，混乱第一，以致出征失利。彰信节度使刘遇被降职为宿州观察使，光州刺史史珪被降职为武定行军司马，责罚二人的理由是从征幽燕，所率部队胆小怯阵，致使出征失利。按照这些理由，处罚是应该的。但是，当日军队失律的何止三人？整个大宋的军队都乱成一锅粥了。宋太宗为什么偏偏处理这三个人呢？《续

乙亥，齐王廷美进封秦王。——《续资治通鉴长编》卷二十

督前军失律。——《续资治通鉴长编》卷二十

逗挠失律。——《续资治通鉴长编》卷二十

《资治通鉴长编》的作者李焘也是心存疑问的，所以特地加了小字注释：石守信、刘遇、史珪失律的事情，《实录》《正史》都没有详细记录，也许是《国史》有所避讳吧。《国史》在避讳什么，李焘也没明说。那么，《国史》到底在避讳什么呢？

不妨先看看这三个人的履历，看看他们有什么共同之处。

石守信是宋太祖赵匡胤义社十兄弟之一，是大宋王朝的开国功臣，宋初追随太祖平定二李（李筠、李重进）之乱，立下了卓绝功勋。史珪是宋太祖的亲信之臣，太祖皇帝即位以后，经常派史珪出去暗访，以掌握宫外的动态。刘遇也是太祖信任的名将，多次南征北战，伐太原，下金陵，战绩卓越。可以说，这三个人对宋太祖都忠心耿耿，是太祖朝的得力干将。这就是他们的共同之处。他们对宋太宗如何登上帝位或有所耳闻，对太宗皇帝执意讨伐幽燕或有所不满。高梁河之战，石守信很可能是先锋，大队人马则是原先负责攻打幽州城北面的刘遇、史珪所率军队，太宗皇帝是指挥他们一起迎敌的。所以，当在幽燕战场上找不到宋太宗时，他们认为宋太宗很可能已经遭难了。因此，他们开始谋划立太祖的儿子武功郡王赵德昭即位。后来，因为宋太宗并没有遇难，这件事也就不了了之。然而，这件事还是传到

> 守信失律事，《实录》《正史》都不详，所以班师，殆由此耳。当考……刘遇、史珪传载失律事亦不详，恐《国史》或有所避忌，更须参考。——《续资治通鉴长编》卷二十

了宋太宗的耳朵里。史书上讲，宋太宗隐隐约约听说有这么回事，很不高兴。不高兴归不高兴，宋太宗在战场上是逃跑在先，当大宋将领找不到他时，认为他已经罹难，国不可一日无君，谋立新帝，这很自然。宋太宗内心窝着这股火，憋着这口气，所以首先而且必须责罚这三个人，当然不能用他们谋立赵德昭为帝的问题说事，不过战争大败，找个理由应该不是很费劲的。

> 上微闻其事，不悦。——《续资治通鉴长编》卷二十

武功郡王赵德昭跟随北征，在战乱之中，差点被立为帝，虽然这事后来不了了之，却最终送了他的性命。这是怎么回事呢？

老大很郁闷

宋太宗兵败回京后，过了一段时间，还没有提平定北汉论功行赏的事。按照惯例，平定北汉是一件大事，是可喜可贺的，自然要大张旗鼓地表彰一番，这是所有将领预期的一件事，是意料之中的，谁知却偏偏没有发生。宋太宗为什么不立刻对北征进行表彰奖励呢？

第一，北征不利。

这是史书上讲的唯一一个理由。北征不利当然指的是征伐幽燕，就是说，胜利平定北汉之后顺道征伐幽燕，结果惨败，因为征伐幽燕的惨败也牵连到平定北汉

> 及归，以北征不利，久不行太原之赏。——《续资治通鉴长编》卷二十

的论功行赏。

第二，内心恼怒。

宋太宗为什么恼怒？一恼将士消极应战。此次征伐幽燕，几乎所有的将士都表现得不情愿，因此战斗力不强。二恼军队混乱失律。在遭遇辽军围困与追击途中，又出现失律混乱的局面，这种混乱局面直到大军退到金台驿站时才稳定下来。三恼自己被追杀受伤。由于军队的混乱，宋太宗失去保护，被辽军追杀，身中两箭，颜面大失。四恼为什么受伤的只有他？此次征伐幽燕，宋军大乱，但文臣武将，像薛居正、沈伦、卢多逊、曹彬等，无一人受伤，唯独跑得最快的最高领导宋太宗身中两箭，差点被俘，这当然令人气恼。五恼威信丧失。本来是想通过征伐幽燕进一步强化自己的权威，结果却使自己威信大大丧失。宋太宗内心能不气恼吗？就你们这种工作态度，还想要奖赏，等着吧！

第三，心中郁闷。

以上这些还不是最主要的。宋太宗之所以没有论功行赏，是因为他心头还有一个大疙瘩，即北征中出现了将领谋立赵德昭为帝的事件。这件事情的发生虽然事出有因：宋太宗跑了，将领找不到他，以为太宗皇帝已经遇难。宋太宗似乎也无话可说，正因为没法说，才令他内心更加郁闷。如果拥立赵廷美，太宗心头或许稍微好受点，但众将领拥立的是宋太祖的儿子赵德昭，这说明什么？这说明将领们对他的帝位还心存疑虑。他原本以为自己的帝位已经很稳固了，其实还远远没有。如何重塑自己失去的权威，如何巩固自己的位子，这才是他最要考虑的大事，论功行赏先靠边候着吧。

总之，宋太宗回京以后，迟迟不肯论功行赏，是他内心恼怒、郁闷而故意为之的，当然有冠冕堂皇的理由：北征不利。征伐幽燕是不利，但那是你仓促决定的，征伐北汉不是很顺利吗？为什么不犒赏呢？将士们私下都很不满，认为皇帝这样做是很不厚道的，是不可以的。当然将士们只是私下议论而已，没人敢直接问责皇帝，因为就在几天前，北征的石守信、史珪、刘遇等人刚刚被责罚，被贬职。不过，最终还是有人向宋太宗进言，提醒宋太宗应该对平定北汉论功行赏了。这个人是谁？

久不行太原之赏，议者皆谓不可。——《续资治通鉴长编》卷二十

老大发火后果很严重

这个人是宋太祖的儿子武功郡王赵德昭。赵德昭为什么要这样做呢？史书中没有记录，我们不妨推测一下。

第一，赵德昭认为应该犒赏。

按照惯例，战争胜利之后，犒赏三军，该提官的提官，该升职的升职，该物质奖励的就物质奖励，将领士兵都要有所收获，这是理所当然的。当然，征伐幽燕失败了，但这不能与平定北汉混为一谈，平定北汉是必须犒赏的。

第二，赵德昭认为他有责任替将士说话。

宋太宗即位后，赵德昭被封为武功郡王，朝班位列宰相之上。北征之时发生的拥立事件，也说明赵德昭很受一些将领爱戴。所以，赵德昭认为自己有责任将将领的意见传达上去。

第三，赵德昭认为他应该为赵家的天下考虑。

出征将士虽然不敢和宋太宗公开叫板，但私下不满是一种普遍现象。如果不及时处理，会影响以后的军事行动，甚至会影响赵家天下的稳固。作为皇子，他觉得应该提醒叔父。

第四，赵德昭认为他说话可能比较好使。

赵德昭是太宗的侄子，但太宗即位后，仍称皇子，以示尊宠。作为皇室成员之一，赵德昭可能觉得自己的话会对宋太宗有影响，宋太宗可能会接受。

第五，政治幼稚。

如果赵德昭真是这种心态，只能说他政治经验还很欠缺，说不好听就是脑子进水了、脑残，说得文雅一点是政治幼稚。不管赵德昭出于一种什么心态，他终于找了个机会将他的想法推心置腹地说给叔父听，结果宋太宗勃然大怒。设想一下，如果进言的不是赵德昭，而是换作另外一个人，宋太宗还会发怒吗？宋太宗可能还会生气，因为他内心郁闷，他内心恼怒，但很可能不会如此失态，如此勃然大怒。为什么不论功行赏，几时论功行赏，你还来问？不都是因为你吗？你是真糊涂，还是装糊涂？当然，宋太宗的内心想法不会直接说出来。不过，他多日的郁闷化作一句话，一字一句脱口而出：等你自己当上了皇帝，再论功行赏也不迟。

宋太宗这句话只有九个字，但分量很大，说得很严重，至少包含了四层意思。

第一，我是皇帝，赏罚我说了算。你算老几，用不着你来指手画脚。

第二，北征时谋划你做皇帝的事情，别以为我不知道。

第三，你有取我而代之的心思，我心里清楚。

第四，你想说了算，等你能够取代我以后再说吧。

宋太宗短短几个字，有羞辱，有恼怒，有忌恨，有怀疑，有质问，而武功郡王赵德昭压根儿就没有想到这些，他原本只是想安抚大宋将士之心，是为了赵宋天下的稳定，所以才找了个机会，小心翼翼地向叔父建议，没想到遭受如此误解，惹来如此的羞辱、忌恨、怀疑、指责。《续资治通鉴长编》中记载赵德昭对此的反应是"惶恐"，"惶恐"就是恐惧、害怕的意思，惶恐可能是赵德昭对宋太宗勃然大怒的第一反应。

事实上，在宋太宗失踪不见的情况下，那些当年受到太祖皇帝信赖、恩惠的将领，自然想把太祖之子扶上帝位，这在情理之中，这些活动与赵德昭本人并没有关系。但是，宋太宗却不这样想，他对此怨恨不已，他对赵德昭的猜忌之心昭然若揭，一览无余。惶恐之后的赵德昭情绪激动，气愤难平。回到自己的府邸后，赵德昭问左右随从：带刀了吗？随从见他情绪十分激动，不敢说带有兵器，怕出意外，便搪塞说：我们进宫，按规定是不准携带利器的，所以身边没有带刀。赵德昭越想越恼，越恼越悲，迅速走入自家的茶酒阁，关上阁门，取桌上的水果刀自刎而死。

> 还宫，谓左右曰：『带刀乎？』左右辞以宫中不敢带。德昭因入茶酒阁，拒户，取割果刀自刎。——《续资治通鉴长编》卷二十

宋太宗听到这个消息后，史书上记载其反应是"惊悔"，惊悔的意思是吃惊、担心、悔恨。太宗皇帝跑到德昭府抱着他的尸体，大哭道：傻孩子，为什么要走绝路呢？《续资治通鉴长编》的作者李焘说这段记载取材于司马光的《涑水记闻》(卷二)，有些史学家认为，这是在为赵光义逼死德昭的罪行作掩饰美化。

> 上闻之，惊悔，往抱其尸，大哭曰：『痴儿，何至此耶！』——《续资治通鉴长编》卷二十

赵德昭自杀，宋太宗虽然表现为惊悔、大哭，实际上是太宗除去了一块心病，心头的疙瘩暂时解开了。所以，几天后，宋太宗就举行了庆功大会，对收复河东有功的文臣武将加官晋爵，所有参与者都根据级别有所奖赏。不过，据另外的文献记载，直到两年后的太平兴国六年 (981)，仍然有人上书要求对平定

北汉进行犒赏，可见这次的犒赏很不彻底，最后弄了个不了了之（《续资治通鉴长编》卷二十小字注云："此据《实录》，而田锡于六年九月上章，犹云平晋之功未赏，不知何也？当考。"）

谋立赵德昭只是征伐幽燕过程中的一个突发事件，是个小插曲，但正是这看似微不足道的事件，让太宗的心理发生了深刻变化，促使他重新思考他的权威、地位问题。赵德昭事件至少在两个方面对宋太宗产生了重大影响。

第一，重新认识皇室内部潜在的危险问题。

即位几年来，宋太宗一系列的努力都是围绕自己帝位的巩固进行的，他原本以为自己的位子已经比较稳当了，谁想还会有立赵德昭的事件发生。赵德昭死了，可太祖的儿子还有赵德芳，同样是隐患。如果赵德昭之死还事出有因的话，赵德芳之死就格外令人生疑了。赵德昭死后一年多，太平兴国六年三月，宋太祖最小的儿子赵德芳神秘暴病身亡，年仅二十三岁。史书上对他的死因没有做任何说明，成为又一桩疑案。朝野间怀疑赵德芳死于宋太宗之手的人不在少数，只不过从来无人敢公开议论。斧声烛影当夜，宋皇后曾对赵光义说："吾母子之命，皆托于官家。"其实就是担心赵光义日后会对赵德芳下手，想不到宋后的担心还是被不幸言中。

己酉，山南西道节度使、同平章事德芳卒，年二十三。赠中书令，追封岐王，谥康惠。——《续资治通鉴长编》卷二十二第二，进一步加强对武将的戒备与控制。

征伐幽州事件，让宋太宗对武臣的认识提高了。在他看来，武臣骨子里本就桀骜不驯，不明大义，不能像文臣那样妥善处理君臣关系，这实际是在侵蚀皇权。所以，此后的宋太宗加强了对武人的戒备，通过控制来强化权威，通过各种方式控制武人的权力，从而对大宋的军事产生了深刻影响。

太平兴国四年(979)的幽州之战，是大宋王朝第一次主动对辽国发起的大规模军事行动。这次军事行动以宋军的惨败而结束，这次行动也终结了宋辽之间缓和的外交关系。高梁河战役之后不久，辽国就发动了对大宋的军事报复，辽国南下的目标是哪里呢？结果又如何呢？

十六 满城之战

太平兴国四年(979),大宋王朝在平定北汉以后,宋太宗下令,立即进伐幽州,企图一鼓作气收复幽燕地区,这是大宋王朝第一次大规模主动征伐辽国。由于宋太宗的急躁冒进、缺乏宏观考虑、战略战术失误,幽州城外高粱河一战,宋军全面溃败。这次征伐,不但没有收复一寸土地,反而送掉了一万多士卒的性命,连宋太宗本人也身中两箭,差点被俘。更为严重的是,大宋王朝的这次没有提前准备、毫无取胜把握的主动出击,不但让宋辽两国趋于缓和的外交关系断绝,重新走向对立,而且引发了辽国于同年九月对宋朝的军事报复。为此,宋太宗采取了什么措施呢?效果如何呢?

仗打得那叫一个爽

辽乾亨元年(979),也就是宋太平兴国四年,九月三日,在宋太宗收复幽州未果一个多月以后,辽景宗决定派兵南侵,正式发起对宋朝的军事报复。

这次对宋朝的报复性进攻兵分两路。

东路:从幽州出发,燕王韩匡嗣为总指挥(都统),南府宰相耶律沙为监军,惕隐(相当于宋代的宗正官)耶律休哥、南院大王耶律斜轸、权奚王耶律抹只等率各部南下。此为主力部队。

西路:由辽国大同军节度使耶律善补率山西兵南下。此为侧翼,以牵制性攻击起辅助作用。

此次辽国的进攻目标:镇州。

宋朝方面对辽国的报复性进攻有没有准备呢?

有,并且很早就做好了预案。

宋太宗在高梁河之战逃亡途中,就预料到辽国一定会兴兵报复,所以他在回京途中就预先做了部署安排。七月十三日,也就是离高梁河战役不到一周,宋太宗带着溃败的军队到达定州之后,对随征的将领说:辽军一定会来进犯边境的。为此,他安排随征的将士分别在定州、镇州、关南三个战略要冲驻扎:命殿前都虞候崔翰及定武节度使孟玄喆屯定州,云州观察使刘延翰、彰德节度使李汉琼屯镇州,河阳节度使崔彦进等屯关

契丹必来寇边。——《续资治通鉴长编》卷二十

南。并对即将到来的战争做了部署：一旦辽军入侵，三处驻兵要联合、设伏、夹击，一定能大获全胜。这是对宋辽国境东线的部署。宋太宗回京后不久，又安排潘美为河东三交口（今山西太原市北部）都部署，防备辽军从山西北部南下。这样，大宋与辽国的边境线上，从西往东，都安排了将领屯守，时刻准备抵御辽国的报复。

辽景宗在九月三日发布命令说要南伐宋国，但直到九月中下旬后，辽国的主力军队才正式从幽州出发南下，经过易州，向宋方的满城挺进，其战略意图是先攻占满城，然后南下，占领军事重镇镇州。

据当今学者估算，这次辽国南下的兵力总数约有十万，所以《续资治通鉴长编》（卷二十）中说"契丹大入侵"，而宋朝方面出动的兵力与之大致相当曾瑞龙《经略幽燕》第六章（香港中文大学出版社2003年版）。

因为已经提前做了准备，所以辽国出兵不久，宋朝方面就得知了辽国的军事动向，立刻开始行动。

宋军主力部队：宋镇州都钤辖刘延翰（《宋史》中作刘延翰）首先率军北上，急行二百余里，抢先到达徐河，列阵布防。徐河在定州的北方，但刘延翰比驻军定州的大将崔翰来得还要早。屯守定州的崔翰和屯守镇州的李汉琼随后赶到。这部分军队总计八万余人，是抵御辽国的主力部队。

宋军侧翼部队：与此同时，屯守关南的崔彦进并没有加入正面战场,而是带领所部,沿着徐水县北,向西北方面秘密前进,绕过长城口(今徐水区北,古燕赵长城分界处),到达辽军的侧后,由此形成对辽军的夹击之势。

从幽州城到满城,也就三百余里,按照正常的速度,辽军一两天就能到达。但是,不知出于什么考虑,直到十月十八日,辽军才开始向宋军展开攻势。地点就在满城北面的徐河。徐河虽不是重要战略屏障,但对于以骑兵为主体的辽军,仍有限制作用。

《续资治通鉴长编》(卷二十)中对满城之战具体过程的记载非常简约,用了五个字:"三战,大破之。"如果这个"三战",不是约数的话,那么是哪三战呢?

第一战,争夺桥梁。

> 从刘廷翰战徐河,以夺桥功迁本军都虞候。——《宋史·丁罕传》

《续资治通鉴长编》中没有记载,但《宋史》中的传记部分有相关记录。《宋史》中记载,在这场桥梁争夺战中,大宋将领丁罕,因为争夺桥梁有功,战后被提拔为本军都虞候。由此来看,宋军在争夺桥梁时占了上风。

第二战,双方对峙。

对于此战之地点有两种推测。一种认为宋军出于战术的考虑,主动放弃桥梁,辽军渡过徐河,到达满城之西。宋军与渡过徐河进至满城的辽军继续鏖战,并最终抵挡住了辽军的强大攻势,形成对峙局面。王晓波《宋辽另一种可能是宋军渡过徐河，两军展开激战，并形成对峙局面。从《辽史·韩匡嗣传》"军于满城"四字和《辽史·耶律休哥传》"休哥率本部兵从匡嗣等战于满城"等句看，辽军渡过徐河与宋军在满城决战的可能性较大。

第三战，决战破敌。

结果是"大破之"，辽军崩溃，纷纷逃亡。

战果：宋军追至遂城，斩首一万余级，俘虏三万余人，生擒酋长三人；缴获马一千余匹，还有大量兵器、车帐、羊畜。

从宋方文献对满城之战的记载来看，宋军似乎占了很大的优势，这一战好像不费吹灰之力就打赢了，但是仔细想想双方投入的兵力数量大致相当，辽军又一向以善战著称，怎么会出现全面崩溃的局面呢？

战场忽悠很给力

从辽国的文献记载中可以看到一点端倪。

《辽史》中记载，满城之战中宋军用了诈降的计策。就在辽宋双方即将决战之际，宋军突然派人前来请降。辽国主将韩匡嗣信以为真，于是放松警惕，全军松懈，结果宋军突然杀来，因此全面崩溃。不过，宋朝的文献未曾提及宋军诈降之事，是不是辽国在为自己的大溃败寻找借口呢？

显然不是。《辽史》里面关于满城之战中宋军诈降的记载至少有两处。

一处见于《韩匡嗣传》。韩匡嗣是辽国此次南征的主帅,他的传记中是这样记载满城之战的:

辽军在满城驻扎,正要布阵与宋军决战的时候,宋军派人请降。可以想象,首次作为主帅的韩匡嗣大喜过望,想也不想,就要接纳宋人的请求。耶律休哥却说:宋军士气正旺,怎么会请降呢?我怀疑这是宋军在骗我们,请马上整顿士卒,准备抵御。韩匡嗣没有听从休哥的意见。果然不一会儿,宋军忽然擂鼓进攻,呐喊声震天动地,动作非常迅速,辽军猝不及防,只能慌忙逃窜。逃亡途中,又遇到崔彦进的埋伏,韩匡嗣扔掉旗帜、战鼓,勉强逃脱。

军于满城,方阵,宋人请降。匡嗣欲纳之,休哥曰:"彼军气甚锐,疑诱我也。可整顿士卒以御。"匡嗣不听。俄而宋军鼓噪薄我,众蹙践,尘起涨天。匡嗣仓卒谕诸将,无当其锋。众既奔,遇伏兵扼要路,匡嗣弃旗鼓遁,其众走易州山;独休哥收所弃兵械,全军还。
——《辽史·韩匡嗣传》

另一处记载见于《耶律休哥传》。耶律休哥就是在高梁河战役追击宋太宗的辽国名将。他的传记中,对满城之战是如此记载的:

耶律休哥率所部跟从韩匡嗣等在满城与宋军展开大战,第二天再次交战之时,宋军派人请降,韩匡嗣相信了。耶律休哥说:宋军严整而且气势正旺,一定不会向我们屈服,哪像是投降呢?这分明是在诱骗我们,我军应该立刻严阵以待。韩匡嗣不听。耶律休哥登高南望,果然见到宋军疾驰而至,主帅韩匡嗣慌忙之中不知所为，只能逃遁，因此，满城之战遭遇败绩。

《辽史》中两处对满城之战中宋军诈降的记载没有什么自相矛盾之处，几乎没什么差别，这件事情的可信度较大。但是，为什么宋朝的文献中不记载呢？

宋朝史料中没有提及此事不足为奇，因为投降一事，不管是真是假，都不是多么光彩的事情，而且这个计策是谁提出的，没有任何记载，无法归入某一人的传记，当然也不会写在太宗的本纪中。

认真阅读《辽史》这两处记载会发现，宋军请降的时机是在两军大战即将展开之前、双方布阵的时候。《辽史·韩匡嗣传》中"方阵，宋人请降"六个字说得非常清楚。双方布阵的时候宋军请降，这绝不仅仅是一种战术，真实目的是争取布阵的时间。布阵需要很长时间吗？当然不是，但在还没有想好如何布阵的时候，可能就需要一些时间。厮杀即将展开，宋军还没定下如何布阵吗？

早就定好了，而且在几个月前就定好了。谁这么牛，提前几个月就能为还没发生的战争排好阵？大宋太宗皇帝。

宋太宗老早就将对付辽军入侵的阵图交付给各位将领，并命令作战的时候按此阵图排为八阵，抵御辽军。但是，在宋辽双方大战之前，大宋方面，

> 休哥率本部兵从匡嗣等战于满城。翌日将复战，宋人请降，匡嗣信之。休哥曰："彼众整而锐，必不肯屈，乃诱我耳。宜严兵以待。"匡嗣不听。休哥引兵凭高而视，须臾南兵大至，鼓噪疾驰。匡嗣仓卒不知所为，士卒弃旗鼓而走，遂败绩。——《辽史·耶律休哥传》

不管是将领还是士卒，对这个阵形都产生怀疑与不满。为什么会这样呢？史书这样说，阵与阵之间距离一百步，士卒面带质疑，心存畏惧，没有半点斗志。古代一步等于五尺，一百步就是五百尺，也就是说阵与阵之间相隔至少一百五十米。当时，宋方正面部队估计有八万人，分成八个阵，每个阵约有一万人。阵与阵之间的距离过大，不能互相救援，很容易被辽国军队分割，各个击破。这个道理，任何人都明白，所以士卒被命令按照这个阵形布阵，只有等死的心了。右龙武将军赵延进登高远望，因为辽国在这次战争中投入的兵力实在不少，约有十万人马，所以赵延进看到的景象是辽军声势浩大，一望无际。于是，赵延进对正在组织布阵的崔翰等人说：圣上将守边大事委托给我们，是希望吾等克敌制胜罢了。如今敌寇骑兵气势如此兴盛，我军却像星星一样到处分散，这样一来双方力量对比悬殊，他们倘若一齐压上，我们怎么能取胜呢？不如我们将分散的兵力联合起来，与辽军决胜。违背了圣上的指令，但取得了胜利，难道比不上兵败辱国吗？崔翰等人都明白这个道理，但心存疑忌，说：万一不能取胜，那怎么办？赵延进说：倘若战败，我赵延进一人承担罪责。崔翰等人仍为擅自改变诏令圣旨而犹疑不决，镇州监军李继隆

上以阵图授诸将，俾分为八阵。大军次满城，敌骑坌至，右龙武将军赵延进乘高望之，东西亘野，不见其尾，翰等方按图布阵，阵相去百步，士众疑惧，略无斗志。——《续资治通鉴长编》卷二十

主上委吾等边事，盖期于克敌耳，今敌骑若此，而我师星布，其势悬绝，彼若乘我，将何以济，不如合而击之，可以决胜，违令而获利，不犹愈于辱国乎？——《续资治通鉴长编》卷二十

说道：用兵贵在根据现场情况及时作出变化，怎么能够预先决定！违背圣旨的罪名，让我李继隆独自来承担吧。就这样，崔翰等人才拿定主意。但是变阵也需要时间，所以才有宋军诈降之事，主要目的应该是为变阵争取时间，没想到毫无经验的韩匡嗣竟然信以为真，正沾沾自喜呢。这里宋军已经改成前后相互配合的两个阵营，宋军信心马上就恢复了，接下来就是打胜仗了。

所以说，宋方的诈降很可能是不得已的办法，是为改变阵形争取一点时间，没打算能够真的骗到对方，阴差阳错，竟然收到了奇效。

顺便提一下辽军的西线，在东线溃败以后，作为侧翼的西线也接着退兵了。

真正值得玩味的是大战一触即发之际，宋军将领仍在为阵形的变与不变争论不休，似乎宋军没有一个统一的最高指挥将领。到底这场大战中的宋军有没有前敌总指挥呢？如果有，谁是满城之战宋军的最高指挥官呢？

谁指挥枪：不在场的在场

有些宋史研究学者认为，宋军在高梁河战败后就已经做好了抵御辽军南犯的准备，宋太宗在

> 翰等曰："万一不捷，则若之何？"延进曰："倘有丧败，延进独当其责。"翰等犹以擅改诏旨为疑。镇州监军、六宅使李继隆曰："兵贵适变，安可以预料为定！违诏之罪，继隆请独当之。"翰等意始决。于是分为二阵，前后相副，士众皆喜。三战，大破之。敌众崩溃，悉走西山，投坑谷中，死者不可胜计。——《续资治通鉴长编》卷二十

边境要地置将屯兵,并任命了一个统一指挥官——都钤辖刘延翰。这个指挥官的设置大有文章。宋太宗在军事上虽说糊涂,但还不傻,知道统一指挥权的重要性,但他又不敢让威望高、资历深的大将来做。他留下的各路屯军将领中,孟玄喆、崔彦进、李汉琼都是节度使,崔翰是殿前都虞候,地位也与节度使基本相当,而刘延翰是观察使,比节度使要低一级。这就是宋太宗的"用心良苦"之处,故意在诸将中找个官阶最低的做总指挥,以平衡其他将领的影响力。

这个分析似乎很有道理,但是从决战一触即发之际,宋军将领仍然在为要不要变阵争论不休的事情来看,似乎宋军并没有设置一个统一的指挥官。《续资治通鉴长编》在叙述这一事件时,较多地提到"翰等",李焘说的"翰等",也是笼统言之,但李焘似乎有点疏忽,因为此前提到的名字中带"翰"的有两个人:刘延翰、崔翰。这个"翰"是指哪一个人呢?李焘提到的这个名字中带"翰"的人就是满城之战的统一指挥官吗?

看来还是需要分析一下。

第一种可能,崔翰是统一指挥官。这种推测有以下三点来支撑。

一是崔翰深受宋太宗赏识。当初宋军平定河东以后,宋太宗下令接着征伐幽燕,诸将都以沉默表示不满与反对的时候,唯有崔翰立场坚定地站在了太宗皇帝一边,并发表了一通"乘此破竹之势,取之甚易"的豪言壮语,说得太宗皇帝龙颜"大悦",因此坚定了征伐幽燕的信心。在高梁河战役溃败以后,宋军狼奔豕突,南向而溃,逃跑的劲头势不可当。宋太宗令崔翰带领侍卫千人前往制止这种混乱丢人的场面。崔翰并没带军队，而是只身单骑前往，追上逃亡的士卒，并没有斩杀一人，只发表了一通演说，士卒安定。回来复命，宋太宗"甚嘉之"。崔翰深得宋太宗赏识，而且有相当的能力，所以宋太宗有可能让其担当抗辽主帅。

二是宋太宗从定州回京时，安排崔翰屯守定州，并允许可以不用请示，自主行动。

三是在满城之战开打之前，"翰等"正在按照宋太宗授予的阵图布阵，如果这个"翰等"是指崔翰，那崔翰似乎是主帅。

不过，同时也可以找到反证。

一是负责排阵的不一定就是主帅。宋初军中，有专门负责排阵的人员，叫"排阵使"。

二是太宗离开定州回京时，授予"便宜从事"的将领不止一个，崔翰之外，还有与崔翰同在定州驻守的孟玄喆、在镇州驻守的李汉琼、在关南驻守的崔彦进。这些人都被授予不用向皇帝请示自主行动的权力。单是在定州方面，崔翰和孟玄喆都有这种权力，他们两个，到底谁指挥谁，好像都很成问题。

三是《宋史·太宗本纪》中提到满城之战时，记载"刘廷翰（即《续资治通鉴长编》中的刘延翰）及契丹战于遂城西"，战绩卓越云云，根本就没有提及崔翰。

所以说，崔翰是满城之战总指挥官的可能性

> 上令殿前都虞候崔翰将卫兵千余人止之，翰请单骑径往。至则谕以方略，众遂定，反命，不戮一人，上甚嘉之。——《续资治通鉴长编》卷二十

不大。

第二种可能，刘延翰是统一指挥官。这种推测基于以下两点依据。

一是如上所引，《宋史·太宗本纪》中记载满城之战时只提及刘延翰，将满城之战的战绩归功于他。

二是刘延翰此战之后，被提升为大同军节度使、殿前都虞候，提升原因是其战功卓著。《宋史·刘延翰传》

但是，此种依据也经不住推敲。

一是《宋史·太宗本纪》中仅提及刘延翰，刘延翰本传里记载他因战功提升。但是，刘延翰因功升职与他是否为满城之战的总指挥没有什么必然的逻辑联系。

二是刘延翰当时职务是镇州都钤辖，他能够节制的或许仅有镇州钤辖李汉琼。对定州驻军、关南驻军，应当没有节制的权力。

三是太宗皇帝离开定州授予"便宜从事"的几员将领中，并没有刘延翰，这似乎暗示，刘延翰的权力还不及另外几个。

四是即使在镇州辖区内，刘延翰的官阶只不过是云州观察使，李汉琼的官阶是彰德节度使，李汉琼还有"便宜从事"的特权，所以说，即使在镇州辖区内，谁管辖谁，还很难说。

总之，驻守定州的崔翰、驻守镇州的刘延翰，他们二人即使在自己的辖区内，是不是老大还不能肯定，更没有足够的证据能确切证明他们二人中的某一个就是满城之战的总指挥。同时，也没有其他证据能够说明，除了这两个人之外，其他将领充当了这次战争的总指挥。一句话，满城会战之前，宋军内部的指挥隶属关系很不明朗。也正是因为这种不明朗的隶属关系，在决战即将爆发之际，宋军几个将领仍然为要不要变阵而争论不休，若不是镇州监军李继隆的"兵贵适变"以及愿意承当罪责的话，恐怕宋将还要争论下去，那样的话，战争的结果或许又是另外一个样子。因此，李焘《续资治通鉴长编》提到的"翰等"只是崔翰、刘延翰及其他诸位前线高级将领的概称。

既然宋军在场的各位将领都不是满城之战的总指挥，那总指挥是谁呢？

身在开封的宋太宗。

太宗皇帝亲自带兵平定北汉，接着征伐幽州，没承想高梁河战败，战败之后的宋太宗，心有余悸，从此再没有亲临前线，这意味着"天子自将"的时代不复存在。按理说，在太宗皇帝不敢亲临前线指挥作战以后，他应该任命一个战区或战役总指挥，来负责统筹军事行动。但是，他并没有这么做。在离开定州回京之时，他虽然对即将到来的战争做了部署安排，让崔翰、孟玄喆屯守定州，刘延翰、李汉琼屯守镇州，崔彦进屯守关南，但并没有明确这五位高级将领之间的隶属关系，也就是说宋太宗并没有安排一个北方战区的老大。宋太宗这样做，是有意为之。这样做的效果不言而喻，即他本人仍留在最高指挥官的位置上。正因为如此，他才会在离开定州之时，对如何作战加以安排，才会提前画好阵图授予将领，要求按图布阵作战。简而言之，皇帝回京了，指挥体制没有回去，还是保留着皇帝亲征的战略模式，是不在场的在场。

战场形势千变万化，如果没有一个战区总指挥负责统一指挥，一切按照自己数月前画的阵图作战，如果战场形势不像自己估计的那样，岂不要被动挨打了吗？这个道理再简单不过了。宋太宗难道不明白这样做的后果吗？他为什么要这么做呢？

人可以不在，权力不能不在

第一，加强对武将的控御。

太宗皇帝在军事方面虽然不是内行，但对武将的重要性以及潜在的威胁是深有认识的。即使他没有亲自参与陈桥兵变，但对其中的猫腻应该是清楚了解的，武将坐大了，那是很危险的。再者，高梁河兵败之后，出现了个别将领谋立赵德昭的事件，进一步提醒他要对武人时刻保持警惕之心。如何避免武人坐大的现象？只有使其互不隶属，最好还要相互牵制。基于这样一种心态，他对北方战区的安排就很耐人寻味了。不妨再分析一下。镇州方面，以云州观察使刘延翰为都钤辖，彰德节度使李汉琼为钤辖，刘延翰多一个"都"字，但李汉琼官阶更高，还有"便宜从事"的特权，所以二人之间事实上互不隶属，反而能互相制衡。定州方面，崔翰为殿前都虞候，孟玄喆为定武节度使，两人级别差不多，但都被赋予了"便宜从事"的特权，所以也能起到互相制衡的效果。而且，崔翰深受太宗赏识，是殿前都虞候，孟玄喆则是后蜀孟昶之子，他面对炙手可热的崔翰，做事恐怕只能谨小慎微了。

总之，只要不安排一个最高将领，就不会出现一人坐大的局面；只要让他们互不隶属，又相互节制，就不会形成事实上的一人坐大的局面。这是太宗皇帝的御将之道。

第二，加强对战争的干预，强化自己的权力。

太宗皇帝对战争的干预具体体现为两个层次。

一是战略干预，即"会兵设伏夹击"的作战思路。"会兵"即要求镇州、定州两处的驻兵会聚在一起，这叫集中优势兵力打击敌人。"设伏夹击"即关南的驻军迂回到敌人侧后方，联合打击。从满城之战的实际效果来看，宋太宗的这个战略构想是成功的。问题的关键不在于战略安排是否成功，而在于这个战略构想是谁提出来的。太宗皇帝首先从比较高的层面上加强了对战争的干预。

二是战术干预，也就是事先授予作战"阵图"，要求按图布阵。宋太宗作为名副其实的最高军事指挥，其主要职责在于确立战略构想、分配战争任务，而对具体的战术不应该做出具体的干涉。否则，一旦将领根据战场不断变化的情况做出应变，就成了违反命令、抗旨不遵。宋将在战前的争论其实正是出于这种考虑。事实上，满城之战最终并没有按照太宗的阵图布阵，这也是此战能够胜利的重要原因。不过，这是太宗皇帝通过阵图加强对战争、将领干预的开始。

最后再简单说说满城之战宋军胜利的原因。主要有四点：

一是准备充分。宋太宗在高粱河战役之后立刻做了部署，预料会有战事发生，积极防御，已经做了比较充分的准备。

二是宋军将领听话。宋太宗会兵设伏战略部署正确，这一整体构想是宋军胜利的一个重要前提。宋军将领忠实执行了这一战备部署，保证了战争的胜利。

三是宋军将领不听话。这主要体现在他们根据辽军实际情况及时调整阵形，放弃太宗的预制阵图，这叫战术灵活。当然，战争胜利了，太宗皇帝并没有追究此事。

四是辽军的主帅脑残。这是一个非常偶然的因素。辽国这次任用了一个没有战争经验、缺乏军事才干的韩匡嗣做主帅，这在一定程度上帮助宋军赢得了最后的胜利。

辽国这次军事行动的目的是报复宋太宗对幽燕地区的征伐，结果弄了个灰头土脸，报复不成还损兵折将。辽景宗能甘心接受这种结果吗？他会不会再次出兵南下呢？

西有战事线 〈十七〉

宋太宗亲征幽燕,对辽国发起的主动征伐,以高粱河惨败而告终,并由此引来了辽国的军事报复。太平兴国四年(979)十月,在高粱河战役之后的第三个月,辽国以十万兵马分路南下。辽国的主力部队在满城一带,遭遇大宋军队有准备的夹击,损伤重大,溃败而回。气势汹汹的辽军是为报复大宋幽州之围而南下的,结果把高粱河之战赢得的那点彩头也给嘚瑟没了,辽景宗岂能甘心!于是,在第二年的三月,辽景宗又一次发兵南下。辽国这次的军事报复目标是哪里呢?宋军还能抵挡住辽国的兵马吗?

东边不亮西边亮

辽乾亨二年（太平兴国五年，980）三月，不甘心满城之战溃败的辽景宗，发动其西京大同府（今山西大同市）军队又一次南侵，十万大军，兵叩雁门关。辽国这次的南下路线，并没有选择东线，而是选择了西线。这是为什么呢？

第一，宋朝在东线驻扎了大批军队。

宋太宗在高梁河战败后，早就预料到辽国会以牙还牙，会发起报复性军事进攻，所以，他在回京途中，将大批征伐军队留在了镇州、定州、关南等地，这批军队加上原先的驻军，其具体数字虽然不详，但绝对不会是个小数目。根据当代宋史研究专家的估计，宋军参与满城之战的兵力在十万左右。据此可知，宋军的主力部队驻扎在宋辽边境的东线。比较而言，驻扎在西线的宋军相对少些，有五万人左右，所以辽国在第一次报复进攻失败以后，在第二次发兵南下的时候，选择了西线。

第二，满城之战，东线宋军大获全胜，气势正旺。

刚刚结束的满城之战，宋军斩获辽军一万多人，让辽军损兵折将。兵法上讲究避其锋芒，击其侧翼，所以辽军并没有接着从东线南下。满城之战时，辽国是同时派遣两路人马南下的，在东路军溃败的时候，西路军也受到宋军的打击。辽国的西路军本来就是一支侧翼辅助部队，不是主力，所以，虽然也以失败撤军，但损失并不是很大。据《续资治通鉴长编》记载，宋军当时在西线斩杀俘获辽军也就百余人。所以，辽军西线基本没受到重创。

辽军选择从西线南下，是不是就意味着西线更有利于辽军呢？

事实并非如此。对辽军而言，西线战场也存在不利因素。

第一，山西的地形不利于辽军进行大规模军事行动。

辽军是以骑兵为主，骑兵适合在平原旷野地区作战，相反，在地形复杂、高低不平的区域，作战能力会大打折扣。山西北部山脉众多，地形复杂，自然不适合骑兵，尤其是大规模骑兵的军事行动。

第二，山西众多的关口易守难攻。

山西北部众多的山脉形成了许多天然的关口，这些关口便于防守。宋辽两国以雁门山为界，雁门山有两大关口——西陉关、东陉关，守住这两个关口，就能将辽国军队拒之于雁门之外。这次辽军南下的路径选择在西陉关，西陉关就是常说的雁门关。雁门关两侧是高山，只有中间一条通道，素有"一夫当关，万夫莫开"之势。狭窄的通道不利于骑兵一字形进攻，两侧的高山又是设伏的绝佳之处，非常适合伏击。

既然西线也不利于辽军，辽国为什么还会从此南下呢？

> 斩首四五级……并生擒六十人以献。——《续资治通鉴长编》卷二十

第一，避实击虚。辽军在东线刚刚打了败仗，而且是大败；西线尽管也没取得成功，但损失较小，而且宋朝西线驻军较少，辽国有可能是基于此种考虑才选择从西线南下的。实际上，宋朝之所以在西线驻军相对较少，正是因为这里山川险要，暂不需要更大规模的驻兵。

第二，调虎离山。辽国此次避开最佳南下路线——河北，而转向河东，鼓噪如此大的声势，很有可能是虚张声势，借以分散宋朝东线驻军，想让驻守河北的军队分散到河东，为其从幽州南下减轻压力。从长远来看，从河北南下毕竟是辽国攻击宋朝的最佳路线。如果能够借助西线出兵诱使宋军主力西进，对辽军主力南下不无益处。

第三，恢复北汉故地。辽国出头，想为其彭城郡主刘继文（刘崇的嫡孙）恢复北汉故地。辽国从此南下，或许也有此意图。当然，这也许只是个想法，只是想想而已。

但是，辽国此次选择从西路南下，他们忽略了一个非常难惹的人；不过，这次南下以后，他们会永远记住这个人的，之后见到这个人就躲得远远的。那么，这个人是谁呢？为什么他会有如此大的威力？

先说说杨业

这个人是大宋知代州（今山西代县）兼三交口驻泊兵马部署杨业。

说起杨业，在民间几乎无人不知，杨家将的故事更是家喻户晓。

杨业就是杨家将中杨令公的原型，杨家将的英雄传奇故事在民间以演义、话本、戏曲、影视剧等多种方式传颂，杨家将满门忠烈的故事遂广泛传播。大众传播的力量是很强大的，杨业是民间传说的杨家将的主角，是一代名将，千载之下，其英雄事迹犹为人津津乐道。当然，这只是戏剧、文学、影视中的杨业，与历史中真实的杨业还有差异。小说、戏剧、影视，旨在教化人伦，提倡忠孝节义，甚至纯为娱乐，因此可以借题发挥，甚或无中生有，以致强作神话，脱离史实，自圆其说。这些自然与正史记载不同。那么，历史上的杨业是怎样的一个人呢？

今天谈到杨家将，说起杨业，理所当然地视其为大宋抗辽的英雄。事实上，杨业一生大部分时间都不是在为大宋效力，而是与大宋对抗，是北汉一名不可多得的将领。随着北汉的消亡，他才成为大宋的著名边将。

他入宋后的简历应该这样填写：

姓名：杨业。

曾用名：杨重贵、刘继业。

杨重贵、刘继业、杨业，一个人怎么用这么多名字呢？杨业的三次改名，基本能反映他一生的重要转折。下面按照这三次改名，来梳理一下他的主要经历及重大转折。

第一个名字叫杨重贵。杨重贵是麟州（今陕西神木市）人。史书上讲，杨重贵年轻时可谓少年倜傥，好行侠仗义，见义勇为，最拿手的本领是骑马射箭，喜欢打猎，而且每次所获猎物比别人多得多。他曾经很自豪地对伙伴说：以后我若成为将军，带兵打仗，也就像用鹰犬追逮野鸡、野兔罢了。言外之意则是他杨重贵带兵打仗也是把好手，小菜一碟。这说明杨业从小就很有本事，有一身好本领，对此也颇为自负。

他的第二个名字是刘继业。改个名不算啥，但这次怎么连姓也改了呢？

《续资治通鉴长编》中这样解释刘继业名字的来历。说杨重贵很小的时候就跟在北汉世祖刘崇身边，所以，刘崇赐其姓刘，改名继业。《续资治通鉴长编》中对此说得很模糊，刘继业为什么从很小的时候就追随刘崇呢？刘崇为什么又赐其姓名呢？一些历史学者对此进行了研究。刘崇是谁？刘崇是北汉的创立者，他称帝之前，也就是五代后汉的时候，担任河东节度使。前文我们不止一次地说过，河东这个地方是一个战略要地，不少政权的开创者都是从这里起家的。后汉是刘家的天下，所以将这个敏感要地让刘崇来控制。刘崇在这里势力渐大，甚至对中央政权都不以为然，当然他并没有反。杨业的父亲叫杨信（一作杨弘信），他当时在麟州工作，麟州属河东管辖，也就是说受刘崇的直接领导。五代那个时期社会很乱，一夜之间黄袍加身也不是什么稀奇的事情。杨信在刘崇手下效力，为了表示自己的忠顺，就把自己的儿子杨重贵送到太原作为人质，这就是史书中经常提到的所谓"质子"，所以杨重贵就到了刘崇身边，此时的他也就十四五岁。后来，郭威代汉建周，刘家的天下没了，刘崇恼怒，在太原自立，是为北汉，后周与北汉因此成为世仇。杨重贵的父亲杨信也背汉事周，杨重贵也就回不到他父亲那里去了。不过，刘崇待杨重贵还算不错，并没有因为他父亲杨信投靠后周就加害于他。相反，因为刘崇的次子刘钧无子，刘崇于是令其将杨重贵收为养子，所以就改名刘继业了。余嘉锡《杨家将故事考信录》，李裕民《杨家将史事新考》刘崇将其纳入自己的孙辈，既有笼络之意，也有赏识之心，刘继业也因此成了北汉王室成员之一。这是杨业第二个名字的来历。

从现有的史料来看，杨业一生大部分时间生活在北汉，历刘崇、刘钧、刘继元三朝，是北汉的一名得力干将，一直与后周、大宋对抗，是后周、大宋的强劲对手。后周世宗、大宋太祖几次北伐太原都未成功，原因固然很多，但刘继业的存在也的确是一个非常重要的因素。

从赵匡胤建立大宋王朝的建隆元年(960)算起，到宋太宗太平兴国四年(979)平定北汉，差不多有二十年的时间，也就是说，杨业与大宋对抗了接近二十年。对于这个负隅顽抗的北汉名将，宋太宗在平定北汉后会做出怎样的处理呢？是不是要斩之而后快呢？

并非如此。这就是众所熟知的杨业这第三个名字的来历，这个名字是宋太宗下令改的。

太平兴国四年，宋太宗亲征，经过几个月的围城，北汉主刘继元无奈投降。但是，北汉的最高领导刘继元投降了，刘继业仍带领军队负隅顽抗。史书上这样记载，宋太宗久闻其名，深知其勇猛无敌，所谓"千军易得，一将难求"，太宗皇帝不想让刘继业战死，想收在麾下，为己所用。于是令身边的人去告诉刘继元，让他这个领导帮助劝降。作为亡国之君，刘继元很听话，立刻派遣亲信前往，将主上之意告知。刘继业知道大势已去，向北面拜了两拜，放声痛哭，然后卸下盔甲，去觐见太宗皇帝。宋太宗当然高兴，言谈之间如和风细雨，一番安慰，又令其恢复原先的姓杨姓，单名一个业字。这就是杨业名字的由来。后人对杨业很熟悉，对他之前的两个名字反倒不是很了解了。

刘继业与大宋对抗近二十年，在北汉主投降之后，仍然负隅顽抗。对于这样一个顽抗到底的悍将，太宗皇帝为什么不追究他的罪责，反而将其招降，并委以重任呢？

第一，有才。

宋太宗手下的战将固然不少，但大多有勇无谋，临阵杀敌有余，运筹帷幄不足，像杨业这样智勇双全的大将确实比较罕见，宋太宗正需要杨业这样的将领来捍卫边境，抵御外敌。这是宋太宗不杀杨业的第一个因素。这个事件还说明，不管世事如何变迁，只要有才就有机会。

第二，忠诚。

宋太宗不是曹操，曹操的用人标准是：不忠不孝不要紧，只要有才便可以。宋太宗看中的不仅仅是杨业的才干，更为赏识的是杨业的赤胆忠心。杨业的忠心体现

> 及继元降，继业犹据城苦战。上素知其勇，欲生致之，令中使谕继元俾招继业。继元遣所亲信往，继业乃北面再拜，大恸，释甲来见。上喜，慰抚之甚厚，复姓杨氏，止名业，寻授左领军卫大将军。——《续资治通鉴长编》卷二十

在哪里呢？对抗大宋。但是，《宋史》杨业的传记中却记载，宋太宗平日里就听说过杨业的威名，征伐北汉时，曾悬赏生擒杨业。随着北伐的深入，太原城成为一座孤城，岌岌可危，杨业因此劝说刘继元投降，以保全太原民众，保全太原城。所以，刘继元投降后，宋太宗派人召见杨业，非常高兴，授予他一个环卫官先做着。

按照《宋史》的说法，杨业是因为劝降北汉主，才得到宋太宗的赏赐的。这很可能不符合事实，《续资治通鉴长编》的作者李焘也不认同这种说法。事实上，在刘继元投降以后，杨业仍据城苦战。这才是宋太宗最为赏识的。也就是说，杨业抗击大宋愈是激烈，愈说明他对北汉忠心，对刘继元忠心，宋太宗也就愈舍不得杀他，招降杨业的心情也就愈迫切。而且，招用杨业这样的将领，在一定程度上也能彰显大宋皇帝的帝王气度，他何乐而不为呢！

正是由于这些方面的因素，抵抗大宋王朝近二十年的杨业不但没有被问罪追责，反而得到了宋太宗的赏识，先授环卫官，接着又授予郑州防御使。不久，因为杨业对边疆军务轻车熟路，对辽国军情了如指掌，宋太宗又命杨业为知代州兼三交口驻泊兵马部署。这相当于大宋河东防务副司令的职务，他的直接上司是潘美，两人共同担负起宋辽边疆西线的防务。

杨业在上任河东防务副司令的短短一个月时间内，

> 太宗征太原，素闻其名，尝购求之，既而孤垒甚危，业劝其主继元降，以保生聚。继元既降，帝遣中使召见业，大喜，以为右领军卫大将军。——《宋史·杨业传》

> 上以郑州防御使杨业老于边事，洞晓敌情，癸巳，命业知代州兼三交驻泊兵马部署。——《续资治通鉴长编》卷二十

带领士卒,在宋辽西线边境一带修建山寨,进一步完善了边境的防御设施。就在这个时候,辽国号称十万大军,意欲从宋辽边境西线南下。负责这一区域防务的杨业、潘美能够抵御这十万大军吗?

背后捅刀子这一手很厉害

辽国这次南下的路径选在雁门关。

雁门关在雁门山上。雁门山得名最通行的一种说法是,雁门山因为两山东西对峙,而且山太高,大雁南来北往飞不过去,只能从两山之间像门一样的关隘飞过,因此得名雁门。

雄踞雁门山之上的雁门关,是塞北高原通向华北的一条重要通道,它与西面的宁武关、偏关,合称"外三关"。看过金庸小说、影视剧《天龙八部》的人都知道,故事以宋哲宗时期为历史背景,以乔峰(萧峰)的父母在雁门关被中原群豪误杀开始,以乔峰在雁门关悬崖自尽结束。乔峰身为契丹人,被汉人收养,其双重身份归属决定了故事少不了宋辽边境的要塞雁门关,金庸以此为框架构建了一幅波澜壮阔的武侠画卷。

在中国历史上,雁门关一直是中原王朝抵御北方游牧民族南下的重要关塞,历来为兵家必争之地。从战国时期的赵武灵王起,历来都将此视为战略要地,因此

> 代山高峻,鸟飞不越,中有一缺,鸿雁往来……因以名焉。——《永乐大典》卷五二〇三

成就了不少名将。

战国时期赵国在此设置雁门郡，修筑长城，命大将李牧常驻以防匈奴。李牧曾在此诱敌深入，大破匈奴十余万骑。秦始皇统一中国后，派遣大将蒙恬率兵三十万，从雁门出塞，北击匈奴，收复了河套地区，将匈奴驱赶至阴山以北。汉高祖刘邦时，匈奴曾从此南下，直驱晋阳，为此，汉高祖刘邦亲率三十万大军，抵达平城（今山西大同市），抗击匈奴（刘邦这次亲征，与宋太宗征伐幽州有类似之处，几乎被俘）。汉武帝时期的卫青、霍去病、李广诸将都曾驰骋在雁门古塞内外，多次大败匈奴，因此青史留名。汉元帝时的王昭君和亲，也是由此出塞。南北朝时期的雁门关，为北庭三关之一。唐代的雁门，胡汉相争，战事连绵，名将薛仁贵曾在此驻守，防备突厥。唐末，沙陀族的李克用攻克雁门关，以此奠定了后唐的基业。到后晋的时候，石敬瑭为取得契丹的支持，割让燕云十六州，从此，雁门山就成为中原王朝与契丹的分界线，成为双方对峙的前沿阵地。

> 后秦灭六国，而始皇帝使蒙恬将十万之众北击胡，悉收河南地。——《史记·匈奴列传》（中华书局2013年修订本）

太平兴国五年（980）三月，辽国大举进犯，兵叩雁门关，他们没有想到，这次南下，又成就了一位抗辽英雄。

《续资治通鉴长编》对宋辽雁门关之战的叙述，是以这一区域最高军事长官潘美的语气转述的。

潘美向朝廷上奏说，他从三交口到代州（今山西代县）巡察的时候，正巧碰上辽国十万大军入侵雁门。于是，他命令杨业带领手下几百名骑兵从小路机动到雁门北口，然后从北向南发起进攻，而潘美则从正面由南向北迎敌。正面进攻的辽军突然被杨业从背后重重地捅了一刀，结果大败。宋军斩杀辽国的节度使、驸马、侍中萧咄李，生擒马步军都指挥使李重诲，另外缴获了大量的马匹、武器。

从《续资治通鉴长编》的记载来看，雁门关大捷的主要功绩当归属于潘美，他不仅是主攻，而且战术得力，是他安排杨业带领骑兵来了一个背后捅刀子，南北夹击，才大获全胜的。潘美是指挥者，是主攻；杨业是潘美手下将领，是辅助。但是，《宋史》中几处记载，显然与《续资治通鉴长编》不同：

《宋史·潘美传》中这样记载：潘美曾经到代州一带巡视，喂饱了马匹，士卒饱食之后，一万辽兵进犯边塞。潘美命令士兵衔枚（古代行军时，士卒口衔用以防止喧哗的器具，形如筷子）快速出击，辽军意料不到，结果溃败。这里丝毫没有提及杨业。

《宋史·杨业传》中则说：辽军入侵雁门，杨业率部下数千骑由小路机动到雁门北口，从后面攻击，辽军溃败。这里又丝毫没有提及潘美。

癸巳，潘美言自三交口巡抚至代州，会敌十万众侵雁门，令杨业领麾下数百骑自西陉出，由小陉至雁门北口南向与美合击之，敌众大败，杀其节度使、驸马、侍中萧咄李，生擒马步军都指挥使李重诲，获铠甲革马甚众。——《续资治通鉴长编》卷二十一

美尝巡抚至代州，既秣马蓐食，俄而辽兵万骑来寇，近塞，美誓众衔枚奋击，大破之。——《宋史·潘美传》

会契丹入雁门，业领麾下数千骑自西陉而出，由小陉至雁门北口，南向背击之，契丹大败。——《宋史·杨业传》

《宋史》的材料主要来自《实录》《国史》等宋朝官方史书，李焘显然也是根据这些材料进行了折中。然而，经过李焘折中后的记录仍然存在一些疑问。

第一，太巧。

《续资治通鉴长编》中说潘美从三交口到代州巡边的时候，"会敌十万众侵雁门"。"会"就是"正巧、正碰上"的意思，所以事件发生得过于巧合。不过，这种偶然性仍然有可能存在。

第二，既然是巡视，不可能带大批军队随行。

《宋史》与《续资治通鉴长编》都说是潘美到代州巡察安抚，是领导到自己的辖区视察。这种情况，也就带着部分随从，不可能带领大批军队，所以潘美所部也不可能成为雁门之战的主力。

第三，从此战后辽军对杨业所部军队的反应看，杨业部队应该是主力。

辽国军队在雁门关之战中吃了大亏，对杨业的部队产生了畏惧心理，以至于从此以后每次远远看见杨业部队的旌旗，就立刻躲开，不战而走，杨业也因此获得了"杨无敌"的称号。从辽国士兵的"后遗症"来看，杨业所部应该是雁门关大捷的主力。

从以上几点推测，雁门关之战的主力是杨业部队，这是一次"以少胜多""攻其不备、出其不意"的杰出战役；而从另外的一些文献推测，潘美所率部分军队应该

> 业自雁门之捷，契丹畏之，每望见业旗即引去。——《续资治通鉴长编》卷二十一

是参与了这次战役的。潘美作为宋军西线最高军事长官，在上奏朝廷的公文中，对辽军兵力适当夸张，强调自己在战役中的指挥作用，突出自己的功绩，也是可以理解的。

雁门关之战，宋军获胜，辽国的第二次军事报复又泡汤了。雁门关之战宋军之所以取得大捷，主要原因有以下四点。

一是地利优势。前面反复讲过，宋辽边境的西线，不利于辽国大规模的军事行动，却非常有利于宋军的防守。

二是主动出击。宋方占据地利优势，却没有一味被动防守。因为宋辽双方投入战斗的兵力相差较大，如果宋方一味被动防守，短时间内可能不会出现问题，时间一长，再难攻的关口也有可能陷落。否则，只有调动援军，加强防守，而这很可能正是辽国的意图。所以，主动出击，迅速解决防守的压力是比较稳妥的办法。

三是出奇制胜。宋辽双方兵力悬殊，如果单纯从

> 五年三月，并、代州潘美言：『契丹十万众寇雁门塞，聚兵分水岭。臣令杨业、董思愿、侯美、郑昭达等率在外军士救应』，与斗，大败之。——《宋会要辑稿》蕃夷一之七

正面进攻,可能难以抵挡,会出现溃败。只有攻其不备、出其不意,才可能让辽军心理受挫,出现混乱。当辽军正准备攻关之时,想不到杨业会从背后捅了重重一刀。遭到背后捅刀子的辽军不清楚宋军有多少人马,只见到杨业部队声势震人,所以不敢抗拒而纷纷逃窜,不攻自败。

四是潘美援助。即使潘美所率巡边的部队不是很多,无疑也会对宋军有心理上的支撑作用。

五是太宗信任。当然,这一切的实现是因为杨业老于边事,洞晓敌情;而宋太宗信任杨业,任用他守边是取得这次大捷的根本前提。雁门关大捷之后,守边的主将忌杨业威名,屡次向宋太宗上书,诽谤杨业。宋太宗封其奏交给杨业,以表示对杨业的信任。这自然也是太宗笼络、控御武将的手段之一。

> 主将戍边者多嫉之,或潜上谤书,斥言其短,上皆不问,封其书付业。——《续资治通鉴长编》卷二十一

太平兴国四年(979)十月至五年三月,在不到半年的时间内,辽国先后两次从东线、西线发起对大宋的军事报复,结果两次均以失败告终。辽军的报复意图未能达成,经历了这两次挫败,会因此罢手吗?

瓦桥关之战

〈六八〉

大宋王朝毫无准备的幽州之围,不但没有得到一寸土地,反而引来辽国一而再、再而三的军事报复。太平兴国四年(979)十月、五年三月,辽国先后两次发兵从宋辽边境的东线、西线南下,然而,事与愿违,满城之战、雁门关之战,辽国均以失败回师。不过,辽国的攻势并没有因为两次南下的挫败而终止。太平兴国五年十月,辽国又一次卷土重来。这一次兵力更多,声势更大,规格更高。辽国的第三次南下,目标选在哪里?对此,大宋王朝的太宗皇帝会做出怎样的应对呢?

辽国：不达目的　誓不罢休

辽国这次南下的主要突破地段定在雄州，也就是瓦桥关。

瓦桥关是雄州的治所，它的地理位置在今天河北雄县西南，在白洋淀之北，拒马河（又作巨马河，大清河的支流）之南。瓦桥关与其东北方向的益津关（今河北霸州市）、淤口关（霸州市东），合称"三关"。单纯从这个称呼上看，就知道这是一个军事要地。

唐朝末年，北部的契丹族兴起之后，不断南下，三关地区就经常战火不断。五代后唐同光二年（924），契丹南侵，曾兵至瓦桥关。后来石敬瑭为了做皇帝，向契丹乞兵，谋求契丹的帮助。为此，他付出的代价是自称"儿皇帝"、割让燕云十六州以及向契丹不断大量进贡。其中，石敬瑭割让的燕云十六州就包括瓦桥关等三关地区。就这样，瓦桥关成了契丹的领地。

后周世宗即位以后，慨然有一统天下之志。他先南后北，在占据了淮南的土地后，于显德六年（959），剑锋北指，亲征辽国。由于汉民归心，周世宗几乎没费多大气力就收复了十六州中的瀛州（今河北河间市）、莫州（今河北任丘市）和三关。正当周世宗集中兵力北伐幽州之时，忽然染病，此次北征也因此终止。周世宗在此建立雄州与霸州，瓦桥关重新回归中原。

宋朝建立以后，宋太祖也是先南后北，对燕云地区采取了暂时搁置的做法。宋太宗平定北汉以后，顺道北伐幽州，结果大败，宋辽双方的领土边界并没有因此发生改变。

太平兴国五年（980）十月，在前两次军事报复失利之后，辽国对大

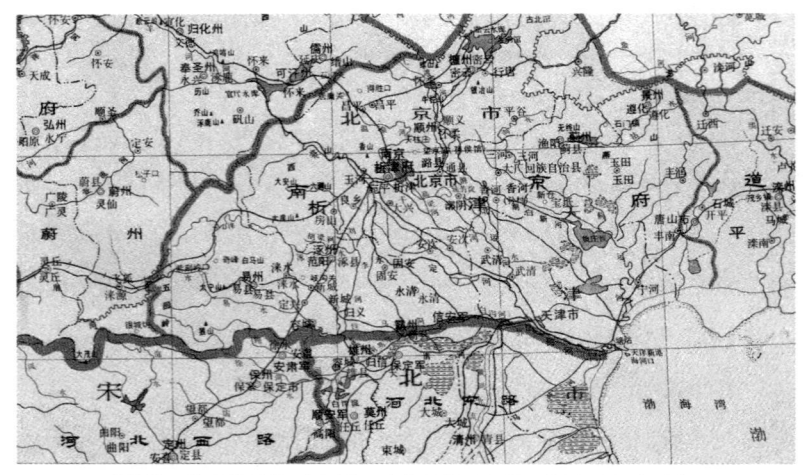

瓦桥关一带宋辽边境示意图（选自谭其骧主编《中国历史地图集》）

宋又发动了第三次军事行动。这次军事行动的突破地段即雄州瓦桥关。辽国为什么"打一枪换一个地方"，这次将目标选在瓦桥关呢？

第一，消除后遗症。

辽国前两次军事行动分别选择在东线的满城、西线的雁门关，结果两次战役均以失败告终。失败的战争给辽军留下了"后遗症"，如雁门关之战后，辽军看到杨业的旌旗就贯彻"打不起躲得起"的策略，不战而躲。在极短的时间之内，如果还在同一个地点进行战争，对战争的走向必然会产生不利影响。所以，辽国的第三次南下，转换新战场，开始尝试第三条路径。

第二，收复故土。

瓦桥关一带曾一度脱离中原，成为契丹的领地，这一切是拜后晋皇帝石敬瑭所赐，时间是后晋天福三年(938)。从这一年开始，瓦桥关正式成为契丹的领土，这种状况一直持续到后周显德六年(959)，周世宗北伐将这一区域收复。也就是说，瓦桥关及其附近的瀛州、莫州至少有二十多年的时间是在辽国的统治之下。从辽国的立场看，这一区域本是石敬瑭的割让地带，这是他们的故土，所以，出兵瓦桥关，是在为收复故土而战。因此，他们选择将雄州作为主要突破地带。

第三，发泄怨愤。

由于后周世宗的北伐，让石敬瑭割让给契丹的燕云十六州实际上变成了十四州。从此开始，直至宋太宗出兵幽州之前，尽管边境小规模的战争摩擦不断，但宋辽双方一直保持着这个领地状况。宋太宗在平定北汉之后，欣喜若狂，仓促决定北伐幽州，意图乘着胜利的气势，一举收复幽燕地区。虽然太宗的此次出征受到重创，没有收复任何土地，但仍在一定程度上刺激了辽国，接着引来了辽国的军事报复。在辽国两次南下被挫败以后，辽景宗一定会更加恼怒。你宋国不是想收复幽州等地吗？我现在就把曾经隶属于辽国的两州一并收回。所以，辽国的第三次南下，将目标定在并不是理想突破地段的瓦桥关。瓦桥关一带河流湖泊密布，地形十分复杂，比满城一带更不利于骑兵作战。从这些方面推测，辽国选择此处作为突破点，很可能含有泄愤的意图。

第四，激励士气。

转换新战场，不但能抹去曾经战败阴影，而且选择在旧日的疆土上作战，皇帝亲自带队，这些因素能起到激励士气的作用，在很大程度上能影响战争的走向。

辽国两次南下失利，按照一般的推测，辽国要么就此收手作罢，要么继续南下。事实上，辽国选择了后者。不过，继续南下如果不进行一些调整，仍像前两次一样，难免会重演满城之战、雁门关之战的溃败。所以，辽国的第三次南下，出现了新的变化：转换新战场是变化之一，再就是提升战争规模。前两次交战是在不同地域展开的，所以这次转换新战场并没有多少新意；这次南侵的主要变化是战争规模的升级，这体现在哪些方面呢？

第一，辽主亲征。

鉴于前两次南侵之败，辽主耶律贤决定亲自出征。辽主亲征，不但能激励士气，而且表明战争规模的升级。

第二，增加兵力。

太平兴国五年（980）十月，辽景宗集结东京（今辽宁辽阳市）、上京（辽国都城，今内蒙古巴林左旗）、中京（今内蒙古宁城县）等多地兵力，前往辽国的南京（即幽州）汇集。相比于前两次的用兵规模，这次辽国发动的兵力翻了一番，估计有二十万。

第三，多次祭祀。

据《辽史》记载，辽国对这次出兵异常重视，在出征之前、出征途中多次进行祭天地、兵神、旗鼓，射鬼箭等祭祀活动。射鬼箭是辽国的军礼，在出征或

> 冬十月辛未朔，命巫者祠天地及兵神。辛巳，将南伐，祭旗鼓。癸未，次南京。丁亥，获敌人，射鬼箭。庚寅，次固安，以青牛白马祭天地。——《辽史·景宗本纪下》

者班师时举行。将间谍、死囚或敌人捆绑在柱子上,然后乱箭射死。这些巫术活动,不光表明辽国对此次出征之重视,更是激励士气的有效方式。

辽主亲征、兵力翻番、多次祭祀,这一切都说明辽国对大宋的第三次南侵提升了级别,大有不达目的决不罢休之意。对此,宋朝方面有没有觉察呢?宋太宗又做了哪些准备呢?

> 出师以死囚,还师以一谍者,植柱缚其上,于所向之方乱射之",矢集如蝟,谓之"射鬼箭"。——《辽史·礼志三》

大宋:起个大早 赶个晚集

据史书记载,宋太宗对辽国将从河北方向进犯的意图,似乎早有觉察。在辽景宗兵马还没全部集结到幽州之前,宋朝方面就已经开始调兵遣将,对即将到来的战争开始部署。

第一,调动五个州的军队前往河北战场。

史书上明确记载宋朝调兵遣将的时间是十月八日,而辽国在十月初一即召集诸将,商讨南下之事,十月十一日集合大军,祭祀完毕后出发。到十三日的时候,才到达幽州。宋朝的文献明确记载,宋朝往河北调兵遣将,是为了应对辽国军队的南下,"备契丹也"《续资治通鉴长编》卷二十一。这说明,宋朝对辽国的军事行动一直特别关注,谍报信息应该还算及时,宋朝也能及时做出应对。

> 冬十月戊寅,命莱州刺史杨重进、沂州刺史毛继美率兵屯关南,亳州刺史蔡玉、济州刺史上党陈廷山屯定州,单州刺史卢汉赟屯镇州。——《续资治通鉴长编》卷二十一

第二，发动民众修治京城开封到雄州的道路及顿舍。

如果说宋太宗将其他地方驻军调到河北一带还算及时，那不知什么原因，直到十九日宋太宗才下诏修治开封到雄州的道路，这是为行军、运输等做准备，却已经远远滞后了。对比一下，就在宋太宗下诏修路的第二天，辽景宗率领的军队已经到达固安（今河北固安县）。固安当时是辽国的区域，但距离辽国这次的进攻目标瓦桥关也不过一百里的路程。

第三，增发京城部分禁军前往定州。

宋太宗发布此命令的时间是在十月二十四日，而这一天辽景宗耶律贤开始督促诸军分路南下，五天后就开始围攻瓦桥关。宋太宗为什么到这个时候才派出一部分禁军前往河北支援呢？很可能是之前宋太宗对辽国的南侵规模估计不足，所以仅仅派了几个州刺史级别的官员前往河北屯兵，而且其中至少有两人可能以前并没有立下什么战功（《续资治通鉴长编》的作者李焘小注云：继美、玉，未见）。

第四，下诏亲征。

辽国这次南侵是辽景宗耶律贤亲自带队的，所以，宋太宗也打算亲征，但是直至十一月初七才下诏说要北巡，又过了三天，才从开封出发。十四日到达长垣（今河南长垣市），得知宋军关南战场失利，大有不再前进之意。

己巳，诏自京师至雄州，发民除道修顿。——《续资治通鉴长编》卷二十一

命马军都指挥使米信、东上阁门使郭守赟、弓箭库使李斌、仪鸾副使江钧同护定州屯兵。——《续资治通鉴长编》卷二十一

幸亏后来关南又传来胜利的消息，宋太宗这才决定第二天启程继续前进，两天后，宋太宗到达大名府(今河北大名县)。这个时候，前方战场上，瓦桥关之战已经结束，辽景宗已经基本达到了预期的目标，下令大掠北还，这是十七日的事情，而宋太宗尚在离瓦桥关七百余里的大名府。

宋太宗到达大名府后，雄州前线传来辽国撤军的消息，宋朝的文献记载说："雄州言契丹皆遁去。"《续资治通鉴长编》卷二十一 意思就是，辽军听到宋太宗亲征的消息，都吓跑了。不管是不是这样，辽国确实是退兵了，对宋太宗来说，这可是天大的喜事。欣喜之余，爱好文艺的太宗皇帝诗兴大发，作诗向随从大臣炫耀，其中有"一箭未施戎马遁，六军空恨阵云高"的句子。意思是说，我们连一支箭都没有损失，辽军就吓跑了，太不应该了。大宋御前禁军只能望着高天上流云叹气，为什么叹气呢？天上的云彩那么高，箭射不到，能射到的辽军都吓跑了，英雄无用武之地啊！看看，这两句诗写得多么大气。

此次战役，辽国主动，大宋被动；不过，宋方最初得到辽军南下的消息并不晚，随后的调兵遣将并没有落后多少，就是说，到这个时候，宋方还没落下风；然而，从此以后，宋方则是步步落后，一直被辽方牵着鼻子走。这可真应了一句俗话：起了个大早，赶了个晚集。

太平兴国五年，契丹戎主亲领兵数万犯雄州，乘虚遂至高阳关。太宗下诏亲征。行次大名，戎主闻上至，亟遁归，未尝交锋，车驾即凯旋。上作诗示行在群臣，有『一箭未施戎马遁、六军空恨阵云高』之句。——《石林燕语》卷七(中华书局1984年版)

根据《辽史》的记载，这次战役辽方大获全胜《辽史·景宗本纪下》；然而据宋方的记载，宋太宗十一月十四日收到前线战报，说关南击破辽军一万多人，杀死三千多。据此可知，宋、辽双方都扬言战争获胜，那真实的情况又是如何呢？我们简单梳理一下战争的过程就清楚了。

> 癸丑，关南言破契丹万余众，斩首三千余级。——《续资治通鉴长编》卷二十一

五战四败　一战据说是赢了

辽景宗这次亲征，选择的路径是幽州—固安—瓦桥关，这是一条最近的路线。辽景宗在十月二十日就驻跸固安，但直到三十日才围攻雄州治所瓦桥关。从固安到雄州，也就一百里的路程。在这一百里的道路上，辽国的军队竟然耗费了差不多十天的时间。这说明什么问题？辽国这次军事行动非常谨慎，明显是在窥探大宋军队的动向。辽军行动如此迟缓，事实上也给宋方留出了足够的时间调兵遣将，集结军队，但是，宋太宗似乎很不"领情"，从十三日调遣五个州的刺史率军援助关南、镇定等州以后，并没有采取其他有效行动。辽方在探知到这些情况后，于三十日包围瓦桥关。宋方负责守关的是雄州刺史张师，城内兵力不足万人。面对黑云压城的二十万辽军，张师固守待援。此后，宋辽双方有四次主要交战。

第一次，夜袭辽营。

夜袭辽营的宋军来源不能确定，有学者认为是瓦桥

关城内的守兵不愿坐困，主动出击王晓波《宋辽战争论考》；有学者认为是宋方的援军，驻守在易水南岸《中国历代战争史》第十一册。其实，宋兵来源如何，无关结果。宋兵夜袭辽营可能主要是想变被动为主动，想出其不意；不过，根据辽方的记载，辽军可能早有提防，所以，夜袭未能成功，败退而回。这次行动发生在十一月初一，结果宋方失利。

> 十一月庚子朔，宋兵夜袭营，突吕不部节度使萧幹及四捷军详稳耶律痕德战却之。——《辽史·景宗本纪下》

第二次，内外夹击。

辽军围城，宋方援军在城东列阵，宋方瓦桥关守将张师率兵出击，意图里应外合，将辽军的包围圈撕裂。辽主亲自督战，辽将耶律休哥率军出战，不仅将宋方援军击败，而且斩杀雄州守军主将张师，宋军只得退回城内，继续固守。宋军这次内外夹击未能奏效，瓦桥关守将张师阵亡。这是十一月三日发生的激战，结果宋方失利。

> 围瓦桥关，宋兵来救，守将张师突围出。帝亲督战，休哥斩师，余众退走入城。——《辽史·耶律休哥传》

第三次，列阵对决。

宋方援军在易水南岸布阵，辽军在北岸布阵，大战一触即发。耶律休哥披黄甲、乘黄马指挥布阵，辽景宗恐怕其马甲太惹人注目，容易被宋军认出，令其更换黑甲、白马。战斗由辽方率先发起。耶律休哥率精兵渡河，击败宋兵，一直追到莫州。宋军死亡无数，"横尸满道"，耶律休哥生擒数名宋方将领。辽主对耶律休哥的勇猛赞扬有加，说：人人都像爱卿一样，我还有什么担心的呢？这次对阵发生在十一月初九，结果宋方失利。

第四次，宋兵反击。

退回莫州的宋兵去而复返，再次与辽军对决，这一次又以失败告终，辽方的记录说是"击之殆尽"《辽史·景宗本纪下》。这是十一月初十的战斗，结果宋方失败。

从十一月初一至初十，十天之内，宋辽四次交战，辽军四战全胜，宋军四战四败，无一胜绩。但是，这些记载均来自辽方的文献，宋方的文献对此却无一记载。辽国围攻瓦桥关这件事情是肯定存在的，但宋方文献对此记载极少，连《续资治通鉴长编》的作者对此也心存疑惑，所以在此事记载下特意加注小字：《太宗实录》《国史·太宗本纪》中都不记载辽国围攻瓦桥关这件事，只有《国史·契丹传》中提及。其实，这也容易理解，宋方的文献不加记载，恰恰证明宋方在这些交战中绝对没有大获全胜，而且，据李焘小字注释指出，在《国史》中一个叫荆嗣的传记里提到了这次战争。

荆嗣的传记中说，在瓦桥关战役中，他带领一千人马，奋力战斗，想冲出辽军的包围，交战之中，荆嗣与其手下被冲散，直到深夜，他才冲出重围，逃到了莫州。荆嗣传记中记载的这一战，显然是宋辽列阵对决那一次，从此记载可知，宋军显然是失败了。由此可以推测，辽方文献中记载的这四次交战，宋方显然没取得什么胜绩。

不过，据宋方的记载，在第四次交战结束直至辽军班师期间，宋辽之间还有一次交战。时间是在十一月十四日，但地点并非在瓦桥关，而是在关南一个叫唐兴口（今河北安新县安州镇）的地方，崔彦进率部击败南下的辽军万余人，斩首三千多。这次交战记载于《续资治通鉴长编》,《宋史·崔彦进传》《契丹国志》中也有记录，只是没有提及战争的具体成果，而辽方的文献根本不见任何记录。不过，考虑到辽国曾在固安开始分兵南下、辽国在十七日就宣告班师等因素，这次战争还是有可能发生过的，但宋方的战绩可能没有这么夸张。李焘的记载也很有意思，他说：关南上报说击败了辽军一万多人，杀死了三千多人。适当夸大战争成果，以求奖赏，似乎是当时将领的普遍做法。

姑且认定第五次战役的存在，且宋方获胜。总体而言，瓦桥关之战，宋方五战四败，而且在主要战场瓦桥关四战全败，所以可以认定为宋方整体上失利。不过宋军虽败犹拼，表现出了顽强的斗志。正是由于宋军的顽强，瓦桥关守将张师战死之后，其手下还能退回城内继续坚守；正是由于宋军的顽强，被辽军追杀退回莫州之后，仍然去而复返，继续战斗；正是由于宋军的顽强，瓦桥关最终没有失守。从这些方面来看，宋军的战斗意志并没有瓦解，屡败屡战，所以瓦桥关之战的失利不能归咎于士兵。但是，瓦桥关之战，尽管宋方宣称胜利，事实上的确是失败了。那么，是什么因素导致战争失利呢？

两种后遗症并发

笔者认为这是宋朝的两次战争的"后遗症"并发造成的。

第一，满城之战的后遗症。

满城之战是辽国第一次发起的对大宋的军事报复，这次战争宋方大获全胜，还有什么后遗症吗？有。宋辽对峙满城，双方大战一触即发之际，宋军仍然在为阵形要不要变化而争论不休，这说明，在河北战场，宋军并没有安排一个统一的军事指挥官。战争前线缺乏统一指挥，这是满城之战的后遗症。

前线缺乏统一军事指挥，会出现什么后果？互不统属，各自独立，各自为战，不能进行整体调控，不能根据瞬息万变的战局做出迅速的应对，这是将集体的力量分解成个体，互不照应，互不统筹，这从根本上注定了战争的结局。

满城之战为什么最终取得了胜利？根本原因在于将领之间迅速达成了一致意见，有人出头敢于承担责任，在某个时段内，出现了事实上的统一指挥，加之辽军的最高指挥官、医生出身的韩匡嗣没有任何战争经验，所以，满城之战宋军获胜也有侥幸的成分。

满城之战的胜利在一定程度上掩盖了前线缺乏统一指挥官的弊端，使得这种作战指挥体制继续存在于大宋的军事指挥体制中。

根据多种文献的记载，宋辽瓦桥关之战，辽主耶律贤亲自出征，统一指挥，但宋方战场上依然找不到一个统一的军事指挥官，各个将领依然各自独立，各自为战，互不统属。没有统一指挥，不但将宋军的战斗力化整为零，削弱了作战能力，而且造成自身的混乱，宋太宗派遣的将领越多越乱，战斗力越发低下。这就是双方对决宋军一触即溃的根本原因。

宋太宗没有及时派出大将指挥关南战局，是他不想、不愿意这样做，具体的原因在上一章中已经说明了，一句话，他想通过对军队的绝对控制来保障自己的地位。他把对军队的最高指挥权牢牢攥在了自己手里，实现对军队的绝对领导本没有什么错，但关键看如何领导。远在开封的宋太宗牢牢地抓住前线的指挥权，对瞬息万变的局势根本不知，谈何指挥？真正的战争指挥者宋太宗并没有出现在前线，这就导致了一系列问题。既然宋太宗不想放权，那他为什么没有及时、迅速赶到前线呢？这就是第二个战争后遗症。

第二，高粱河之战的后遗症。

高粱河之战是宋太宗主动发起的收复幽燕的第一次军事行动，以宋军的惨败而告终，它不仅引来了辽国一连串的军事报复（瓦桥关战役就是其中之一），而且让亲征的太宗皇帝的身心受到重大伤害：腿上中了两箭、差点成为辽军的俘虏，更为致命的是，他内心深处对刀光剑影的厮杀现场产生了恐惧，从此不敢亲临前线。

皇帝不亲临前线，这并不要紧；不亲临前线，又不放弃对前方战场的绝对指挥权，这就很危险了。其直接后果则是，处处被动，处处落后对方好几拍。

十月一日，辽国召集将领商讨南侵之事，宋朝方面于初八日下诏征集各地军队前往关南等地。这一方面宋方落后于辽方，还是可以理解的。毕竟，这次战役是辽方主动，宋方被动，辽方首先发起，宋方接着应对。但是，接下来的事情，宋方就真正落了下风。

辽方十一日从幽州出发，宋方十九日才开始整修京城到雄州的道路。辽方二十日到达固安，宋方二十四日才派米信等人从京城出发北上支援。辽景宗耶律贤亲率各路大军在三十日围攻瓦桥关，辽国皇帝亲征，宋方也要提升战争级别，宋太宗无奈，十一月初七宣布也要亲征。皇帝亲征是很费时的，何况太宗这次亲征有点无奈，行动起来难免慢慢腾腾、磨磨蹭蹭；三天之后，宋太宗才正式从开封出发。辽宋双方在十一月初一至初十，已经进行四次大战，瓦桥关战役正面战场其实已经结束（不考虑最后那场很难说是怎么回事的战役）。瓦桥关战役基本结束后，宋太宗任命了一个关南的军事总指挥崔彦进；十一月十七日，辽景宗宣布回师，宋太宗才刚刚到达大名府，距离前方战线还有至少七百余里的路程。这就是整个瓦桥关战役的过程。宋方处处落后，处处被动，这都是宋太宗造成的。

其实，宋方还有一项远远落后于辽方。高梁河战役之后，辽方就加强了边境的防御建设；而宋方并没有采取什么行动，直至瓦桥关战役结束，宋方才意识到现有的边防

> 以河阳节度使崔彦进为关南兵马都部署。——《续资治通鉴长编》卷二十一

设施并不足够，于是开始构建边境的防御工事，这实际上又在一定程度上默认了宋辽双方的边境现状。此后一段时间，两国边境小规模的冲突一直存在，但大规模的用兵暂时停止，边境一直维持现有状态。如果不是后来宋太宗再一次北伐，宋辽边境的长期对峙局面可能会由此奠定。

总之，瓦桥关之败，是宋辽两次战争的后遗症造成的。满城之战的后遗症是前线没有一个统一的军事指挥官，军队越多则越乱，这无异于将强大的整体力量分散开来，各部之间缺乏统一配合，一触即溃是必然的；高粱河之战的后遗症是皇帝心怀畏惧，不敢亲临前线，这本不要紧，但宋太宗又不任命一个前线最高指挥官，身在后方遥控指挥，则步步落了下风，招招落后，处处被动，时时挨揍，失败也是必然的。

宋军在河北战场节节败退的时候，大宋的南方也在进行着一场战争，辽国皇帝耶律贤正是趁着大宋在南方战场用兵之际才悍然发兵南下的。与北方战场辽军主动出击、宋军被动防御不同，大宋南部的这场战争是宋方主动发起的。这次战争的直接后果是促使一位大宋政坛的重量级人物重出江湖，这位重量级人物是谁？这到底是怎么回事呢？

东山再起

十九

当宋军在河北战场与辽军激战于瓦桥关的时候,大宋南部也在进行着一场讨伐交趾的战争。与北方战场的被动防御不同,宋朝南方的这场战争是由宋朝主动发起的,时间比瓦桥关之战还早三个月。辽国皇帝耶律贤正是瞅准了宋朝在南方用兵的时机,才悍然南下的。宋朝对交趾的讨伐也没有取得什么实质性成果,不过,一位被边缘化的、曾经的重量级政治人物,却因此重新走进了宋朝权力的中心,再次对宋朝的政治时局产生了重要的影响。这位政治要人是谁呢?

持续被边缘化

他就是大宋王朝曾经的宰相赵普。

太平兴国六年（981）九月，在淡出了宋朝中央政治权力中心八年之后的赵普，重出江湖，再度出任大宋王朝的宰相。这一切是怎么发生的呢？

先从赵普罢相说起。

开宝六年（973）八月，赵普被罢相，出任河阳三城节度使、同平章事。这个同平章事，名义上与宰相并称，号为使相，实际上是没有什么权力的，没有资格参与朝政，更没有资格签署朝廷政令，不过是个荣誉头衔罢了。尽管只是个荣誉头衔，说明宋太祖赵匡胤对曾经为大宋王朝立下功勋的赵普还是保留了一点颜面。

赵普被罢相，有多方面的原因（在第三章中已经详细做了分析），固然有赵普自身的因素，但另外的两个人无疑起了推波助澜的作用。这两个人是谁呢？他们就是当时的开封尹赵光义、翰林学士卢多逊。

开宝九年斧声烛影以后，开封尹赵光义成了大宋的皇帝，翰林学士卢多逊则成了大宋的宰相。从此开始，赵普便遭受来自皇帝与宰相联手的一连串打击。一方面，宋太宗从多方面削夺其权力，赵普持续被边缘化；另一方面，老对头卢多逊落井下石，从各方面对其进行打压，意欲置之死地而后快，赵普的政治生涯降至低谷。

宋太宗对赵普的冷遇体现在三个方面。

第一，罢其支郡。

太祖在世的时候，赵普尽管被贬，但仍以使相的阶衔出任河阳三城节度使。宋太宗即位没多久，就安排与赵普有过节的高保寅知怀州，而怀州正是赵普管辖范围内的一个支郡。我们有理由相信，宋太宗派遣一个与赵普有矛盾的人到赵普的地盘做官，绝不是去辅佐他。史书上讲，因为二人有矛盾，赵普时常压制高保寅，高不服，就上奏宋太宗要求从赵普的管辖范围内独立出来，直接接受中央的领导，宋太宗欣然同意。这件事叫废除节镇支郡，在宋代历史上很有名。尽管后来支郡纷纷仿效，藩镇统领支郡的体制不复存在，但这毕竟是拿赵普最先开刀的。在这方面，赵普带了一个头。

第二，免其使相。

被废除支郡以后，赵普心知不好，加之宋太宗刚刚登基，所以赵普急忙上书，请求入京觐见，宋太宗欣然同意。当时进京的还有向拱、张永德等一批宋太祖帮的重臣。太平兴国二年（977）五月，宋太宗以"不敢以藩领之任重烦旧德"的名义，将这几个人的节度使大权给剥夺了。在此之前的三月，对政治比较敏感的赵普，请求留在京师参加宋太祖的山陵安葬仪式。宋太宗早就想罢免赵普了，借着这个机会，把他使相的阶衔给撸了，授太子少保，留在京师。太子都没有立，太子少保当然更是一个虚衔。说到底，宋太宗是不放心太祖朝的这几位元老重臣在外掌握实权，还是留在身边随时能够监视着心里才踏实。在宋太宗收拾藩镇方面，又是首先拿赵普开刀的。这一次，赵普又带了一个头。

第三，略其功绩。

太平兴国四年，大宋王朝出征北汉，接着征伐幽州。根据宋太宗后来（淳化四年二月）给赵普撰写的《神道碑》可知，赵普是随从出征了的。尽管因为高梁河战役失利，又发生个别将领谋立赵德昭的事件，宋太宗回京以后迟迟不肯论功行赏，但后来，也就是在赵德昭愤而自杀后不久，宋太宗就对征伐北汉的将士论功行赏。虽然史书上说，所有从征的将领士兵都受到了不同等级的封赏，但有理由相信，宋太宗的这次封赏是有意地忽略了一些人，赵普就是其中的一位。据《续资治通鉴长编》作者李焘的注释：赵普从太子少保迁太子太保，是在太平兴国三年 (978) 宋太宗郊祀天地之后，并非如宋太宗亲自撰写的《神道碑》中所言是赏其从征太原之功。有宋史研究学者据此认为，这是宋太宗在撰写《神道碑》时，觉得自己先前做得不妥，便将迁太子太保的时间稍微延后，以图掩饰。张其凡《赵普评传》(北京出版社1991年版) 总之，赵普的从征太原、幽州，成了地道的出去"打酱油"的。在没有被赏赐的人中，赵普又带了一个头。

显然，在宋太宗即位后的这几年中，赵普的处境很糟糕，他要不断领受宋太宗对他的冷遇，政治上自然无所作为，这些他还能够忍受，毕竟是他自己以前种下的"苦果"。令他忍无可忍的，是来自政敌卢多逊的多方面打击。卢多逊是怎样对付赵普的呢？

人倒霉了喝口水都会噎着

赵普被罢相以后，树倒猢狲散，墙倒众人推，以前

既静妖氛，爰覃爵赏。——《赵中令公普神道碑》，《名臣碑传琬琰之集》上卷一（景印文渊阁四库全书本）

跟随他的那些人见风使舵，争前恐后地诉说赵普的诸种"罪行"。身边的人尚且如此，何况老对头卢多逊呢！宋太宗即位后，卢多逊得势，更是抓住一切可能的机会，在太宗面前不断说赵普的坏话，所以，赵普在进京后的几年内，除了按时上朝的例行公事外，没有也不可能有任何政治作为，日子过得极其郁闷。

> 及普忤旨，左右争倾之。——《续资治通鉴长编》卷十四

除继续利用职务的便利，不断诋毁赵普外，卢多逊还从外围入手，对赵普的亲人进行打击，曲线打击赵普。其中有两个重要事件：一是侯仁宝事件，二是赵承宗事件。

先看侯仁宝事件。

侯仁宝是谁？赵普的妹夫。

> 太子太保赵普奉朝请累年，卢多逊益毁之，郁郁不得志。——《续资治通鉴长编》卷二十二

侯仁宝的父亲叫侯益，最初以军功起家，在五代时期也算一个风云人物，历经几朝，后周太祖郭威登基后，封侯益楚国公，改太子太师，不久改封齐国公。显德元年冬，侯益因年老退归洛阳。宋太祖赵匡胤建宋后，对前朝旧臣都很厚待，允许侯益每年仅上朝一次；乾德初年郊祀后，诏令以中书门下礼节，与宰相等同；乾德三年(965)卒。

侯仁宝出生在这样一个家庭中，荫袭父亲的功爵，是个货真价实的"富二代"，在洛阳有地有房。生活得优哉游哉，对做官本没有多大的兴趣。赵普做了大宋的宰相，对这个妹夫也很照顾，就安排他分司西

> 有大第良田，优游自适，不欲亲吏事。——《续资治通鉴长编》卷二十一

京。中国古代不少朝代都习惯在京城之外建立陪都,并且在陪都建立相应的职官系统,在其中任职的即分司官。分司官大多是些虚职,并不处理实际事务,这很符合侯仁宝的性格。侯仁宝的这个职位显然是依靠他大舅哥赵普的裙带关系获得的。

卢多逊与赵普一向关系不睦,他又比较会投机(第三章已经讲过),很受宋太祖赏识、器重,经常把他召来咨询一些问题。卢多逊就充分利用这些机会,不断在宋太祖耳边鼓噪,不仅添油加醋地告发赵普的一些不法行为,对赵普的亲属也尽力算计。开宝六年(973)四月,卢多逊鼓动宋太祖,将赵普的妹夫侯仁宝调到邕州任职。邕州就是今天的广西南宁市,在那个时候,差不多还是蛮荒之地。这时的赵普还在宰相任上,卢多逊借太祖之力调动侯仁宝,其实是对付赵普。四个月后,赵普就被罢免了宰相,黯然出京,这当中卢多逊是起了一些作用的。

赵普还在相位时,侯仁宝就被调到邕州这么偏远的地方;赵普失势以后,卢多逊做了宰相,侯仁宝还能有再调回来的机会吗!所以,侯仁宝在邕州这个地方一待就是九年,朝廷一直也没有调他回内地的意思。侯仁宝不想就这么老死岭外,于是就动上了心思。很快,机会来了。

什么机会呢?交趾内乱。

交趾的范围大致相当于今天越南的中北部、中国

> 凡九年不得代。——《续资治通鉴长编》卷二十一

广西的一部分，在历史上一直与中国中原王朝保持着一种若即若离的关系。在五代的时候，交趾当地军人打败了南汉军队，到968年，交趾新兴势力丁部领建立了大瞿越国，取得了事实上的独立。宋朝建立以后，交趾形式上继续保持着与大宋王朝的宗藩关系，不断向宋朝进贡，宋朝对交趾首领进行册封。这一地区虽形式上保持着与大宋王朝的宗藩关系，但事实上并未严格遵守这种政治关系，不用大宋的年号，保持着政权的相对独立。太平兴国四年（979），丁氏政权内部为争夺王位，发生内乱。

交州内乱，邕州知州侯仁宝觉得对他是一个机会，一个回京的机会。于是，太平兴国五年六月，侯仁宝上书朝廷说：交州现在国内大乱，大宋可派一支军队统一这一地区，希望圣上恩准，让我乘驿站专车进京面圣，亲自汇报详细情况。

宋太宗自然不愿让这一地区独立出去，想借着其内乱的机会，将其收复，那自己的丰功伟绩又多一件。所以，接到侯仁宝的上书后，"大喜"，准备下诏令侯仁宝立刻乘专车进京。如果这样，侯仁宝的理想就实现了。但是，诏书尚未发出，赵普的老对头卢多逊急忙上奏，提了三点建议。

第一，要快。

卢多逊讲，现在交州出现内乱，这是老天在帮我

> 交州主帅被害，其国乱，可以偏师取之，愿乘传诣阙面奏其状，庶得详悉。——《续资治通鉴长编》卷二十一

们灭亡他们。朝廷应该出其不意，掩其不备，迅速出兵，这就是所谓的迅雷不及掩耳之势。

第二，要秘。

如何才能出其不意，如何实现迅雷不及掩耳的效果，关键要秘密进行。否则，一旦我们的意图泄露，他们借助高山大海的地理优势严防死守，再想拿下恐怕就没那么容易了。如何不让交州知道我们的意图，就是不能召侯仁宝进京。侯仁宝一旦进京，对方就会觉察，会有所警惕，到时就很麻烦了。

第三，令侯仁宝负责此事。

既然侯仁宝对详细的情况很了解，那就立刻任命他负责此事；再从荆湖发兵一两万，长驱直入，此乃万全之策，一定摧枯拉朽。

侯仁宝本想借着向朝廷汇报交趾内乱的详细情况以便朝廷派师讨伐的机会逃离偏远的邕州，回到内地，但没想到卢多逊又在背后打着冠冕堂皇的牌子给他小鞋穿。对卢多逊的建言，宋太宗深表赞同。于是，在太平兴国五年(980)七月，宋太宗命侯仁宝为交州路水陆转运使，并派遣大将前往，水陆并讨交趾。辽国的第三次南侵，也正是看到宋朝在南方战场用兵才发起的。

从后来事态的发展来看，大宋朝廷这次对交趾的用兵，并没有达到卢多逊所说的迅速、秘密的效

——交趾内扰，此天亡之秋也，朝廷出其不意，用兵袭击，所谓疾雷不及掩耳也。——《续资治通鉴长编》卷二十一

——今若先召仁宝，必泄其谋，蛮寇知之，阻山海预为备，则未易取也。——《续资治通鉴长编》卷二十一

——不如授仁宝以飞挽之任，因令经度其事，选将发荆湖士卒一二万人，长驱而往，势必完全，易于摧枯拉朽也。——《续资治通鉴长编》卷二十一

果。因为当年十一月，交趾就派人到开封进贡，并上表朝廷，说他们的新领导已经产生，恳求朝廷下发任命书。史书上说，这个时候，大宋朝廷派遣的将领孙全兴等人拖拖拉拉，早就过了最佳出兵时间，而交趾派人来的目的只不过是缓兵之计，所以太宗皇帝就没怎么搭理他们的请求。而卢多逊可能不完全是为大宋朝廷收复交趾而进言，其中确实包含着继续压制侯仁宝、给在京城郁郁不得志的赵普脸色看的意味。

侯仁宝调回内地的意图没有实现，反而要来了沉重的任务。大宋王朝对统一交趾想得过于简单，结果战败。侯仁宝带兵先发，而孙全兴等人屯兵不前，侯仁宝多次催促也无济于事，只得孤军冒进。交趾诈降，侯仁宝信以为真，结果在白藤江口（今越南境内）被擒，惨遭斩首。朝廷也因此班师。

下面再来审视一下卢多逊在侯仁宝事件中所起的作用。

第一，侯仁宝从陪都西京洛阳到偏远的邕州任知州，这是卢多逊的主意。

第二，侯仁宝在邕州九年不得调动，这不合常规，背后很可能与执政的卢多逊有关。

第三，侯仁宝想借面陈讨伐交州计策的机会回京，太宗同意，卢多逊搅黄。

上察其意止欲缓兵，寝而不报。——《续资治通鉴长编》卷二十一

仁宝屡促之不行。——《续资治通鉴长编》卷二十二

兵至白藤江，为贼尽灭，仁宝为交趾所擒，枭首于米芩县。——文莹《续湘山野录》（中华书局1984年版）

第四，侯仁宝负责讨伐交趾，是卢多逊的主意。

第五，讨伐交趾事关重大，卢多逊很清楚，但他建议只调动一两万人，这明显是把人往火坑里推。

结果，侯仁宝战死他乡。赵普能不为此恼怒吗？他自然会把这笔账记在卢多逊的头上。

再看赵承宗事件。

赵承宗是谁？赵普的儿子。

在卢多逊不动声色地处理掉了赵普的妹夫侯仁宝后不久，又盯上了赵普的儿子赵承宗。盯上赵承宗什么事情呢？他的婚姻。

根据史书的记载，赵普的儿子赵承宗的婚事，至少有两次。这两次婚姻，都让赵普很揪心。第一次，赵承宗娶的是枢密使李崇矩的女儿，这件事情前面讲过，当时的赵普还是宰相。正是这个宰相与枢密使交往过于紧密、结为亲家的事件，违反了朝廷的规则，宋太祖因此将李崇矩贬黜京城，不久就罢免了赵普的相位，出镇地方。这桩婚姻也是赵普被罢相的一个因素。

赵承宗的第二次婚姻，又被卢多逊盯上了。赵承宗这次娶的是燕国长公主的女儿。燕国长公主是太祖的妹妹，太祖皇帝很重亲情，很宠爱这个妹妹。但她的第一次婚姻很不幸，丈夫很早就去世了。宋太祖当上皇帝以后，将其嫁给了自己的结拜兄弟高怀德，这是一桩比较美满的婚姻，时间是在建隆元年 (960)。从

> 多逊当国，必知是役之艰，固欲致仁宝于败绩，以沮赵普。——《续湘山野录》

时间上推测，赵承宗娶的应该是燕国长公主与高怀德的女儿。燕国长公主在开宝六年(973)十月去世，太祖很伤心，废朝五日。太平兴国六年(981)九月，宋太宗下诏，令远在潭州担任知州的赵承宗回京举办婚礼。这是一桩好事，赵承宗是奉旨成亲。不过，婚礼举行不到一个月，蜜月还没度完，作为新娘舅舅的宋太宗就经不住卢多逊的撺掇，令赵承宗即刻回潭州工作。在这一点上，卢多逊是故意整赵普，但总觉得宋太宗也真是没有一点亲情的滋味，对于这个外甥女，作为舅舅的他其实是很不称职的。史书上说，"普由是愤怒"《续资治通鉴长编》卷二十二。

对赵普而言，卢多逊对他个人的打击报复尚可以忍受，在卢多逊设计害死他的妹夫侯仁宝之后，又对自己的儿子使绊子，这让他忍无可忍。如果说赵普最初请求留在京城是准备在开封了此余生的话，那么到这个时候他决定东山再起了。

赵普决定东山再起，就能东山再起吗？

不做大哥好多年影响依然

赵普决定重出江湖，目的就是对付卢多逊。前提是他能够重出江湖，他行吗？

赵普是大宋的开国元勋，是元老重臣，在宋初政坛具有强大的影响力。在卢多逊与赵普的明争暗斗中，卢多逊虽暂时扳倒了赵普，但是，论根基与影响，卢多逊是远远不如的。不妨先看看几个人在卢赵之争中的立场与态度。

第一，李昉的态度。

李昉是五代后汉的进士，历后周，入大宋，也算三朝元老。史书上说，李昉平素对卢多逊很友好，卢多逊曾多次在宋太祖面前诋毁赵普，宋太祖问李昉：李昉，你怎么看？李昉却说：臣的职责就是草写诏书，除此之外，不想其他的事情。赵普的行事，我并不清楚。李昉的回答固然有明哲保身的因素，事实上他也表明了自己对卢多逊攻击赵普的态度。在特殊的语境下，不评价、不知道本身就是一种态度，是一种不认同、不满意。宋太祖应该是领会了这种态度的，所以，史书上记载，李昉回答之后，他的反应是"默然"《宋太宗皇帝实录校注》卷七十六。

> 臣书诏之外，思不出位。赵普行事，臣何由而知？——《宋太宗皇帝实录校注》卷七十六

第二，窦仪的态度。

窦仪是后晋的进士，也是几朝老臣，很有学问。当有人诋毁赵普时，宋太祖也咨询过窦仪，窦仪的回答与李昉如出一辙，更简洁，两个字："不知。"

> 赵普为相，人有毁之者。太祖问仪：『普所为如何？』仪曰：『不知。』——《东都事略笺证》卷三十

第三，王溥的态度。

王溥是后汉进士，在后周官至宰相，大宋建国后，仍在相位数年，亦是三朝元老。当大臣赵玭告发赵普种种不法行为时，宋太祖大怒，立即召来文武百官，准备治赵普的罪。时为太子太师的王溥上奏为赵普辩解。与之形成对比的是，后来卢多逊下狱，宋太宗召集文武常参官，王溥带领大臣七十四

> 上怒，促阁门集百官，将下制逐普，诏问太子太师王溥等普当得何罪，溥附阁门使奏云：『玭诬罔大臣。』上意顿解。——《续资治通鉴长编》卷十二

人上奏说：卢多逊应该斩杀，以维护法律的尊严。两相对比，即可见王溥之态度。

第四，吕余庆的态度。

赵普被罢相之时，不少人落井下石，参知政事吕余庆却积极为其辩解，宋太祖怒气因此稍解，赵普以使相出镇河阳三城，吕余庆的辩解或许起了作用。赵普罢相后，吕余庆借口身体不适也请求解职了，这也是一种态度，一种立场。

第五，卢亿的态度。

卢亿是卢多逊的父亲。他对自己的儿子卢多逊对赵普的所作所为也甚为不满，说：赵普是元老功臣啊，你这个无知小子却诋毁他，早晚给我带来灾祸。如果能让我早点死去，看不到你无知妄作的下场，也是我的幸运呀。卢亿竟然因此忧虑而卒。连他的父亲对他都是这样的态度，可见卢多逊确实做过了。

从以上所列举的这五个人的态度可以看出，赵普的影响力巨大，卢多逊远远不及，这说明什么？说明赵普行。赵普自己行还不行，别人说他行也不行，领导说他行才行。领导是谁？宋太宗。不过，宋太宗

奏多逊及廷美顾望咒诅，大逆不道，宜行诛灭，以正刑章。——《续资治通鉴长编》卷二十三

少府监致仕卢亿，有高识，恶其子参知政事多逊所为，尝曰："赵普，元勋也，而小子毁之，祸必及我。我得早死，不及见其败，幸也。"十二月庚子，亿以忧卒。——《续资治通鉴长编》卷十四

说他行的时候就要到来了。

在处境艰难的情况下，赵普要努力摆脱困境，前提是领导得用他；最高领导宋太宗也身处困境，他对自己帝位的来源没有可信的解释，对自己帝位的未来去向又深怀担忧，他需要一个有影响力、有声望的人助他一臂之力。赵普就能担当这个角色，前提是他要赵普东山再起才行。赵普、宋太宗，两个人，为了不同的目标，走到了一起。

此时的赵普打出了一张关键牌，顺利地东山再起，宋太宗朝的政局也因此发生改变。赵普打出的是一张什么牌呢，竟有如此大的威力？

这张牌就是昭宪顾命，也就是我们在《宋太祖赵匡胤》一书中已经详细讲过的金匮之盟。金匮之盟的真实性历来众说纷纭，要彻底搞清楚已经不可能了。有人认为，在这件事情上，赵普实则充当了"老千"的角色，打出了一张假牌，其目的是东山再起，对付他的政敌卢多逊。我们认为，对宋初金匮之盟这件大事，不可不信，不可尽信。此处的问题在于，不管赵普是不是出"老千"，他的确打出了这样一张牌，他打出的这张牌，成功解决了困扰宋太宗多年的一桩心事。但是，赵普在辅佐宋太宗解决一个重大问题的同时，无形之中又制造了另一个困境。这是什么困境呢？

危继承的机

〈二十〉

太平兴国六年（981）九月，淡出大宋政治权力中枢整整八年之久的赵普，重新回归中枢，再度入相。八年前，当时的开封尹赵光义，为了稳固自己可能得到的皇位继承权，暗地里拉拢多种可以拉拢的力量，最终使坚决反对他即位的赵普黯然出京。八年过去了，已经坐上皇位的宋太宗并不安心，他还在被即位合法性的问题弄得焦头烂额，他的自说自话不能从根本上彻底打消人们心头的疑虑，出征幽州途中个别将领拥立赵德昭事件使他重新认识到皇位的危机仍然没有彻底化解。虽然此后赵德昭自杀、赵德芳不明不白地死去，在一定程度上消除了部分危机，但是这些化解危机的事件又让外人产生了新的疑虑。他急需一个有声望、有影响力的人助他一臂之力，辅佐他稳定这种表面平静、潜流暗涌的政治局面，所以，赵普登场了。赵普怎样帮助宋太宗化解这一危机呢？在赵普帮助宋太宗解决一个危机的同时会不会出现一个新的危机呢？

宋太宗当年遇到的所有危机可以用一句话来概括，即继承的危机。对宋太宗而言，继承的危机包括两个方面的内容。一个是从其帝位的来源方面说的。也就是说，宋太宗在斧声烛影之后成为大宋王朝的第二位皇帝，由此引发了人们对其帝位正当性的怀疑危机。另一个是从其帝位的未来走向方面说的。也就是说，宋太宗之后，应该由谁来掌控大宋王朝，即关于宋太宗继承人的危机。这两种危机统称为继承的危机。

宋太宗登基：
自己能做的都做了，危机依然没有彻底化解

先从宋太宗即位的危机说起。

宋太宗即位的危机主要来自以下四个方面。

第一，斧声烛影之夜，宋太宗有谋杀嫌疑。

第二，太祖暴死，太祖的儿子德昭、德芳健在，弟弟赵光义即位，是否合法？

第三，太祖的儿子德昭、德芳健在，有取而代之之可能。

第四，太宗即位，不合常情，虽然表面上平静，但朝野内外议论纷纷。

其实，这四个方面的危机是围绕一个中心产生的，即太宗继统涉嫌谋杀。如果谋杀成立的话，是为了即位；太祖的儿子都健在，为什么赵光义即位？朝野的议论也是围绕这一点展开的。这的确是一个很棘手的问题。

为了解决这一危机，宋太宗煞费苦心，从各方面采取了大量措施。

第一，炮制天命神话。

宋太宗借助符瑞与宗教的力量，来为自己继统制造一些神学的依据。如果留心一下史书就会发现，宋太宗在这方面确实很用心。宋太祖暴死、宋太宗即位前后，史书上记载的稀奇古怪的事件骤然增加。例如，前文"四部大书"一章提到的张守真代神降语给宋太祖的故事，是借天神之口证明宋太宗即位的合法性，是从宗教中寻找依据。这样的事例不止一个。

再如，一些文献中记载的华山隐士陈抟的若干预言。陈抟是五代宋初的著名道士，在当时很有影响力。有一则文献说，当初兵荒马乱之时，杜太后挑着太祖、太宗逃难，与华山道士不期相遇，陈抟吟道："莫道当今无天子，都将天子上担挑。"意思是说，赵匡胤、赵匡义都是未来的天子。这样，宋太宗的继统就有了道教方面的依据。还有相关的一例见于宋人的笔记中，说宋太祖、宋太宗早年时与赵普在长安大街上游玩，碰到了陈抟。陈抟左手拉着太祖、右手拉着太宗，盛情相邀，畅怀痛饮。当赵普不经意坐在上位时，陈抟叱责说：你不过紫微帝垣一颗小星星，怎敢如此造次？紫微帝垣俗称天宫，是天皇所在。言外之意，太祖、太宗是天皇下凡，赵普则是紫微帝垣的一颗星星。陈抟还说，没有

初，兵纷时，太祖之母，挑太祖、太宗于篮以避乱。先生遇之，即吟曰：『莫道当今无天子，都将天子上担挑。』——《古谣谚》卷七十二（中华书局1958年版）

赵普辅佐，好像还不行，等等。

史书上记载的这些故事在当时如果真的流播的话，那也是宋太宗有意炮制扩散的结果。《续资治通鉴长编》雍熙元年(984)十月条补叙说，太宗刚刚即位的时候，曾召华山隐士陈抟觐见。这条补叙很有意味，很令人怀疑关于陈抟的种种预言，出自二人的合谋。这些奇奇怪怪的所谓天命神话，无非向世人证明了两点：一是宋太祖之死是天命，到天上做神仙去了，这在一定程度上可以使赵光义摆脱谋杀的嫌疑；二是赵光义即位也是天命，是命中早就注定的，这就在一定程度上证明自己即位合理合法。所以说，这些东西显然是宋太宗即位后解决危机的部分手段，它虽然不能糊弄所有人，但一定能糊弄一些人，尤其是在古代，特别是在下层民众中。

第二，消除谣言根源。

一方面，宋太宗有意图地制造一些关于天命的神话，另一方面，对民间此类故事保持着相当高的警惕。试想一下，斧声烛影这件事，在千载之后，仍然能引发世人一探究竟的热情，在当时，必然会引起世人的各种揣测，而民间所谓的通晓天文术数的人往往是这类故事的制造者与传播者。所以，太宗在组织制造这类言论

冬十月，上之即位也，召华山隐士陈抟入见。——《续资治通鉴长编》卷二十五

祖宗居潜日，与赵韩王游长安市。时陈抟乘一驴遇之，下驴大笑，巾簪几坠。左手握太祖，右手挽太宗：『可相从市饮乎？』祖宗曰：『与赵学究三人并游，可当同之。』陈睨睨韩王甚久，徐曰：『也得，也得，非渠不得预此席。』既入酒舍，韩王足疲，偶坐席左。陈怒曰：『紫微帝垣一小星，辄据上次，不可。』斥之使居席右。——《续湘山野录》

的同时，也对社会上的此类从业人员实行"政府管制"。宋太宗即位不久，就下令各州彻底搜索通晓天文术数的人，将他们送到京城，有藏匿者处以极刑，有告发者赏钱三十万。如此强大的赏罚力度，目的很明显，这是想从民间彻底消除各种不利于自己即位的谣言。到第二年的十月，宋太宗又一次下诏，给这些人员定性说：送到京城的这些习天文术数者，一问三不知，都是些胡说八道、诓骗民众、诈骗钱财的诈骗犯。并下令对民间的此类图书实行管制：从今以后，除阴宅、阳宅以及《周易》卜筮的书籍之外，其余的天文术数、奇门遁甲等书籍，一个月内必须上缴政府。不久，朝廷对集中到京城的这部分从业人员共三百五十一人，进行"分流处理"：留下一部分为其所用（六十八人司天监任职），其余的近三百人脸上刺字，流放海岛。非常明显，这是宋太宗从民间宗教领域消弭不利于自己言论的传播、化解即位危机的一项重要措施。

第三，说是太祖的意思。

为了证明自己即位的合法性，最有效的方法是把自己的即位说成是太祖的意思。所以，宋太宗即位前后，史书中也不乏这方面的记录。例如，斧声烛影前不久，史书记载，宋太祖对身边的近臣说：晋王龙行虎步，出生的时候就与众不同，有祥瑞出现，一定会成为太平盛世的天子，他的福德我是赶不上的。这

> 令诸州大索明知天文术数者传送阙下，敢藏匿者弃市，募告者赏钱三十万。——《续资治通鉴长编》卷十七

> 盖矫言祸福，诳耀流俗，以取赀耳。——《续资治通鉴长编》卷十八

> 晋王龙行虎步，且生时有异，必为太平天子，福德非吾所及也。——《续资治通鉴长编》卷十七

是借宋太祖之口，说赵光义天生就是做皇帝的料，并且一定比宋太祖做得好。当然，死人是不会说话的，死无对证，任由其说。

再如，宋代的笔记中记载，一次晋王赵光义进宫面见太祖后，太祖说：好久不见你骑马的英姿了，现在骑什么马，牵来一观。于是令手下将马牵来，太祖叫赵光义在御马台上马展示。要知道，除皇帝之外，在宫中是不允许骑马的，更何况是从皇帝上马的地方上马，所以赵光义惶恐得赶紧推辞。宋太祖悄悄地对光义说：你命中注定有朝一日会从此上下马，还推辞什么呢？在史书中，这类话语出现在太祖暴亡前后，显得比较突兀。考虑宋太宗的一再修改国史，这显然是事后有意增补，无非想证明自己即位之合法。除此以外，宋太宗在即位后发布的《即位大赦诏》以及《宋会要辑稿》中保存的所谓传位诏书，都一再言说宋太宗即位是太祖皇帝的意思。

乃密谕曰：『他日汝自合常在此上下马，何辞焉？』——《续资治通鉴长编》卷十七注引蔡惇《夔州直笔》

第四，及时安置收买。

对皇室人员，赵廷美、赵德昭、赵德芳，封王的封王，加官的加官，不改皇子的称呼，并安排了一个继位的顺序，暂时稳住了最有可能提出异议的皇室成员。至于文武百官，加官晋爵，不在话下。

第五，迅速转移视听。

宋太宗在即位以后，立刻扩大科举取士名额，组织编纂大型类书，甚至兵发太原、出征幽州，都有转移视听之意。他不逾年而改元的做法，更是向世人宣示：快速忘掉过去，迅速走进一个新时代。

宋太宗上台以后，费尽心机，花了相当多的精力，尽力消除他"篡位"的嫌疑。事实上，宋太宗的努力的确收到了明显的成效，大宋政权在宋太宗登基以后没有出现混乱，整个国家井然有序、有条不紊地运行，这种表面上良好的开局甚至使宋太宗本人也以为自己的帝位比较稳固了。

但是，宋太宗有意或无意忽略了这样一个事实：他的努力，要么是向虚无缥缈的天神求支持，要么是向死无对证的太祖求证据，很多情况下是在自说自话。作为最大的受益者，宋太宗仅凭他转述的所谓太祖的个人言辞以及他自己的表演，显然缺乏说服力，依旧不能彻底解决为什么是他即位而不是太祖的儿子即位这个最根本的问题。而且，他的一些措施，在消除危机的同时，也在增加世人的疑虑。所以，在大宋王朝看似稳定平静的运行背后，依旧潜伏着深刻的危机。事实上，仅仅依靠宋太宗本人，作为最大的受益者，他根本无法解决这个问题。

这种潜伏着的危机，一旦有什么风吹草动，随时会再次显现出来。这已被事实证明。平定北汉以后，继而征伐幽州，本来是宋太宗树立个人权威、化解危机的一个重要举措，但出征的失利，尤其是出征途中个别将领拥立赵德昭的事件，让宋太宗再次警醒：他继承的危机依然没有化解。回到开封以后，赵德昭愤而自杀，时隔不久，赵德芳也令人生疑地暴卒，史家普遍认为其中一定有隐情。德昭、德芳之死在消除了现实威胁的同时，其实也在证明着宋太宗帝位来源的可疑。在这个问题上，宋太宗陷入了危机—化解—危机的恶性循环。事实也很明显，单凭宋太宗个人，不论他如何努力，都不可能彻底化解危机，急需第三者的介入。这个时候，一个被压抑很久的政治人物出场了。

他是谁？

落魄赵普：该出手时就出手

赵普。

赵普在宋初的三人集团（宋太祖、赵光义、赵普）中扮演着一个非常重要的角色。正是因为他充当了一个非常敏感的政治角色，在三人集团的阵营瓦解与最终博弈中首先"被牺牲"，黯然离京。宋太宗即位后，赵普虽然回到了京城，但一直无奈地接受来自他从前的反对者宋太宗对他的冷遇、老对手卢多逊对他个人及亲人的双重打击，甚至身家性命都岌岌可危。在此种困境之中，他亟须东山再起，恰好身处困境的宋太宗也需要赵普这样有声望与影响力的人来助其一臂之力。赵普在淡出大宋政治权力中心八年之后，终于等来了翻身的机会。可见，机会不全是靠个人努力争取到的，有时也是能够等来的。

赵普一出场，就打出"昭宪顾命"这张牌。

昭宪顾命事件，千载之下，仍众说纷纭，真真假假，各执一端，前已详述（《宋太祖赵匡胤》部分），毋庸再赘。其实，杜太后临终之前是否对大宋的未来确立一个最高领导的继位顺序，在此并不重要。因为此处关注的是这样一个事实：在太平兴国六年 (981) 九月，赵普的确打出了这样一张牌，这是没有争议的。

根据《续资治通鉴长编》等文献记载，昭宪顾命的主要内容是为大宋的未来确立了一个继承大统的顺序。这个顺序是：宋太祖—弟弟赵光义—弟弟赵廷美—太祖的儿子赵德昭。按照《续资治通鉴长编》的说法，赵普上书向宋太宗倾诉、揭示了昭宪顾命之后，宋太宗在宫中找到了赵普记录的、藏在金匮之中的这份文件，恍然大悟，彻底明白了很多事件的来龙去脉，不但允许赵普的儿子赵承宗留在京师，而且立刻召来赵普，向其检讨说：每个人都有可能犯错，朕不用等到知天命之年，现在就知道以前做的全错了。很快，宋太宗任命赵普为司徒兼侍中，顶替刚刚去世不久的薛居正，这可是首相的位子。为什么宋太宗对赵普的态度发生了如此大的转变呢？

宋太宗身处困境，需要赵普这样的人，而且赵普打出了如此关键的一张牌。昭宪顾命的出台，对宋太宗有至为关键的意义。宋太宗即位以来，深深困扰他的就是这即位的合法性问题，尽管他从多方面进行了努力，但依然不能彻底化解即位的危机，这个问题就像一颗炸弹，随时可能被引爆。金匮之盟的出现，不但能有效地消除他篡位的嫌疑，而且能有效地说明：他即位不光是宋太祖的意愿，更是他们的母亲昭宪杜

上于宫中访得普前所上章，并发金匮，遂大感寤，即留承宗京师，召普谓曰："人谁无过，朕不待五十，已尽知四十九非矣。"——《续资治通鉴长编》卷二十二

太后的意愿。按照史书的说法，昭宪顾命有实物证明，更有赵普作证，所以宋太宗有底气对那些质疑之人说"闭嘴"了。

赵普就真的这么好使吗？

第一，赵普是第三方。

宋太祖已经逝去，假借他旗号的话语死无对证，缺乏说服力；宋太宗自说自话的努力已经证明不能彻底化解危机，他需要第三方站出来，赵普能充当这个角色。

第二，赵普有影响力。

赵普当宰相时的影响力自不待言，即使他被罢相以后，仍有很高的声望，这在前面已经讲过。宋太宗需要第三方站出来，赵普具备很强的影响力，当然是最佳选择。

第三，赵普是昭宪顾命的参与者与见证者。

按照史书的记载，赵普是金匮之盟的见证者、记录者，是这一重大事件的知情者，还有谁比亲历者说话更有分量的呢！

第四，赵普曾经反对他。

宋初，赵光义与赵普曾有过一段比较亲密的时光，但因为立场不同，很快分裂为不同的阵营。赵普出镇河阳三城后，曾上书说：不知情的人都说臣动不动诋毁皇弟赵光义，他忠孝两全，臣怎么会离间你们的关系呢？

赵普的这段辩白大有此地无银的意味，宋太宗当上皇

> 外人谓臣轻议皇弟开封尹，皇弟忠孝全德，岂有间然。——《续资治通鉴长编》卷十四

帝以后，也曾竭力压制赵普，还说过"朕与赵普一向不和，众所周知"的话，这说明赵光义、赵普二人之间不是那么亲密，并且众所周知。有这样一个自己的反对者站出来，提供的证据，更能说明问题，更具备说服力。试想一下，连一向坚决反对他即位的赵普都说他即位是合法的，并且有证据，还有什么可质疑的呢！

可以说，在赵光义当皇帝的过程中，坚决反对的是赵普；当上皇帝以后，帮助他稳固帝位的还是赵普。问题是，曾经坚决反对赵光义的赵普，其立场为什么转变得如此巨大？他会无条件地站在曾经的反对者宋太宗这边吗？

宋太宗、赵普：
为了不同的目标，走到了一起

第一，赵普"内忧外困"，亟须东山再起。

赵普自从被罢相以后，尤其是在宋太宗即位以后，先是地盘被削减，权力被剥夺；再是深受太宗冷遇，奉朝请多年，没有话语权，充数而已，郁郁不得志，这是"内忧"。政敌卢多逊不光寻找各种机会诋毁他，还从外围入手，打击赵普的亲人，妹夫侯仁宝因此命丧他乡，儿子赵承宗结婚不足一月就要被遣至外地任官，这是"外困"。"内忧外困"的他要改变这种困境，

> 上闻之，谓近臣曰：普事先帝，与朕故旧，能断大事。向与朕尝有不足，众所知也。——《宋史·赵普传》

必须接受现实。只有接受部分现实，才能改变部分现实。接受宋太宗即位的现实，抱紧宋太宗的大腿，才能东山再起，才能改变被政敌卢多逊打击的现实。所以说，赵普有强烈的转变动机，有改变自身状况的强烈欲望。

第二，赵普的转变是有条件的。

当宋太宗身处困境，将赵普召来咨询的时候，赵普回答说：臣希望进入核心部门，来肃清奸佞，防止出现意外。回去以后，赵普就密奏"昭宪顾命"之事，然后宋太宗任命赵普为首相。这是赵普与宋太宗在微妙地讨价还价。赵普的条件有两个，一是复相，二是贬黜佞幸（卢多逊），他付出的代价是密奏金匮之盟一事。

事情很有意味，"昭宪顾命"彻底消除了宋太宗即位的合法性危机，也产生了"副作用"——引发了另一个潜在的危机。什么危机呢？还是继承的危机。按照"昭宪顾命"的顺序，宋太宗之后，即位的是赵廷美。对于继承人赵廷美，宋太宗又是什么态度呢？

第一，身在开封尹位置上的赵廷美，隐然是未来的继承人。

宋太宗刚刚即位的时候，立刻任命赵廷美为开封尹，封齐王，这无异于告知赵廷美，他是未来的接班人。在当时的情况下，宋太宗的这个安排对保持其政权的稳定起了相当大的作用。这在一定程度上减轻了

> 臣愿备枢轴以察奸变。——《续资治通鉴长编》卷二十二

世人对其即位合法性质疑的同时，也得到了赵廷美的极力拥护与支持。因为按照一般的惯例，赵廷美是进入不到皇位的继承顺序中的。所以他"挺美"。

第二，安排赵廷美为隐然的皇位继承者，很可能是宋太宗的权宜之计。

宋太宗给赵廷美开封尹的位子，有可能是为了消除自己的即位危机，可能并非发自其本心。在宋太祖的儿子赵德昭、赵德芳先后死去以后，宋太宗不想将帝位传给赵廷美的想法或许会更加强烈。

第三，即使不是权宜之计，难保赵廷美不提前抢班夺权。

即使宋太宗真的打算将皇位传给他，赵廷美会安分守己地等着即位吗？他会不会急不可耐，提前抢班夺权呢？宋太宗产生这种疑虑应该是很有可能的，因为他的帝位很可能也是这样得来的。在赵廷美之前，他已经树立了一个成功的榜样，他能不担心吗？这是宋太宗的一桩心病。

总之，按照金匮之盟的排序，赵廷美是下一个皇位继承者，但是，宋太宗内心并不打算这样做，那该怎么办呢？最好的办法就是将赵廷美从这个顺序中除去，彻底解决掉也未尝不可。这是我们对宋太宗的内心世界所做的推测。

宋太宗想除掉赵廷美，赵普想收拾卢多逊；两个人，为了不同的目标，走到了一起。事情也真凑巧，史书上讲，卢多逊与赵廷美来往密切，就这样，两个人的目标因为卢多逊与赵廷美的密切交往而聚到了一起。

赵普复相，正是在宋太宗接连逼死赵德昭、赵德芳，引得众人非议不满，而又想对赵廷美下手以便能传位自己儿子的情况下，担负起安定人心稳定局势的大任的，这是太宗的需要。赵普因久受冷遇，备受打击，亟须东山再起，恢复权位，所以也乐意担当这个大任。于是乎，二人一拍即合。这说明，在政治上，没有永远的敌人，只有共同的利益。

在宋太宗的大力支持下，大宋宰相赵普紧锣密鼓地展开了"察奸变"的运动，这是赵普复出之后的第一项重大工作，结果会怎样呢？

皇室冤案

二十一

赵普打出金匮之盟这张牌,让两个人成了大赢家。一是太宗皇帝。由于金匮之盟彻底化解了赵光义即位的危机,太宗的底气更足了。二是赵普。他借此重新回归大宋朝廷核心,第二次出任大宋的首相。然而,金匮之盟在彻底化解宋太宗即位危机的同时,也留下了一个后遗症。宋太宗的弟弟、开封尹、秦王赵廷美理所当然地成为宋太宗之后的合法继承者。但是,这并不是宋太宗希望的事情。事实上,宋太宗再次起用赵普,其中就含有借赵普之力彻底解决大宋王朝接班人问题的意图。在此背景之下,秦王赵廷美终于"酿成"了一个历史事件,并且成为大宋历史上继金匮之盟、斧声烛影之后的又一桩迷案。这一切是怎么发生的?事情的真相还能弄清楚吗?

身在高处就会不胜风雨

先从赵廷美的地位说起。

第一，赵廷美是皇弟。

宋太祖赵匡胤弟兄五人，老大、老五早夭，太祖排行第二，太宗第三，廷美第四。宋太祖做皇帝，赵廷美是皇帝的弟弟；宋太宗做皇帝，他还是皇帝的弟弟。皇弟的身份与地位自不必详说。

第二，赵廷美是开封尹。

开封是北宋的京都，开封尹就是首都开封府的最高长官，统揽京城行政、司法、民生等事务。京都的行政地位自然高于地方，京都最高长官的地位自然也高高在上，地位显赫。

第三，一人之下，万人之上。

赵廷美上朝的时候，班次排在宰相之前，是真正的一人之下，万人之上。

第四，赵廷美是准皇储。

宋太宗即位以后，让赵廷美任开封尹，兼中书令，封齐王；从征北汉后，改封秦王。这是沿用太祖时皇弟尹京的旧制，赵廷美也因此获得了准皇储的地位。赵普献上金匮之盟以后，解决了宋太宗的皇位是合法继承而不是力夺的同时，也强化了赵廷美的准皇储地位。

通俗一点说，赵廷美是大宋王朝的二号首长，还有可能成为未来的接班人。这种地位是宋太宗一手推上去的，也是金匮之盟排列在内的；然而，这并不是宋太宗的内心所愿。宋太宗之所以能够放弃对赵普的成见,重新起用曾经的冤家对头,很大程度上是为了解决这个重大问题。

《续资治通鉴长编》中这样记载,有一天宋太宗将赵普召来,向他咨询对大宋未来继承人的意见。赵普说:"太祖已误,陛下岂容再误邪?"《续资治通鉴长编》卷二十二这话说得极其恶毒,太祖皇帝心怀慈爱,没把陛下您尽早干掉,已经犯下了致命的错误。陛下难道还要重复太祖的错误不成?宋代的笔记中也有类似的记载,赵普对宋太宗说:如果先帝听从老臣的话,今天就无法见到您的光辉形象了。但是,先帝这样做是错误的,陛下您可不能再犯这样的错误。看来,在传子不传弟这个问题上,赵普一直是坚定的支持者,跟着宋太祖时就坚持,结果被贬;现在他的理念仍然没变,他说的话虽然狠毒,但正合宋太宗的心意,太宗不断点头赞许。赵普复相,然后赵廷美获罪。历史记载就是这样一个逻辑关系。

说赵廷美有罪,赵廷美就有罪吗?不幸的是,世界上不是缺少罪恶,而是缺少发现罪恶的眼睛和敢于揭穿罪恶的胆量。在罪恶的眼睛里,这个世界还有好事吗?赵廷美被盯上了,不幸成了这个倒霉蛋儿。那么,赵廷美的罪名是什么呢?

先帝若听臣言,则今日不睹圣明。然先帝已错,陛下不得再错。——《曲洧旧闻》卷一

太宗首肯者久之。——《曲洧旧闻》卷一

于是普复入相,廷美遂得罪。——《续资治通鉴长编》卷二十二

这件事你怎么看，此中必有蹊跷

犯上作乱、蓄意谋杀、抢班夺权。史书上是如此记载这件事情的：

时间是在太平兴国七年(982)三月，地点在金明池。

金明池位于北宋京都外城西墙顺天门外路北，这是一个人工湖。这个人工湖的最初开凿要追溯到五代后周的显德四年(957)，当时后周对南唐用兵，江南地处水乡，擅长水上作战，而北方人不适应，所以周世宗下令开凿人工湖，在此训练水兵，进行实战演习。金明池的大规模开凿是在宋太宗登上帝位以后，太平兴国元年(976)，宋太宗下诏动用三万五千名士卒凿池，到太平兴国三年二月，池塘凿成，周长约九里，将金水河水引入池塘，宋太宗赐名金明池。《续资治通鉴长编》卷十九金明池主体工程完成后，宋太宗又下令在金明池的中心修建宫殿，即水心殿，以便在上面观看士卒水上演习。据史书记载，这项工程在太平兴国七年三月完成，按照原定计划，宋太宗将乘船前往参观。但是，计划没有变化快，宋太宗的这项活动突然宣布取消了。这是什么原因呢？

> 金明池水心殿成，上将泛舟往游。——《续资治通鉴长编》卷二十三

原来，有人告发秦王赵廷美谋划好了暗中行刺宋太宗方案：利用宋太宗参观金明池水心殿的机会暗中行刺；如果金明池谋害失败，就假装生病在家，等宋太

宗前来看望之时，再行刺杀篡位。因为有人告发赵廷美阴谋作乱，所以宋太宗取消了这次视察。但是，赵廷美真的会谋刺宋太宗犯上作乱吗？

或告秦王廷美谋欲以此时窃发，若不果，则诈称病于府第，候车驾临省，因作乱。——《续资治通鉴长编》卷二十三

开封新建的金明池水心殿（史书记载，宋太宗计划去水心殿参观时，虹桥尚未建成，所以说"泛舟往游"）

第一，没有确切的证据。

尽管告发者把赵廷美犯上作乱的计划说得有鼻子有眼，但毕竟没有发生；除了告发者告发之外，并没有其他任何证据可以证明秦王赵廷美确实有此谋划，正如前人所言："未尝有一显罪确情。"陈世隆《北轩笔记》（中华书局1985年版）就是说没有一条可以坐实的证据。当然，没有证据，并不能完全就说赵廷美没有这个计划，但这毕竟令人生疑。这是第一个疑点。

第二，告发之人均为宋太宗心腹。

《续资治通鉴长编》中在叙述秦王赵廷美所谓的阴谋时，用"或告"这样的用语，但后面写到论功行赏时，指出了告发者的名字：如京使柴禹锡、翰林副使杨守一。考察一下这两个人的履历就会发现，他们都是赵光义晋邸的幕僚。

柴禹锡，宋太宗做开封尹的时候，因为很会说话，成为晋邸幕僚。宋太宗即位以后，平步青云，太宗经常召见他，询问宫外之事，是宋太宗的得力心腹。

杨守一，因为略微通晓一点《周易》与《左传》，进入晋邸。宋太宗即位后，改翰林副使。史书上说杨守一这个人其实没有多少才能，只不过是以幕僚身份，追随赵光义多年，又碰到了好机会，才官运亨通的。什么好机会呢？仔细考察他的一生，这个所谓的"时机"，即告发秦王赵廷美阴谋一事。

告发者都是宋太宗的心腹，这就令他们告发的真实性大打折扣，就会令人怀疑是否宋太宗指使他们所为。这是第二个疑点。

第三，宋太宗不彻查此事。

按照一般的思维，赵廷美阴谋篡位是一件天大的事，应该彻底查清，但宋太宗表现得极为"大度"。史书上这样写道："上不忍暴其事。"《续资治通鉴长编》卷二十三就是说，宋太宗不忍心将赵廷美的阴谋公之于众。不愿这样做，不外有两种可能。一种是宋太宗想给自己的弟弟保留颜面，是兄友弟恭的典范，很有亲

> 时太宗居晋邸，以善应对，获给事焉。太平兴国初，授供奉官。三年，改翰林副使，迁如京使，仍掌翰林司。每夜直，上以藩府旧僚，多召访外事。——《宋史·柴禹锡传》

> 无他材术，徒以肇自王府，久事左右，适会时机，故历职通显。——《宋史·杨守一传》

情味儿。但再想想宋太宗的行事及其作风，即位前的斧声烛影，涉嫌谋杀兄长；自己的侄子赵德昭愤而自杀、赵德芳不明不白地暴死，宋太宗都脱不了嫌疑。他对自己的这个弟弟会格外开恩吗？所以这种可能站不住脚。还有一种可能，宋太宗不愿将赵廷美的阴谋公之于众，是因为这根本就是莫须有的事情，没有的事情能怎么彻查呢？查没了就不好办了。这是第三个疑点。

第四，赵廷美已经意识到危机，行事小心谨慎。

尽管柴禹锡等人告发说赵廷美很跩、牛哄哄的，但很可能不合事实。自己的两个侄子赵德昭、赵德芳先后离世，赵廷美已经感觉到了无形的压力。史书上说：德昭既不得其死，德芳相继夭绝，廷美始不自安。《续资治通鉴长编》卷二十二像这样一个连自己的性命都不一定能保住的人，他能怎么跩？相反，赵廷美不但不敢跩，还会竭力示弱。赵普被任命为相后，赵廷美赶紧请求上朝的时候排在赵普之后，宋太宗很爽快地应允了。位置决定命运，事实上，不管赵廷美如何小心谨慎，只要位置不变，就难免被收拾的命运。

第五，赵廷美不会弱智到如此地步。

再仔细看看告发者说的赵廷美的阴谋：准备在宋太宗到金明池水心殿视察的时候进行谋害，若失败就装病等宋太宗前来探视时再行谋害。金明池是大宋皇家水军操练之地，宋太宗宣布前往视察又大张旗鼓，这是合适的谋害场所吗？宋太宗前往探视会独自一人去吗？想当初，斧声烛影那夜，屏退所有人，赵光义虽成功上位，但费了很大的劲还是摆脱不了世人的疑虑，他赵廷美即使能够成功，他有能耐控制住局面吗？所以说，赵廷美即使真的图谋不轨，也不会如此弱智。不过，这种弱智的方案也从侧面说明一个问题，赵廷美是必须除去的，他们也懒得替赵廷美构想一个更完善的谋害计划了。

总之，告发者告发赵廷美犯上作乱的事情没有任何确凿证据，即使赵廷美真的有这种谋划，最多只能算是作乱未遂。宋太宗不忍心将告发者所说的赵廷美谋反公之于世，表现得那么大度，但接下来的处理，才真正让人明白了事件的真实原因。"罢廷美开封尹，授西京留守。"《续资治通鉴长编》卷二十三

按照惯例，尹京亲王是皇位的继承者，现在赵廷美连尹京的资格都没有了，何谈继承皇位？这是宋太宗清除赵廷美的第一步，将其驱逐出京，从皇位的继承顺序中抹去。

令人费解的是，宋太宗对赵廷美出任西京留守，给予了极高的排场。一是大量赏赐，衣服、腰带、钱财、布匹、高档房子，应有尽有。西京留守判官、西京河南府判官也因此沾光，各获百万钱赏赐。二是安排枢密使曹彬为其饯行。据说宋太宗这样做是为了掩人

> 赐秦王廷美袭衣通犀带、钱十万、绢采各万匹、银万两、西京甲第一区。——《续资治通鉴长编》卷二十三

耳目，是为了不让赵廷美的阴谋暴露于天下，但更像是做贼心虚后的尽力安抚。

赵廷美被逐出京都开封以后，宋太宗接着大张旗鼓地开展了两项活动：一是奖赏告发赵廷美阴谋的几个人，使其升官发财；二是清除与赵廷美有交往的人，不遗余力。在这个过程中，大宋新任首相赵普抓住时机，找准切入点，对老对头卢多逊给予了重重的一击。卢多逊与赵廷美事件有关系吗？

赵普对卢多逊：打蛇七寸
太宗对赵廷美：扫地以尽

不是有没有的问题，而是说他有就有的问题。按照史书上的记载：不仅有，而且关系重大。

史书上这样说，赵普复相以后，卢多逊坐不住了。赵普多次劝说卢多逊自觉地、自动地辞去官职，但卢多逊舍不得官位，犹犹豫豫，不能及时作出决断。事实上，赵普一上台，卢多逊就意识到了压力，他不是贪权，更不是留恋自己的官位。他之所以迟迟不肯辞官，是想保留一点与赵普抗衡的资本，一旦失势，他清楚自己的下场。对赵普而言，卢多逊不辞职不要紧，他还有别的办法。

什么办法呢？赵廷美事件。在赵廷美出任西京留

赵普既复相，卢多逊益不自安。普屡讽多逊令引退，多逊贪权固位，不能自决。——《续资治通鉴长编》卷二十三

守后,宋太宗正在清理与赵廷美关系交好、有来往的一批官员,赵普就瞅准了这个切入点。史书上这样说:"会普廉得多逊与秦王廷美交通事,遂以闻。"《续资治通鉴长编》卷二十三"会"是"恰逢""正好",这是抓准了时机;"廉得"是"调查获得",这是别有用心;"交通"就是"交往",贬义的说法就是"勾结",卢多逊与赵廷美勾结,这是抓住了关键。打蛇打七寸,赵普这一招可谓"稳、准、狠"。结果,宋太宗大怒,将卢多逊下狱查办,由于此事牵连了一大批人,命李昉等人组成一个审讯团进行详细审理。

这批人的罪名很多,如贪赃枉法,仗势欺人,这都不算太严重的,而卢多逊的罪行则极为严重。

第一,泄露中书机密。

按照史书的记载,卢多逊招供说自己曾多次派人将中书机密密告赵廷美。

第二,诅咒圣上。

事情说得很仔细,说去年九月,卢多逊派人向赵廷美传信说:希望皇帝早点死,这样我就可以一心一意侍奉您了。赵廷美又派人回复说:你所言正合我意,我也盼着皇帝早点死。并且还馈赠卢多逊弓箭等,卢多逊都收下了。

案件审理完毕,宋太宗诏文武常参官上朝讨论。王溥等七十四人上奏说:卢多逊、赵廷美诅咒圣上,大

> 皆坐交通秦王廷美及受其私馈故也。——《续资治通鉴长编》卷二十三

> 去年九月中,又令赵白言于廷美云:愿宫车早晏驾,尽心事大王。廷美又遣樊德明报多逊云:承旨言正会我意,我亦愿宫车早晏驾。私遗多逊弓箭等,多逊受之。——《续资治通鉴长编》卷二十三

逆不道，按照刑律，应该诛杀。于是，宋太宗下诏宣判：

第一，削夺卢多逊官爵，并家属全部流放崖州（今海南三亚市崖州区）。

第二，卢多逊的同事，因病请假的宰相沈伦，因为不能提前发现卢多逊的阴谋，被降职察看。

第三，赵廷美被勒归私第，就是软禁在家。

第四，剥夺赵廷美子女皇子、皇女称号。女去公主之号，女婿去驸马都尉之号，全部发往西京。

第五，与赵廷美有关系的人员，包括曾经借给赵廷美粮食的人员、没有教育好赵廷美的西京留守判官、前开封府推官，有的被打个半死，有的被贬职，有的被流放。

第六，中书舍人李穆，一因与卢多逊关系好，再因替赵廷美起草辞京的文字，被贬官。

第七，其余诸人，立刻斩首于都门之外，家产一律充公。

至此，与赵廷美有关的所有人员，悉被处置，廷美的势力扫地以尽。

但是，事情并没有完结。

就在赵廷美被贬职两月后，赵廷美的继任者权知开封府李符上奏说：赵廷美迁居西京，不反省错误，不思悔改，而是对圣上心怀不满，心生怨恨，请将其遣送偏僻之地，以防生变。此言正中太宗下怀，遂将赵廷美降为涪陵县公，房州（今湖北房县）安置，这个地方曾经安置过后周的小皇帝柴宗训。太宗同时新任命了房州的知州与通判，各有赏赐，以便监管赵廷美。

　　史书上讲，李符的这一重大动作是受赵普唆使的。在这件事情上，赵普恐怕又是替太宗受过。

　　第一，当初宋太祖为摆脱赵光义的势力范围，西幸洛阳，意欲迁都，上书陈述迁都不便八条理由的那个人，就是李符。

　　第二，宋太宗在开封尹任上，李符曾向其推荐人才，推荐之人成为太宗的心腹。

　　第三，廷美被罢开封尹后，宋太宗令李符继任，可见对其信任有加，李符实则肩负着清除廷美势力的重任。

　　第四，善于揣摩领导心理，以求升迁，廷美失势，落井下石，这是李符的拿手好戏，根本不用赵普教导。

　　第五，赵普刚刚告发了宰相卢多逊与开封尹赵廷美交通的事情，他又以宰相身份交通开封府，可能性不大。

　　所以，在这件事情上，真正的始作俑者还是宋太宗。

　　如同后周的小皇帝柴宗训一样，赵廷美在房州没活多久。天天受人监视，担惊受怕，到太平兴国九

> 廷美不悔过怨望，乞徙远郡以防他变。——《续资治通鉴长编》卷二十三

> 赵普以秦王廷美谪居西洛非便，教知开封府李符上言。——《续资治通鉴长编》卷二十三

> 好希人主意以求进用。——《宋史·李符传》

年(当年十一月改元雍熙,984)正月,赵廷美"忧悸成疾而卒"《宋史·魏悼王廷美传》,时年三十八岁。顺便交代一下,次年,卢多逊也病死于海南岛。

简单总结一下。通过三步,宋太宗彻底清除了赵廷美。第一步,罢开封尹,驱逐出京都开封。第二步,罢西京留守,驱逐出陪都洛阳。第三步,忧悸成疾,驱逐出人间。赵廷美一死,宋太宗的心病彻底解除了,传位于子的障碍没有了。但是,三步完成以后,还不圆满,因为这件事做得很不地道,会损害自己的光辉形象。所以赵廷美死后,宋太宗为了撇清自己的关系,为了修正自己的形象,仍没有放过赵廷美,竟然有天大的爆料。宋太宗到底说了些什么呢?

形象是个大问题

赵廷美死去的消息传至京都之后,宋太宗一如既往地呜咽流涕。事情结束之后的某一天,宋太宗非常镇定、慢条斯理地对宰相李昉等人道出了一个惊天秘密:

廷美的母亲是陈国夫人耿氏,也就是朕的乳母,后来嫁给另外一个姓赵的,生了赵廷俊。按照宋太宗的爆料,赵廷美的母亲不是杜太后,而是耿氏,这个耿氏曾是宋太宗的奶妈。《续资治通鉴长编》卷二十四中还记

> 其后,从容谓宰相曰:『廷美母陈国夫人耿氏,朕乳母也,后出嫁赵氏,生军器库副使廷俊。』——《续资治通鉴长编》卷二十五

载说：太平兴国八年正月，太宗的乳母陈国夫人耿氏卒，然后又特别强调说这个耿氏就是涪陵县公赵廷美的亲生母亲。

宋太宗的爆料是不是真的呢？

第一，《宋史·后妃传》中明确说赵廷美为杜太后所生。

史书中记载："太祖母昭宪杜太后，定州安喜人也……生邕王光济、太祖、太宗、秦王廷美、夔王光赞、燕国陈国二长公主。"《宋史·太祖母昭宪杜太后传》根据这条记载，杜太后生五子二女，长子光济、五子光赞早夭。

第二，《建隆遗事》中记载金匮之盟时言及"一妇人生三天子"。

王禹偁的《建隆遗事》在叙述金匮之盟时，说酒酣，太祖对母亲杜太后说：我百年之后将皇位传给晋王，令晋王百年后将皇位传给秦王。杜太后听了很高兴，说：我早有这种想法，一直没说出来，我要让万世之后都知道一妇人生了三个天子，你对母孝顺、对兄弟友爱，成全了我这个想法。这则材料明确说明秦王廷美是杜太后所生，没有疑义。

第三，《建隆遗事》中明确辨明赵廷美是杜太后所生。

李焘引此书说："秦王，上弟，宣祖第三子，名廷美，亦杜太后所生。今本传言王是太宗乳母王氏所生，

> 吾久有此意而不欲言之，吾欲万世之下闻一妇人生三天子，不谓天生孝子成吾之志。——《续资治通鉴长编》卷二十二注引《建隆遗事》

非也。"本传指的是宋代《国史》中赵廷美的传记，本传中说太宗的乳母是王氏。有两种可能，一是《建隆遗事》记载讹误，二是本传的确如此记载。如果是后者，那最初都没想好给赵廷美安排一个姓什么的母亲。《建隆遗事》中一句话道破了太宗的意图："其有旨哉。"《续资治通鉴长编》卷二十二就是别有用心的意思。

第四，知情者均死，死无对证。

宋太宗是在他的父亲赵弘殷、母亲杜太后、他的兄长宋太祖、他的乳母耿氏、他的弟弟廷美都离世之后，才大放厥词的。当事人一个都不在世，他才爆料说赵廷美的出身问题，死无对证。正因为如此，宋太宗才脸不变色心不跳地娓娓道来。

第五，赵廷美、赵廷俊似乎"世次"相同，听起来就像是兄弟，其实并非如此。赵廷美这个名字是宋太宗登上帝位后，为了避讳，他才改的。而赵廷俊的名字，在《太宗实录》残卷中实作"延俊"《宋太宗皇帝实录校注》卷二十八。

第六，赵廷美若非杜太后所生，赵普也不会说出"太祖已误，陛下岂容再误"那样杀气腾腾的话，还用费那么多周折来除掉他吗？

赵廷美如果真为耿氏所生，宋太宗、赵普也就不会那么煞费苦心地将其排除在皇位继承人之外了，完全可以以此为由轻易地实现他们的意图。

总之，赵廷美为杜太后所生是基本可信的。宋太宗称赵廷美为耿氏所生又是一则谎言。赵廷美都已经死了，对其皇位的威胁已经不存在了，宋太宗为什么还这样做呢？

宋太宗自己的一句话表明了他的心态："朕于廷美盖无负矣。"

《续资治通鉴长编》卷二十五意思是说，我没有对不起廷美的地方。怎样证明自己无负于廷美呢？

贬低赵廷美的出身，彰显自己的仁义。

赵廷美本身就来路不正，出身不好，从小就刚愎自用，越大越学坏，而我却不计较这些，一再对其忍让，我对他仁至义尽，他却怙恶不悛，是找死。

当然，"朕于廷美盖无负矣"这句话完全可以从相反的角度理解，宋太宗的确做了对不起赵廷美的事情，欲加之罪，何患无辞！所以史书中记载的就成了赵廷美犯上作乱、抢班夺权、自取灭亡、死有余辜的事件，但是，赵廷美的案件，自始至终就没有一件可以坐实的证据，也从来没有事件的主谋赵廷美的任何口供。可以肯定地说，这是一桩十足的冤案。

尽管史书上一再将赵廷美案件的主要责任人归咎为赵普，事实上，赵普最多不过是个帮凶而已，宋太宗亲自导演了这桩栽赃诬陷亲弟弟冤案的可能性极大。在皇位这一天下第一权力面前，即便在兄弟父子之间，人性的泯灭早已司空见惯。

赵廷美事件牵连了许多人，宋太宗在处理赵廷美事件时，也不失时机地对大宋的高层人事进行了调整，由此最终形成了一个对他个人集权更为有利的执政格局。那么，宋太宗对京都开封的人事进行了哪些调整呢？

> 凡廷美所以得罪，则普之为也。——《续资治通鉴长编》卷二十二

从开封到开封

〈二十二〉

宋太宗在处理赵廷美案件的过程中,不遗余力地清理所谓的赵廷美党羽。凡是与赵廷美有过来往的官员,即使是宋太宗曾经的幕邸成员,也毫不留情地进行了处置。同时,宋太宗借着清理赵廷美的机会,对大宋的重行政部门的人事做了较大的调整。调整后的开封府、中书门下、枢密院等机构,形成了新的人事格局。赵廷美被罢免开封尹以后,京都开封首先出现人事空缺;那么,宋太宗对京都开封的人事做了哪些调整呢?

准确地说，开封府属于地方行政机构；但是，开封是北宋的京都，是皇宫所在，是天子居住之地，素有"天府"之称；所以，作为地方行政机构的开封府比其他地方的地位要高得多。而且，大宋王朝的这次行政人事调整是由开封尹赵廷美案件引发的，因此，我们先从京都开封的人事调整说起，这一章主要讲后廷美时代开封府的人事变迁。

不管赵廷美有没有急不可耐、抢班夺权的犯上作乱行为发生，事实上他是以这个罪名被剥夺了开封府最高长官的位子，被遣送到西京洛阳去的。赵廷美之后，宋太宗对京都的人事做了哪些调整呢？

李符：一颗临时的关键棋子

宋太宗立刻任命右正谏大夫（即谏议大夫，避讳而改）李符全权负责开封的一切行政事务（权知开封府）。李符成了继赵廷美之后的京都最高行政长官。

李符能够执掌开封府，首先是因为站队的问题。宋太祖在世的时候，他就不动声色地与晋王赵光义站在了一起，所以在宋太祖打算迁都的时候，他才会搜肠刮肚地罗列各种证据力陈迁都的八种不便。

其次是会干"脏活儿"。史书上讲，李符这个人，

> 太祖欲幸西京，有事于南郊。符上书陈八难曰：京邑凋弊，一也。宫阙不备，二也。郊庙未修，三也。百司不具，四也。畿内民困，五也。军食不充，六也。壁垒未设，七也。千乘万骑盛暑扈行，八也。——《宋史·李符传》

文化水平不高，但很会做官，皇帝心里想什么，他就做什么。正是因为如此，宋太宗才将其安置在开封府最高长官这个位子上。对于赵廷美，宋太宗有些话不便明说，但是还必须去做，因此他需要一个人在他不开口的情况下为他干一件自己心中想干的大事——诬陷赵廷美。李符就是上佳人选。

> 符无文学，有吏干，好希人主意以求进用。——《宋史·李符传》

宋太宗真没有看走眼，李符上任后不久，就给宋太宗献上大礼，说赵廷美到洛阳之后，不思悔改，心生怨恨，留在洛阳恐怕不行，万一生变，那很麻烦，最好还是遣至偏远之地。这正合宋太宗的心意，结果，赵廷美被遣送到偏远的房州去了。

赵廷美被贬房州，李符的使命即已完成。李符于太平兴国七年(982)三月坐上权知开封府的位子，五月上书将赵廷美贬至房州，八月初一，他也被贬为宁国军司马，到安徽宣城去了。这是典型的卸磨杀驴。所以，有人替他喊冤，而且不止一次。替他喊冤的人叫弭德超，弭德超这个时候担任枢密副使，因为当初是李符举荐他进入晋邸的，所以他肯卖力地替李符大鸣不平。弭德超的事情下面还要讲，不过这个人也不是什么好鸟，很快就摊上事了，而且摊上大事了。他替李符喊冤没有起什么作用，但是他犯事却很自然地牵连到了李符。结果宋太宗下令将李符发配岭表。岭表的什么地方呢？春州(今广东阳春市)。春州这地方怎么样，李符比谁都清楚。为

> 德超始因李符及宋琪之荐得事上，及符贬宁国司马，德超任枢府，屡称其冤。——《续资治通鉴长编》卷二十四

什么呢？

当初将卢多逊流放海南的时候，李符曾对赵普说：崖州虽在大海之中、路途遥远，但那里水土很好，环境也好。春州虽然稍微近点，但那里瘴气弥漫，毒性甚大，到那里去必死无疑，不如将他安置到春州。赵普没有听从李符的意见，还是让卢多逊到天涯海角看海去了。不过，轮到李符的时候，赵普想起了这档子事，毫不犹豫地将其遣送到春州去了，结果到那里一年多，李符很配合地死去了。

> 会德超败，上恶其朋党，令徙符岭表。卢多逊之流崖州也，符白赵普："朱崖虽远在海中，而水土颇善。春州稍近，瘴气甚毒，至者必死，不若令多逊处之。"普不答。于是，即以符知春州，岁余卒。——《续资治通鉴长编》卷二十四

当初将李符贬出京城的时候，朝廷给出的能拿上台面的理由是"用刑不当"《续资治通鉴长编》卷二十三，从这四个字中也可以推测所谓的赵廷美党羽供认的一些内容很可能是屈打成招。不过，史书中对李符被贬的背后原因也交代得很清楚：一是赵廷美已经被贬到房州去了，李符的使命已经完成；二是赵普担心李符泄露上书是其唆使。在赵廷美事件上，赵普不折不扣地是替代受过者，说赵普担心，其实正是宋太宗的担忧。忽然想起一则笑话：有一个"神经病"，不知从哪里弄到了一把手枪，他走进一条昏暗的小胡同，迎面遇上一个年轻人。"神经病"二话不说将年轻人按在地上，用枪指着他的头，问道："1+1=？"年轻人吓坏了，沉思了许久，

> 涪陵县公廷美既出居房州，赵普恐李符漏其言，乃坐符府中用刑不当。——《续资治通鉴长编》卷二十三

回答:"等于2!""神经病"毫不犹豫地开枪杀了他!然后把枪揣在怀里,冰冷地说了一句:"你知道得太多了!"

史书上尽管把赵廷美事件说得有鼻子有眼,其实,在明眼人那里这件事就如同"1+1=2"那样简单清楚。所以李符被贬以致客死他乡,一则因为他知道得太多,再则因为他亲自参与了这个事件,三则因为他太清楚领导的心思了。领导想什么你都清楚,不见得是件好事,尤其是领导想的事情是不能见光的。赵普不是神经病,宋太宗更不是,他们的头脑异常清楚,正因为如此,李符不仅不能继续在开封府主政,而且必须彻底消失。

李符之后,继任者是谁呢?

权知开封府:
边珝—李穆—刘保勋—辛仲甫—王祜

边珝(xǔ)。

右正谏大夫边珝。史书上说,边珝这个人"强力,有吏干"《续资治通鉴长编》卷二十四,意思是说,性格强硬,工作作风硬朗,有做官的才能。

举两个例子。

一是快速准确审结积案。

广陵(今江苏扬州市广陵区)有个富户告广陵尉谢图故意杀人,被杀的是这个富户的父亲,广陵尉谢图因此被羁押,一拨拨的官吏相继审理这个案件,前后三百天,仍然没弄出个所以然来,没办法,只得上报朝廷。朝廷派边珝接手这个案件,很快就彻底查明事实真相,原来是此富户对广陵尉心存不满，故意诬告。

二是尽心处理素不相识的官员后事。

边珝在南方任职，刚到桂州（今广西桂林市），恰逢知州张颂去世。张颂是潍州（今山东潍坊市）人，在南方任职，按照当时的制度，家人不能随从，所以身边没有一个亲人。当地人将其草草葬于城外，跟随他的那些奴仆眼红张颂的财产，便将其财产瓜分藏匿。边珝召集当地官吏，对他们说：张知州在离家千里的地方任职，死于任上，他的后事，我们怎能不尽力办妥呢！于是派遣官吏将其财产追回，又派专人将其灵柩护送回故乡安葬，时人称其仁义。

在京都开封这块地盘上，皇亲国戚到处都是，管理这个地方，确实需要一个像边珝这样既强硬又有工作能力的官员。可惜的是，边珝在开封府知府这个位子上做了不到一年，就死了。宋太宗原先还计划再提拔他，所以为此叹息了很久。

边珝之后，继任者为李穆。说起李穆，大家可能很熟悉。李穆不是刚刚因为赵廷美事件被问责降职了吗？怎么现在又能坐到开封府知府这个重要位子了呢？

李穆。

在赵廷美、卢多逊案件中，李穆的确被问责降职。降职的理由有两点，一是与卢多逊关系密

有富民诉广陵尉谢图杀其父，本部收尉囚之，官吏相继推劾，凡三百日，狱未具，州以状闻。命珝按鞫，尽得其实，乃富民畜私憾诬告，即反坐之。——《续资治通鉴长编》卷十三

珝任广南，始至桂州，会知州张颂卒。颂，潍州人。旧制，不许以族行，州人藁葬城外，仆妾利其财，悉分匿之。珝召官吏谓曰：「张使君没于远宦，身后之计，吾侪安可不为致力！」乃委官追治其财，并其丧部送归潍州，人以此义之。——《续资治通鉴长编》卷二十一

切，二是替赵廷美起草辞京的笏记。这两点应该是有根据的。按照史书的记载，李穆与卢多逊是"同门生"《宋史·李穆传》，就是师出同门，是同学。卢多逊对李穆曾经有过很高的评价，他曾对宋太祖说：李穆这个人为人正派、正直，遇事不因生死改变节操，是仁而有勇的人。

当然，整个赵廷美、卢多逊事件本来捕风捉影、模棱两可的成分居多，所以据此认为李穆与卢多逊关系很亲密则未必符合事实。从李穆之为人看，他替赵廷美起草辞京笏记也是很有可能的，这也正体现了其为人之正直。

李穆被贬以后，左右没有敢为其说话的。事情过去一段时间，左拾遗、直史馆宋准因事面奏太宗，借着这个机会，宋准极力替李穆说好话，说李穆是忠厚长者，是坚持节操的人，做人很有底线，对卢多逊的专横独断很早就看不惯，和卢多逊绝对不是同党。史书上讲"上寤"，并让李穆主持当年的科举考试。《续资治通鉴长编》卷二十四 宋太宗见李穆消瘦憔悴，很关心地问道：爱卿怎么如此憔悴呢？难道是因为贬责以来日夜忧虑造成的吗？即刻下令恢复李穆的官职。

边珝死后，宋太宗又令李穆知开封府。上任以后，李穆果然不负圣望，将京都事务处理得相当得体，奸诈狡猾之徒没了用武之地，京都豪强大族也吓得收敛不少，权贵们更是无人敢于请托，宋太宗有了进一步重用

穆操行端直，临事不以生死易节，仁而有勇者也。——《宋史·李穆传》

上寤。于是，穆同知贡举，预侍立，上见穆颜色癯瘁，谓曰："卿何故如此，岂非黜降以来忧畏所致乎？"——《续资治通鉴长编》卷二十四

的想法。在知开封府这个位子待了不到半年，太平兴国八年(983)十一月，李穆被提拔为左谏议大夫、参知政事，开始进入宰执的行列。

史书上说，李穆不仅为人正直，而且非常孝顺。

一是尽心侍奉卧病在床的母亲。

他的母亲卧病在床一年有余，李穆亲自服侍，母亲每次移动翻身，他都亲自帮扶，直到母亲称心才止，一丝一毫不敢懈怠。

二是坚决不给母亲心上添堵。

他因赵廷美事件被关押期间，命自己的儿子欺骗祖母说自己是奉诏在狱中审案，不能回家。被贬官回家以后，仍不敢把详情告知母亲。仍像往日一样，每隔一天，假装白天出去上班，实际上已经没班可上，而是去拜访亲友。一直到他官复原职，母亲始终不知此事。

三是守丧尽哀。

李穆任参知政事一月有余，母亲去世。居丧期间，斋戒荤腥，哀伤过甚，竟因此得病暴卒。

李穆去世以后，宋太宗也很伤心，痛哭流涕地说：李穆洁身自守，品行纯正，是难得的

丁亥，以翰林学士中书舍人李穆知开封府。穆剖决精敏，奸猾无所假贷，由是豪右屏迹，权贵不敢干以私。上益知其才，始有意大用。——《续资治通鉴长编》卷二十四

穆坐秦王事属吏，其子惟简给祖母以穆奉诏鞫狱台中。——《宋史·李穆传》

穆不食荤茹，哀戚过甚，因致毁瘠……风眩暴卒。——《续资治通鉴长编》卷二十五

母尝卧疾弥年，动止转侧，皆亲自扶掖，乃称母意，未尝少懈。——《续资治通鉴长编》卷二十五

间日辄出访亲友，阳为入直，暨牵复，母终弗知。——《续资治通鉴长编》卷二十五

人才。朕刚刚提拔他，没想到竟然逝去，这不是李穆的不幸，是朕的不幸啊。

至孝之人定能尽忠，由此亦可推知赵廷美事件背后的隐情，捕风捉影、子虚乌有的概率更大一些。

刘保勋。

李穆被提拔为参知政事后，接任其开封府职位的是右谏议大夫刘保勋。

史书上说，刘保勋这个人性情忠厚，为人谨慎、随和，不曾得罪人，睡眠少，精于吏治，有耐心，不怕事务繁杂。他曾对同僚说：我接受圣上的命令从不推辞，与同僚之间从不钩心斗角，居家积财从没有到一千钱。

这是刘保勋做官的"三不"原则：接受皇命不避让，尽职尽责；对待同事从未让人觉得不满意，讲究团结，和谐待人；家庭建设不积累财富，不能超过一千钱。这样的官古代不多啊！像刘保勋这样有丰富从政经验而且廉洁的官员执掌开封府，也算是一个合适人选。但是，在任期间，刘保勋审理了一个案件，竟因此丢掉了开封府知府这顶官帽。这是什么案件呢？

一起民事案件，一起由家庭内部矛盾引发的诬告案件。

一个姓刘的寡妇，到开封府状告她丈夫前妻的

> 上临哭出涕，谓宰相曰：『穆洁己守道，操履纯正，真不易得。朕注意已久，方此擢用，遽至沦没，非斯人之不幸，乃朕之不幸也。』——《续资治通鉴长编》卷二十五

> 保勋性纯谨，少寐，未尝忤物，精于吏事，不惮繁剧。尝语人曰：『吾受君命未尝辞避，接同僚未尝失意，居家积赀未尝至千钱。』——《宋史·刘保勋传》

儿子在她的食物中下毒，差点将她毒死。不知刘保勋是怎么审理的，反正审理结果是案件成立，刘氏继子被判有罪。但是，对这个审理结果，家属不服。敲登闻鼓，御前告状喊冤，于是这个案件就移交御史台重新审理。御史台审理的结论与刘保勋审理的大相径庭：寡妇刘氏是诬告，原因是刘氏与他人有奸情，被丈夫前妻的儿子知道了，刘氏觉得很丢人，又很恐惧，因此生恨，所以才胡言乱语——诬告。

案件审理清楚了，刘保勋是大错特错，差点草菅人命。刘保勋因此被扣罚三个月的薪水，并罢免了其开封府知府的官职，由辛仲甫来代替他。

辛仲甫。

辛仲甫这个人我们在《宋太祖赵匡胤》中不止一次地提过，他是儒臣，但武艺精湛，是个全才，他是宋太祖欣赏的文武兼得的理想人才。所以，在蜀地发生叛乱之时，宋太祖派遣他入蜀收拾残局。宋太宗即位后的太平兴国二年（977），他曾和李穆一起，代表大宋出使辽国。

到辽国后，当时的辽景宗耶律贤问他：听说贵国有个叫党进的武将，勇猛善战，贵国像党进这样的人有几个？辽景宗耶律贤的这个问题，貌似夸赞党进，其实也是借此套套大宋的底细。辛仲甫回答道：我大宋名将甚多，党进这样的只能算是鹰犬之才，像他这

> 寡妇刘诣府诉夫王前妻子元吉置堇食中，毒己将死。——《宋史·刘保勋传》

> 惭悸成疾，惧其子发觉而诬之。——《宋史·刑法志二》

> 契丹主问曰：「闻中朝有党进者真骁将，如进之比凡几人？」——《续资治通鉴长编》卷十八

样在身边供驱使奔走效劳的人，不值一提，这样的人我大宋数不胜数！辛仲甫这话说得不卑不亢、绵里藏针，在貌似贬低党进的语气背后，实际上是在威慑辽国。这就是外交辞令，当然不是什么人都能应对自如的，比如像党进那样的赳赳武夫就绝对不行。

> 仲甫对曰：「名将甚多，如进鹰犬之材，何可胜数！」——《续资治通鉴长编》卷十八

一方面，辽国皇帝很欣赏辛仲甫；另一方面，他在口头上没占到什么便宜，就想扣留使者，给宋朝一个下马威。辛仲甫说：两国交往，在于诚信；相互诚信，才成就道义；按照道义，不能扣留使者，我也不能留下来；如果您坚持扣留，唯有一死。辽景宗认识到辛仲甫是个坚持节操的人，守节不移，宁死不屈，也很敬重他，厚礼遣还。

> 契丹主颇欲留之，仲甫曰：「信以成义，义不可留，有死而已。」契丹主知其秉节不可夺，厚礼遣还。——《续资治通鉴长编》卷十八

宋太宗对辛仲甫的出使很满意，曾经对身边的人讲：辛仲甫出使辽国，沉着稳重，随机应变，没有辱没使命，没有丢大宋的脸。像他这样的人，如果再多几个，朕还有什么可担忧的呢？

辛仲甫谋事深远，御吏有道，在军中、地方、中央及出使外族时，都能尽职尽责，是一位正直且有作为的官员。太平兴国九年（雍熙元年，984）二月，刘保勋被罢免开封府知府后，宋太宗令辛仲甫接任，掌管京都，这当然是很合适的人选。到第二年六月，辛仲甫被擢升为给事中、参知政事。

> 仲甫远使绝域，练达机宜，可谓不辱君命，若更得如仲甫数人，朕何患也。——《续资治通鉴长编》卷十八

辛仲甫之后，知开封府的官员叫王祜（《宋史》作王祐，误）。

王祜(hù)。

史书上记载的有关王祜的事迹很多，其中有两件事值得叙述一下。

第一件事，王祜力陈符彦卿无罪。

太祖朝的时候，符彦卿久镇大名，嚣张跋扈，违法乱纪的事没少干，辖区内治理得很不好。

太祖听闻之后，派王祜去大名做官，目的是调查一下符彦卿。王祜是大名人，所以，太祖对他说：大名，是爱卿的故乡，派你到那个地方去，正是古人所说的"昼锦"啊。"昼锦"是古人常用的一个典故，意思是说富贵荣华、高官厚禄以后，如果不回老家显摆显摆，就好比穿着华美的衣服在漆黑的夜里行走一样，就是衣锦还乡的意思。

按照《宋史》的记载，王祜到大名以后，用全家百口来担保符彦卿没有罪，并且还说：五代的国君，大都因为猜忌而专杀无辜，所以他们享国不久，希望陛下以此为戒。由于王祜的力保，符彦卿才没有获罪。时人称其有"阴德"。

第二件事，王祜力劝卢多逊不要搞小动作。

翰林学士卢多逊与宰相赵普的矛盾非一日之久，当时王祜掌管诰命，起草诏令（知制诰），卢多逊多次暗

时符彦卿久镇大名，专恣不法，属邑颇不治，故特选强干者往莅之。——《续资治通鉴长编》卷四

大名，卿之故乡，古人所谓昼锦者也。——《续资治通鉴长编》卷十

五代之君，多因猜忌杀无辜，故享国不永，愿陛下以为戒。——《宋史·王祜传》

示王祜要站在他这一边，王祜无动于衷。王祜还用唐代宇文融排挤张说的事例劝说卢多逊。宇文融是唐代玄宗的宠臣，与中书令张说互相倾轧，最终被流放崖州。王祜用这个历史事件劝说，卢多逊当然不高兴，就设法将王祜贬出京城。后来，赵普复相，卢多逊的结果与宇文融是惊人的相似。

王祜极力为符彦卿辩解，有好生之德；力劝卢多逊不要互相倾轧，有先见之明，像王祜这样的人担任开封府知府，也算合适。不过，王祜的身体不大争气，不久就请了病假，离开了这个位子，回家休息去了。

王祜病休以后，谁来掌管京都的事务呢？

赵元僖：新的皇位继承人

宋太宗的次子陈王赵元僖。

亲王尹京，这不就是皇位的继承者吗？为什么是次子呢？宋太宗的长子赵元佐呢？

赵元佐已经被废为庶人了。史书上讲，宋太宗的长子赵元佐从小就聪明机警，长得酷似宋太宗，所以太宗特别喜欢这个孩子。宋太宗如此钟爱的孩子，怎么被废为庶人了呢？

这还得从赵廷美事件说起。

> 多逊累讽祜比己，祜不从。一日，以宇文融排张说事劝释之，多逊滋不悦。及普再入，多逊果败，与宇文融事颇类。——《宋史·王祜传》

> 少聪警，貌类太宗，帝钟爱之。——《宋史·汉王元佐传》

对于赵廷美事件，作为侄子的赵元佐应该是清楚真相的。他是个很有正义感的男子汉，根本不懂得他父亲的"良苦用心"，还多次向父亲求情，营救自己的叔叔，但宋太宗不为所动，结果赵廷美死在了偏远的房州。赵元佐深知内情，赵廷美之死对其刺激很大，竟因此得了精神分裂症（心疾）：一是很长时间都不上朝请安；再是行事变得异常残忍，身边人一旦有点小的过失，必定手刃，仆人小吏从庭院走过，他举箭就射。后来病情虽然有所好转，但很快发生的一件事，进一步刺激了他。什么事情呢？

雍熙二年（985）的重阳节，宋太宗召集诸王宫中宴射，赵元佐因为有病，没有被邀请。傍晚，宴射结束后，陈王赵元佑（赵元僖）等去拜访元佐（一直觉得赵元佑这是别有用心）。赵元佐对兄弟们说：你们与父皇宴射苑中，我却没有参与，这是父皇不要我了啊！竟因此闷闷不乐，越想越堵，半夜，纵火焚宫。

结果，宋太宗下令将赵元佐废为庶人，逐出京城，均州（今湖北丹江口市）安置。宰相等人多次上表求情，乞求将元佐留在京师，已经走到黄山的赵元佐才被召还，软禁起来。

宋太宗的次子赵元僖在其兄长被废为庶人的情况下，成了事实上的长子。所以，雍熙三年（986）十月，

> 楚王元佐独申救之，上不听。——《续资治通鉴长编》卷二十六

> 左右微过，必加手刃，仆吏过庭，往往弯弓射之。——《续资治通鉴长编》卷二十六

> 重阳，召诸王宴射苑中，而元佐以疾新起，不预。至暮，陈王元佑等过之。元佐谓曰：'汝等与至尊宴射，而我不预焉。是为君父所弃也。'遂发愤，中夜，闭腰姜，纵火焚宫。——《续资治通鉴长编》卷二十六

开封新建的开封府

陈王赵元僖被任命为开封尹,兼侍中。这意味着赵元僖成了大宋王朝未来的接班人。

好大一个圈

最后,再简单总结一下。

从太平兴国七年(982)三月到雍熙三年十月,京都开封的最高行政长官不断变动,赵廷美—李符—边珝—李穆—刘保勋—辛仲甫—王祜—赵元僖,先后八人,有几个明显的特征。

第一,更换频繁。

在四年零七个月的时间内,开封府的最高行政长官更换八人,平均半年左右就更换一次,"铁打的开封府,流水的长官",一点不假。

第二,开封府的行政异常重要。

从中央与地方的划分来说,开封府属于地方行政机构,但开封是首都,尤其受到关注。如果是亲王尹京,那就是事实上的准皇储;如果是其他官员知开封府,那往往意味着擢升,这是一个关键平台,未来的发展方向往往是中枢机构,如参知政事等。当然也有例外,比如李符。

第三,宋太宗对开封府最高行政长官的任命确实做到了人尽其才。

第四,在八位开封府行政长官中,至少有四位与赵廷美、卢多逊事件有关。

赵廷美自不待言,李符是肩负着清理赵廷美党羽的重任上任的,赵廷美被赶到偏远的房州以致客死他乡的功劳都记在了他的头上;李穆是因与赵廷美、卢多逊有往来而被责降,事件过后有人替他辩解,才知开封府的;王祜在卢多逊与赵普的明争暗斗中早就受到打击,所以跟赵廷美事件也算有点关系;宋太宗的次子赵元僖与赵廷美事件也有千丝万缕的联系,赵廷美不被贬,不客死他乡,宋太宗的长子赵元佐就不会精神失常,也不会被废为庶人,赵元僖也就没有可能坐上开封尹的位子。

第五,从开封尹到开封尹,好像一个圈。

亲王担任开封府的最高行政长官,被任命为开封尹,他人则被任命为(权)知开封府。赵廷美从开封尹的位子上被拿下,赵元僖则顺利地坐上这一位置。官还是那个官，人已不是那个人，从宋太宗的弟弟变成了宋太宗的儿子。这说明，宋太宗经营储位的过程已经圆满完成。当然，当上开封尹的赵元僖后来并没有继承皇位，那是因为他二十七岁暴亡，这是后话。

从京都开封府最高行政长官的变更过程中，我们发现宋太宗已经圆满完成了为自己儿子经营储位的目标。当然，这一过程是伴随着中央重要机构的人员调整完成的。宋太宗对开封府长官进行调整的同时，中央最高行政机构中书门下的人员也发生了变化。那么，中书门下的人事格局出现了怎样的调整呢？

七相三参

二十三

赵廷美被罢免开封尹以后，宋太宗对开封府的最高行政长官做了调整，在频繁地更换开封府知府以后，到雍熙三年（986）十月，宋太宗的次子赵元僖坐上了这个位子，形成新的亲王尹京的局面，这标志着宋太宗的皇位继承问题已经彻底解决。在这个过程中，宋太宗对大宋王朝中央政府的两个关键部门"二府"（中书门下与枢密院）的人事也不断地进行调整。在最高行政部门中书门下，形成了一个"七相三参"的人事格局。"七相三参"是怎么回事呢？这一切是如何实现的呢？

先说说宋代的"二府"。"二府"是东府、西府的合称。东府是指中书门下，掌管政务，这是宰相办公的地方，又称政事堂，是负责行政的最高机关。西府是指枢密院，掌管军事，是国家最高军事机关，其长官称枢密使。枢密使的地位虽然略低于宰相，但二者互不统属，谁也管不着谁，各自向皇帝负责。东西二府共同构成了大宋王朝的最高国务机关。当然，在金字塔的最上方，还赫然矗立着大宋王朝的最高统治者——皇帝。

> 宋初，循唐、五代之制，置枢密院，与中书对持文武二柄，号为『二府』。——《宋史·职官志二》

宋太宗在处理赵廷美事件前后，也对二府的人事进行了调整安排。我们先看看宋太宗是如何对中书门下进行人事调整的。可以这么说，宋太宗对中书宰相与参知政事的人事，是围绕着一个极其关键的政治要人展开的，这个关键的政治要人就是赵普。由此可以将大宋王朝中书门下的人事调整分为两个阶段，或者说宋太宗在几年之内，对中书门下做了两轮调整：第一轮，赵普复相；第二轮，赵普再罢。赵普复相以后，中书门下人事发生了哪些变化？赵普再次被罢以后，宋太宗对中书门下又做了怎样的人事安排？

第一轮：赵普复相，流放一个，罢免一个，上来两个

开宝六年(973)八月，赵普被罢相，出为河阳三城

节度使，参知政事薛居正、沈义伦升为宰相，对赵普被贬做出重大贡献的翰林学士卢多逊也荣升参知政事。这是太祖朝末期的中书格局：两相一参。

开宝九年 (976) 斧声烛影以后，宋太宗荣登大宝。当上皇帝的宋太宗为了稳固帝位，对太祖朝的两位宰相薛居正、沈伦（避讳去义字），加官继续留用，同时将参知政事卢多逊擢升为宰相。薛居正、沈伦、卢多逊三相并立，这是宋太宗即位之初中书的人事格局。这种格局一直持续到太平兴国六年 (981) 才开始出现变动。

变化之一，首相薛居正去世。

为什么持续了六年的三相并立格局到太平兴国六年发生了变动？因为首相薛居正于该年六月突然下世，享年七十岁。薛居正从开宝六年拜相，到太平兴国六年去世在相位九年，相太祖四年，相太宗五年。

宋太祖在世之时，薛居正能够进入中书，有时代方面的因素。最初是因为赵普独相，国家行政事务太多了，赵普一个人忙不开，所以太祖给他安排了两个助手，分别是薛居正、沈义伦，让他们参知政事。但他俩最初权力不大，不用坐班，不用签字，只是给赵普打打下手。不过，随着赵普居相位时间一长，独断专行的事情不断出现，赵普自身又不是很自律，宋太祖就对他不是很放心了，随即增加薛居正和沈义伦的权力，在政府重要文件上，必须三人同时签字才行，这明显是分割赵普的权力。再后来，时为开封尹的赵光义在背后不断使劲，多种因素最终导致赵普被罢出京。赵普被罢，相位空缺，薛居正、沈义伦自然被擢升为宰相，极会投机、深得太祖信任的翰林学士卢多逊也荣升参知政事。

宋太宗即位以后，首先需要保持行政机构的稳定，所以两个宰相不但要继续留用，还要加官晋爵，为驱逐赵普做出贡献的卢多逊也被擢升为相。这也是社会背景方面的因素。这一切统统可以概括为机缘，但是，任何事情光有机缘是远远不够的，何况薛居正在相位达九年之久。从他自身方面来看，有四个关键因素。

一是风度瑰伟。

史书上讲，薛居正身材魁梧，仪表堂堂，风度翩翩，貌似是个"高富帅"。高、帅史书明确说了，富不富没讲，但他父亲是后周太子宾客，家庭条件应该也还不错，不过史书上明确记载薛居正生活很朴素，不爱显摆。这就与众不同了。

二是品行端正。

薛居正为人处世光明磊落，正直无私。史书上还说，薛居正酒量很大，能饮好几斗，但很有酒德。人们常说，饮酒最能看出一个人的品行，如果史书记载不误，薛居正的确是一个典范。

三是颇有文化。

薛居正是后唐进士出身，入宋后曾主持科举考试，监修过《五代史》（今《旧五代史》）。史书上还讲，薛居正非常喜欢读书，很有学问，文章写得洋洋洒洒，一下笔就停不下来。"落笔不能自休"虽说含有批评的意味，但前提必须是肚子里有东西。一个胸无点墨的人，想让他"落笔不能自休"也很困难。这说明，薛居正的确读书多，有知识，有文化。

居正好读书，为文落笔不能自休。——《宋史·薛居正传》

四是为政宽简。

薛居正是进士出身，是文人，温文儒雅，性情宽和，不斤斤计较，为政亦如此，不苛求，不苛察，不追求细枝末节，这就不同于所谓的"刀笔吏"，这一点颇得当时士人君子的尊重。

为相任宽简，不苛察，士君子以此多之。——《续资治通鉴长编》卷二十二

高且帅、品行端、有文化、为政宽，正因如此，宋太祖重用他，宋太宗当上皇帝以后，给薛居正加官，继续留用。但薛居正的个人生活并非完美。

一是家有悍妻。薛居正这么温和的一个帅哥，却娶了一个泼辣霸道的老婆，妻子不但不生育，而且骄横嫉妒。当然，这样的妻子肯定得不到薛居正的疼爱。

其妻悍妒，不生育。——《续资治通鉴长编》卷二十二

二是室有败子。薛居正的妻子不能生育，又不许他再娶，所以收养了一个孩子。但这个孩子没有薛居正的儒雅基因，空有一身勇力，不好读书，成天与一群狐朋狗友混在一起，声色犬马，薛居正也管不了。天生就是一个坑爹的种！不过，薛居正死后，宋太宗前来吊唁的时候，顺便"恫吓"了他一下，这小子倒是洗心革面，走上了正道，当时的人

喜声色，交游非类，居正不能止。——《续资治通鉴长编》卷二十二

素知惟吉之行，因问："不肖子安在？颇改节否？恐不能负荷先生业，奈何？"——《续资治通鉴长编》卷二十二

都为此大跌眼镜。这是一个改过自新的典型。

三是喜服丹砂。丹砂就是一些天然矿物质，本身有毒，但中国古代文人中有不少喜欢服丹砂的，据说可以强身健体。正是因为这个喜好，薛居正送了命，太平兴国六年(981)六月上朝的时候，忽然毒发，赶回家中不久就去世了。

薛居正死后，继任者是谁呢？

变化之二，赵普复相。

前面讲过，赵普在连续多年的被打击之下，决定东山再起，当时的宋太宗也需要一个赵普这样的老臣，所以薛居正去世三个月后，赵普出任首相。薛居正当上宰相有机缘因素，他死得也恰逢其时。在赵普想要这样一个位子，宋太宗打算给他这样一个位子的时候，薛居正给空出来了。

赵普上任以后，以其老辣的政治手腕，不动声色地解决了宋太宗的两大难题：皇位的来源问题与皇位的去向问题，这两个问题处理得都很漂亮，宋太宗很满意。宋太宗与赵普之间曾有过矛盾，宋太宗现在虽然起用他，但仍心存芥蒂。当时中书的格局是，赵普首相，沈伦亚相，但经常病休，卢多逊末相，一直很受太宗重视。宋太宗对大臣独断专权很警惕，害怕赵普架空他，所以宋太宗借赵普之手把自己的问题解决以后，很快又给中书安排了两个人进来。

变化之三，窦偁、郭贽任参知政事。

参知政事，俗称副宰相。宋太宗安排的这两个副宰相，一个是窦偁，一个是郭贽。

窦偁是个什么样的人呢？他为什么能够出任副相呢？

《三字经》中说："窦燕山，有义方。教五子，名俱扬。"窦偁是窦燕山（窦禹钧）的第四子。史上这样记载，窦偁拜参知政事后，宋太宗问他：你自己揣想朕为什么会任命你为参知政事呢？窦偁答道：陛下是看在我曾是您老部下的情分上，才给我这个机会的。宋太宗说：错，是因为你当年曾当着众人的面叱责贾琰，朕欣赏的是你的正直、直率。窦偁当面叱责贾琰是怎么回事呢？

原来，宋太宗任开封尹的时候，窦偁任开封府判官，贾琰为开封府推官，都是赵光义的晋邸成员。贾琰这个人能言善辩，花言巧语，很会揣摩主上的内心世界，而窦偁这个人比较正直，很瞧不上这样的人。有一次，赵光义与诸王宴射，贾琰跟在赵光义的屁股后面，阿谀奉承、赞美之词如滔滔江水连绵不绝，赵光义虽然也知贾琰所说大多无中生有，但马屁人人喜欢，也没多说什么。对于贾琰近乎无耻的表演，窦偁实在看不下去，当着所有人的面，大声斥责道：姓贾的，你这小子巧言令色、胡说八道、无中生有，难道就不脸红、内心不觉得惭愧吗？虽然是叱责贾琰，但这样说实际上也是否定了贾琰说的话，也就否定了赵光义所谓的美德。所以当时众人都变了脸色，赵光义当然很不高兴，宴射就这样结束了。为此，赵光义

> 上谓偁曰："汝自揣何以致此？"偁曰："陛下念藩邸之旧臣，出于际会。"上曰："非也，乃汝尝面折贾琰，赏卿之直尔。"
> ——《续资治通鉴长编》卷二十三

> 开宝末，右补阙窦偁为开封府判官，与推官贾琰同事上。琰便佞，能先意希旨，偁常疾之。上与诸王宴射，琰侍上侧，颇称赞德美，词多矫诞，偁叱之曰："贾氏子巧言令色，岂不愧于心哉。"坐皆失色，上亦为之不乐，因罢会。
> ——《续资治通鉴长编》卷二十一

找个机会就将窦偶安排到地方去了。赵光义当上皇帝以后，又将他召回京城任职。因为当上皇帝以后，宋太宗需要这样的人。

窦偶能够任参知政事，至少有两个因素：一是他是晋邸成员；二是他为人耿直、直率。尽管宋太宗说他是看中了后者，但两者一样重要，一样都不能少。宋太宗之所以找一个直言不讳的人进入中书，目的就是防范赵普，对赵普的独断专权产生有效的牵制。那郭贽又是凭什么呢？

郭贽出任参知政事的原因与窦偶大致相同，一则因为郭贽曾是晋邸成员，再则也是因为"直"。有一次，他对太宗说：我现在得到陛下超常规的提拔，我一定用自己的愚直回报陛下。

宋太宗给中书配备的两位副手有些共同的特点，都是他从前的亲信，都"直"，不会一味趋炎附势，巴结赵普，有话不会藏着掖着，会直言不讳。宋太宗安排的这两个人显然有适当牵制赵普的意图。不过，经历过大风大浪的赵普，今非昔比，非常沉稳老练，他复相的目的就是反击，为了对付老对头卢多逊。所以，赵普复相以后，卢多逊就应该小心了。

变化之四，卢多逊罢相流放。

赵普复相以后，多次提醒卢多逊抓紧递交辞呈，史书上讲卢多逊贪恋权位，迟迟下不了决心。其实卢多逊

贽尝因论事奏曰：'臣受不次之遇，惟以愚直上报。'上曰：'愚直何益于事？'贽曰：'虽然，犹胜奸邪。'"——《续资治通鉴长编》卷二十四

贪权固位，不能自决。——《续资治通鉴长编》卷二十三

不仅仅是贪恋权位，更是迫不得已。他很清楚自己种下的苦果，一旦失势，将更加不可收拾。卢多逊不请辞不要紧，赵普有办法，借着宋太宗剔除赵廷美的机会，赵普很快就"发现"了卢多逊与赵廷美暗中勾结、诅咒圣上的"事实"，所以卢多逊不但被罢相，还被发配到海南看海去了，并最终死在了那里。

变化之五，沈伦被罢。

卢多逊事件还牵连了另一位宰相沈伦，沈伦原名沈义伦，宋太宗即位后，避讳改名。他也被罢免了宰相，被罢的原因很有意味：没有及时发觉同事卢多逊的阴谋。试想一下，如果卢多逊与赵廷美的所谓阴谋本来就属于捕风捉影，那责怪沈伦没有事先发觉就很冤枉了。反过来讲，正是因为卢多逊、赵廷美的阴谋属于捕风捉影，为了证实其确实发生过，就必须处置沈伦，以此证明确有其事，只不过沈伦没有发觉。不管怎么说，沈伦的确是很冤枉的，但也是必须受过的。

沈伦从开宝六年(973)九月拜相，至太平兴国七年(982)四月罢，相太祖四年，相太宗六年。史书上用"清介醇谨"《续资治通鉴长编》卷二十三四字概括沈伦的为人。

一是清正廉洁。

《宋太祖赵匡胤》中专门提到，在大宋平定后蜀时，众将贪赃抢掠，只有沈伦住在寺院，青灯独守，拒绝贿赂，回京时囊中只有几卷书而已。

卢多逊将败，伦已上表求致仕，上以多逊包藏逆节，伦与同列，不能觉知，庚辰，责授工部尚书。——《续资治通鉴长编》卷二十三二是谨小慎微。

太祖朝，京都官员纷纷营造高门大第时，他依然住着狭小的房子，当太祖下令给他建大房子时，他还积极要求不用那么大，这当然能说明他清介，但也有谨小慎微的因素。这种性格，在卢多逊事件中反映得很明显。赵普复相以后，沈伦接着就意识到一场政治风暴即将来临，所以赶紧以身体有病为由请求退休，极力明哲保身，极力摆脱是非，当然最后的结果还是被处置了。沈伦这种性格气度狭小，守成有余，开拓不足，不会有较大建树。所以史书上说沈伦在相位十年，仅仅是维持现状，保证不发生大事，没有任何政治建树。

三是笃信因果。

沈伦信仰佛教，相信因果报应。所以，夏天经常一人独坐房中，任凭蚊虫叮咬而不驱赶，还禁止仆人驱赶，说是以此祈福。

当然，沈伦也有让人诟病之处。他未发达时娶的妻子又老又丑，后来又娶了一个小妾田氏，对其非常宠爱。他将自己的正妻安置在老家太康（今河南太康县），以田氏为鲁国夫人。这一点深受当时士人官僚非议。笃信因果、溺爱妾而忽略妻都是沈伦自污的为官之道，这也是他能够拜相十年的原因之一吧。

然十年相位，但龌龊固宠，不能有所建明。——《续资治通鉴长编》卷二十三

性尤好释氏因果之说，尝盛夏坐室中，恣蚊蚋咋其肤以徼福。——《续资治通鉴长编》卷二十三

微时，妻老且丑。有妾田氏，甚宠之。及贵，于太康治第，令故妻处焉。遂以田氏为鲁国夫人，搢绅非之。——《续资治通鉴长编》卷二十三

总之，薛居正去世后，首相的位置由赵普担任，然后卢多逊被流放，沈伦被罢免，赵普独相，宋太宗适时地将自己的两个晋邸亲信窦偁与郭贽安排进中书，以此牵制赵普。就这样，到太平兴国七年 (982) 四月，大宋的中书机构是赵普独相，窦偁、郭贽两个参知政事，形成了一相二参的格局。不过，这只是宋太宗的第一轮调整，他的意图还没有实现，所以这种人事格局并没有持续多长时间，第二轮的人事调整就开始了。宋太宗又做了怎样的调整呢？

第二轮：赵普再次被罢，太宗重新洗牌

宋太宗的第二轮中书人事调整出现了七大变化。

变化之一，太宗二子封王并同平章事。

太平兴国七年七月，宋太宗封其长子赵德崇为卫王、检校太傅，次子赵德明为广平郡王、检校太保，并同平章事，并轮流到中书办公。此时，赵德崇二十二岁，赵德明十七岁。因为他们要亲自去中书办公，所以同平章事并非虚衔，其实就是宰相。中书赵普独相的局面不复存在。这说明宋太宗开始为其子经营储位了。

变化之二，参知政事窦偁卒、郭贽被罢。

太平兴国七年十月，在中书工作才七个月的参知政事窦偁去世了。第二年的七月，与窦偁一并出任参知政事的郭贽也被罢免。郭贽被罢的原因史书上说是喝酒喝高了。一次郭贽喝酒过量，第二天宋太宗召见的时候，还没完全醒酒。由于酒精的作用，郭贽说起话来就有那么一点点儿随意，一点点儿轻佻，因此惹怒了太宗，遭到

罢免。其实,这只是表面的原因,其根本因素还是他的性格太"直",他对宋太宗以亲信取代太祖朝重臣的做法没有领会,所以表现得不够配合,甚至还起到了无意的阻碍作用,这一点在下章讲枢密院人事变迁的时候还要提及。再说,这个时候的宋太宗已经决定罢免赵普,再用这两个以执拗著称的人反而会给中书制造困境。幸运的是,人家窦偁很配合地死去了,郭贽死得不够及时,只能被罢,出任地方。

变化之三,宋琪、李昉擢为参知政事。

窦偁去世之后,太宗令曾经的晋邸成员宋琪参知政事;郭贽被罢以后,令李昉参知政事。从后来的任命来看,二人参知政事仅仅是一个过渡。

变化之四,太宗五子改名封王,并同平章事。

太平兴国八年(983),宋太宗令五个儿子改名,名字中不能再与太祖之子、廷美之子用相同的"德"字了,因为他们是皇子,要有区别才行,因此将世次改为"元"字,依次改名为赵元佐、赵元佑、赵元休、赵元隽、赵元杰,接着分别晋封为楚王、陈王、韩王、冀王、益王,并加同平章事。"同平章事"就相当于宰相了,不久,太宗又令五个儿子全部去中书办公。其中,最小的儿子赵元杰才十三岁。

变化之五,赵普被罢。

赵普复相以来,办了几件大事:金匮之盟证明了宋

> 贽饮酒过量,偶入对,宿醒未解,发言轻易,上怒,辛未,责授秘书少监。——《续资治通鉴长编》卷二十四

太宗位子的合法性，赵廷美被贬给太宗的儿子准备了储位，卢多逊发配偏远之地为太宗亲信腾出了位置，他的历史使命已经圆满地完成，宋太宗待他就没有那么亲密了。太平兴国八年（983）十月，赵普第二次被罢相，出为武平节度使兼侍中。经过这次心照不宣的配合，赵普、宋太宗不会再次撕破脸皮了。宋太宗给了赵普足够的面子，在长春殿设宴亲自送别，喜爱文艺的宋太宗还赐诗给赵普。赵普捧着太宗的赐诗，眼泪汪汪地说：陛下赐臣诗，定当铭刻于石，与臣这把骨头一起安葬。据说宋太宗也动了感情，流了几滴泪。

变化之六，宋琪、李昉出任宰相。

赵普被罢后，参知政事宋琪、李昉荣升相位。

太平兴国六年，薛居正卒；太平兴国七年至八年，卢多逊、沈伦、赵普在殊死党争中两败俱伤，纷纷下野，太祖朝宰相剔除完毕。在这个时刻，宋太宗晋邸成员、已经六十七岁高龄的宋琪出任大宋首相。宋琪能够拜相，有两个原因。首先，他是晋邸成员；其次，他在晋邸成员中比较有文化。

李昉能够拜相，史书上讲的原因是李昉"宿旧"《续资治通鉴长编》卷二十四。"宿旧"就是资格老，这说明宋太宗似乎很尊重老臣，这是一个可以拿得上台面的理由。其实并非如此，仔细看看宋太宗对中书人事的安排，他努力达成的目的正是极力剔除太祖朝的重臣，按部就班地

恩礼稍替。——《续资治通鉴长编》卷二十四

上赐普诗，普捧而泣曰："陛下赐臣诗，当刻于石，与臣朽骨同葬泉下。"上动容答之。——《续资治通鉴长编》卷二十四

安排自己的亲信。李昉不能算是宋太宗的亲信，为什么还被拜相呢？一是上面所说的资格老，更重要的是李昉这个人性格温和、没有心计，对人宽厚，不记仇，不斤斤计较。史书上记载了这样一件事，李昉和卢多逊关系很好，对待卢多逊很诚恳，但卢多逊却多次在背后诋毁李昉，把李昉说得一文不值。有人告知李昉，李昉死也不信，说：卢多逊与我感情很深，绝对不会这样做。正是因为李昉没有"花花肠子"，宋太宗才重用他，拜其为相，居于宋琪之下。

变化之七，李穆、吕蒙正、李至并参知政事。

宋琪、李昉从参知政事擢升为宰相，宋太宗又任命了三位参知政事，分别为李穆、吕蒙正、李至。李穆是从开封府知府的位子上晋升的，上一章已经讲过这个人。吕蒙正是太平兴国二年 (977) 进士第一名，是宋太宗登基后通过科举考试选拔的第一批人才中的翘楚，五年之间，官至副相。李至也是太平兴国初的进士，也是宋太宗登基以后经科举考试选拔出来的人才。

再总结一下大宋中书机构到太平兴国八年底的人事格局。

一是赵普又一次离开了中央；二是晋邸成员宋琪出任首相，李昉出任次相；三是宋太宗的五个儿子并加同平章事，并赴中书视事；四是李穆携太宗朝的

> 昉温和无城府，宽厚多恕。——《续资治通鉴长编》卷三十九

> 昉初与卢多逊善，待之不疑，多逊屡谮昉，人或告昉，昉曰：『卢与我厚，不当尔。』于是上语及多逊事，昉颇为解释，上因言：『多逊居常毁卿不直一钱。』昉始悟，上由此益重之。——《续资治通鉴长编》卷二十四

两位进士出任参知政事。总之，到此为止，大宋王朝的最高行政机构形成了"七相三参"的人事布局。

一个时代的彻底结束，一个时代的真正开始

最后，我们分析一下，经过两轮调整之后的中书人事格局。

第一，太祖朝的宰相剔除完毕。

薛居正、沈伦、卢多逊在太祖朝已经是中书的领导，赵普也是太祖朝的宰相，这四个人都打上了太祖朝的印记。在这两轮调整中，薛居正属于自然死亡，卢多逊、沈伦、赵普在政治斗争中两败俱伤，卢多逊被流放，沈伦被罢免退休，赵普虽然胜出，但也没有笑到最后，很体面地被再次罢相。所以说，经过两轮次的调整，大宋王朝的最高行政机构中书门下中太祖朝的宰相已经被彻底剔除。

第二，晋邸成员开始执掌大宋的中书机构。

宋琪是晋邸成员中第一个出任首相的，在一年之中，他从七品员外郎四迁升至三品首相。真是机会来了，按都按不住。宋琪执掌中书，标志着宋太宗亲信集团已经掌控国家最高行政机构。

第三，宋太宗朝选拔的进士开始进入国家中书机构。

宋太宗即位不久，就大兴科举，井喷扩招，意图通过科举考试迅速建立属于自己的统治集团。吕蒙正、李至都是太平兴国初年的进士，五六年的时间，两位太宗朝的进士出任参知政事，进入国家最高行政机构，这意味着宋太宗自己培养的人才开始担当大任，同时宣告了一个文治时代的真正来临。

第四，宋太宗皇子的地位更为稳固。

在中书人事调整中，宋太宗给自己的五个儿子加同平章事，并要求他们到中书办公。中书的十个领导中，太宗的儿子占了一半，这种安排不但有效地巩固了皇子的地位，而且也能让皇子们经受政治历练。五个儿子同入中书，也能有效地加强对中书的绝对掌控。

从太平兴国六年到太平兴国八年(981—983)，三年之间，宋太宗通过对大宋王朝的最高行政机构的大幅度人事调整，形成了"七相三参"的政治格局。这意味着宋太祖时代的真正结束，标志着宋太宗时代的真正到来。

在大宋王朝的东府中书门下，已经彻底实现了太祖与太宗朝人事的新旧替换，那么，在掌管军事的西府枢密院，宋太宗有没有进行相应的调整呢？枢密院又会出现一个什么样的格局呢？

枢密风波

二十四

从太平兴国六年（981）到雍熙元年（984），宋太宗将主要精力用在内政方面。将赵廷美清理出皇位继承的序列后，宋太宗对京都开封府的最高行政长官也做了调整，最终形成了自己的儿子尹京的局面。在国家的最高行政机构中书门下，对高层领导宰相与参知政事也不断进行调整，最终完全实现了新老交替。同时，这种调整，在大宋王朝的另一个重要机构枢密院也在按部就班地进行着。那么，宋太宗对枢密院的人事做了怎样的调整呢？调整后的枢密院又形成了怎样的人事格局呢？

枢密院俗称"西府",是宋代的最高军务部门,统领军事,具体而言,一是参与军国大事的谋议与决策,掌军令;二是掌军机行政。中书门下与枢密院分掌文武两大机构,宋太宗曾说过:中书门下、枢密院,这是国家政事的中枢系统,直接关系国家政权的稳定与否。这两个机构很关键、很重要。宋太宗对最高行政机构中书门下的人事进行调整的同时,对枢密院的人事有没有调整呢?

对如此重要的一个部门,人事调整是必然的,而且不止一次。从总体上看,枢密院人事之调整,亦可视作围绕一个中心人物展开的,这个人就是曹彬。曹彬在位时,枢密院人事是如何搭配实现制衡的?曹彬被罢后,枢密院人事又是如何调整实现转变的?这是本章的主要内容。

制衡:三对一的格局

先交代一下宋太宗登基前枢密院的人事格局:曹彬任枢密使,楚昭辅为枢密副使。

曹彬是在开宝九年(976)二月升为枢密使的。宋太祖用曹彬掌管枢密院,有多种因素,比较关键的有五点。

一是军功卓著。

在宋初的统一战争中,曹彬立下了赫赫战功。伐后

中书、枢密,朝廷政事所出,治乱根本系焉。——《续资治通鉴长编》卷二十六

蜀，曹彬为东路军都监，治军有方；伐南唐，曹彬为前线总指挥，出色完成。征伐后蜀、南唐，是宋初统一进程中的两大重要战争，曹彬圆满完成了宋太祖交付的任务。

二是不居功自傲。

宋初有功之人很多，但有些武将，往往居功自傲，曹彬则与之截然相反。比如，征伐南唐凯旋之后，向宋太祖递交折子说："奉敕差往江南勾当公事回。"《续资治通鉴长编》卷十七意思是说，皇上安排我到江南处理了一点公事，现在回来了。征伐南唐，是宋初统一南方中最重要的一环，曹彬承担这么一个重要的任务，圆满出色完成，上奏却对此轻描淡写，所以当时的人都很敬佩他，敬佩他不居功显摆，敬佩他为官低调。

> 时人嘉其不伐。——《续资治通鉴长编》卷十七

三是清正廉洁。

五代以来形成的惯例，占领一个地方，任凭将士抢杀掳掠，这也是当时将士作战的主要动力。这种惯例，在平定后蜀时又出现了，也因此造成了蜀地的叛乱。征伐后蜀时，能够廉洁自守的只有二人：曹彬与沈义伦。征蜀大将王仁赡自蜀回京后对宋太祖历数征蜀诸将的不法时说：廉洁谨慎，没有辜负陛下的，只有曹彬一个人。因此，宋太祖将征伐南唐的重任交给曹彬。史上记载，曹彬征伐后蜀、南唐，没有拿一

> 王仁赡之历诋诸将，独曰："清廉畏谨，不负陛下任使者，惟曹彬一人耳！"——《续资治通鉴长编》卷八

点点东西。

四是听话。

曹彬性格比较温和，从不违背圣上旨意。讨伐南唐时，太祖交代说：江南之事，全部委托给你了，严禁暴略百姓，务必广播威信，让他们自愿归顺，不需要速战速决。曹彬严格约束士兵，禁止肆意杀掠，长时间围困金陵，又以装病的方式与将士约法三章（见《宋太祖赵匡胤》第三十章），保全了金陵城，最大程度地减少战争对江南的破坏。

五是儒将。

曹彬虽为武将，但不乏文人、儒士的修养和风度。宋太祖的理想人才模式是辛仲甫那样的"儒而知兵"、文武兼长，这样的人可充当将帅，带兵打仗，又无须担忧他们有反叛之心。曹彬性情仁静和厚，不滥杀，不滥欲，善抚士卒，这是很多武人所不具备的。所以，曹彬可称为儒将。

用这样的人统率军队，掌管军务，宋太祖自然很放心。所以，南唐平定后不久，曹彬被擢升为枢密使。

楚昭辅进入枢密院的时间，比曹彬还早三年。

楚昭辅是宋城人，是宋太祖的嫡系。陈桥兵变时，楚昭辅就是一个活跃分子，从陈桥驿最先跑回开封向太祖家人汇报详情的就是他。宋初，负责国

伐二国，秋毫无所取。——《宋史·曹彬传》

南方之事，一以委卿，切勿暴略生民，务广威信，使自归顺，不须急击也。——《续资治通鉴长编》卷十五

在朝廷未尝忤旨。——《宋史·曹彬传》

家军事物资（军器库使），后来受命清理国库中金帛数量，因为他数学不错，工作做得又快又好，所以被任命负责国家财政（权判三司）。不久，升迁至枢密院副使。

开宝九年（976）十月，宋太宗登基之后，开始逐步对枢密院的人事进行调整。

变动之一，楚昭辅升为枢密使。

宋太宗对枢密院做的第一个调整，就是将楚昭辅升为枢密使，当然，曹彬加官，继续留用。加官留用，是宋太宗接手大宋政权后，对太祖朝官员的普遍做法，对于楚昭辅，为什么立刻升职了呢？

原来，楚昭辅在负责国家财政期间出现了点问题，即国库粮食储存明显不足，威胁到了国家粮食安全，宋太祖严厉斥责后要求其限期解决，否则拿其治罪。在楚昭辅走投无路之时，时为开封尹的赵光义帮他解决了这个问题。楚昭辅对其感恩戴德，自然而然地站到了赵光义这一边。所以，登基以后的宋太宗立刻提拔他为枢密使。这样，枢密院就有了曹彬、楚昭辅两位枢密使。

变动之二，石熙载先后升任签署枢密院事、枢密副使、枢密使。

石熙载是后周显德二年（955）的进士，是个

> 上使军器库使楚昭辅校左藏库金帛，数日而毕，条对称旨。上嘉其心计，授左骁卫大将军，权判三司。
> ——《续资治通鉴长编》卷十二

> 三司言仓储月给止及明年二月，请分屯诸军，尽率民船以资江、淮漕运。上大怒，召权判三司楚昭辅切责之曰：'国无九年之蓄曰不足。尔不素为计度，今仓储垂尽，乃请分屯兵旅，括率民船，以给馈运。是可卒致乎？且设尔安用！苟有所阙，必罪尔以谢众。'
> ——《续资治通鉴长编》卷十三

地道的文人。太平兴国四年(979)正月，石熙载从言官(右补阙)改任兵部员外郎、枢密直学士。五天后，为签署枢密院事。签署枢密院事为枢密院副长官，官资深者称枢密副使，官资浅者则称此名。签署枢密院事这个官职，就是从石熙载开始设置的。三个月后，石熙载的官职升为枢密副使。六年九月，赵普复相，同日，枢密副使石熙载升为枢密使，成为掌管大宋军事事务的高级官员。

在大宋王朝的官制史上，石熙载创造了两个第一。一是因为资历浅，所以特地给他创造一个职位——签署枢密院事；二是以文职充当枢密使，掌管军事，也是从石熙载开始的。石熙载为什么能够在短短的几年内，从一个级别很低的言官升迁到宰执级别呢？

一是因为他的出身。

宋太宗上台以后，高举兴文抑武的大旗，大力提高文人的地位。进士出身的石熙载，曾主持大宋的科举，是货真价实的文人，所以有可能被重用。用石熙载这样的文职官员掌管军事，正是宋太宗兴文抑武的具体实施。

二是因为他的履历。

石熙载是宋太宗的"铁杆追随者"。大宋建

> 太平兴国四年春正月丁亥，以右补阙石熙载为兵部员外郎、枢密直学士。——《续资治通鉴长编》卷二十

> 签署枢密院事，自熙载始。——《续资治通鉴长编》卷二十

> 是日，以枢密副使、刑部侍郎石熙载为户部尚书充枢密使。——《续资治通鉴长编》卷二十二

国后，赵光义任殿前都虞候领泰宁军节制，这个时候，石熙载被任命为掌书记。所以，石熙载加入赵光义集团的时间，比大部分人都早。赵光义任开封尹时，把他带到身边，上表推荐他为开封府推官。从石熙载的个人任职履历来看，他是赵光义集团的"资深成员"，是知根知底的老部下，当然会得到重用了。

> 太宗以殿前都虞候领泰宁军节制，辟为掌书记。及尹京邑，表为开封府推官。——《宋史·石熙载传》

三是因为他的忠实。

史上记载，石熙载忠诚可靠，工作尽心尽力。宋太宗还没当上皇帝时，对他的评价是"居官恪勤"《续资治通鉴长编》卷五，意思是很有职业道德，做官恭恭敬敬，勤勤恳恳。

> 熙载性忠实。——《宋史·石熙载传》

进士出身、资深亲信、为官恪勤，所以宋太宗让石熙载掌管枢密院。宋太宗擢升石熙载，还有一个现实因素，就是枢密使楚昭辅已病休一年。

变动之三，楚昭辅罢枢密使。

楚昭辅从开宝六年(973)九月任枢密副使，至太平兴国六年(981)十一月被罢，他能够掌管枢密院事务如此之久，除却"太宗帮"的因素，再就是史书上说的"性忠谨"，除此以外没有什么其他才能。其实，对宋太宗而言，只要忠诚就足够了。史书上还讲，楚昭辅有一个性格缺陷，即特别吝啬，并且很会虚伪做作。

> 无他才略。——《续资治通鉴长编》卷二十二

他生病的时候，宋太宗亲自前往探视，见其住宅狭窄低矮，就令有关部门扩建。楚昭辅叩头谢恩，但

拒绝扩建，说是怕侵占了周围邻居的地盘。太宗皇帝高度赞扬了他的高尚思想，然后赏赐白金万两，让他在别的地方买幢大房子。

皇帝前前后后赏赐给他的金银数以亿计，他把这些赏赐存在一起，每每有亲朋好友来的时候，就领着他们参观，同时对人说：我没有什么战功，却做到了枢密高官，这些钱财我是为国家积攒的，有朝一日我会献给国家。看看，这是一个思想境界多么高尚的官员。

谁承想，楚昭辅被罢免以后，他把这些钱全部用来买良田，买大房子了。对这种"诈捐"的做法，当时人都很鄙视。

楚昭辅生病在家，身在其位不谋其政，自己也不要求退休，太宗也不好意思立刻罢免他，就这样拖了一年，才用石熙载替代了他的位子。

变动之四，柴禹锡升为枢密副使。

柴禹锡是凭什么进入枢密院的呢？

一是晋邸成员。

宋太宗在开封尹任上的时候，柴禹锡因为口才好，善于应对，能够及时恰当地处理问题，得以进入晋邸。

二是太宗心腹。

太宗皇帝登基以后，柴禹锡升为如京使，执掌翰林司（翰林司掌供应茶茗汤果等，以备皇帝游幸、宴饮需要，兼掌翰林院执役者名籍，并安排其轮流服役）。因为他是太宗皇帝从晋邸带出来的人，深得

> 性复吝啬，前后赐与以亿计，悉聚而蓄之，每谓人曰：『我无汗马劳，致位枢近，此财货为国家守耳，且当复献于上。』宾客故旧至，必引使纵视。——《续资治通鉴长编》卷二十二

> 以善应对，获给事焉。——《宋史·柴禹锡传》

信任。每次值夜班的时候，宋太宗经常召见他，询问并派遣暗查宫外的一些情状。

三是告发赵廷美。

赵廷美案件是宋太宗处心积虑制造的，而告发者正是柴禹锡等人，正是因为他们告发赵廷美的阴谋，宋太宗才顺利地清除了赵廷美，对告发者自然要赏赐，所以提升柴禹锡为枢密副使。同时得到赏赐的还有一个人，叫杨守一，这个人也是晋邸成员，被提拔为枢密都承旨，也进入了枢密院。枢密承旨这个职位中加"都"字，是从杨守一开始的，是典型的因人设职，地位比枢密承旨要高，主要掌管枢密院内部事务，检查枢密院主事以下官吏功过及其迁补等事。皇帝于崇政殿处理政务检阅禁军时，侍立于侧，随事陈奏，或取旨以授有关机构。

四是有点知识。

柴禹锡小时候，有客人见之，说：这孩子资质不凡，如果再攻读一下经学，一定能坐到将相的位子。这个客人也许只是随便说说，礼貌性地夸赞一下，但柴禹锡听进去了，从此开始留心学问。宋太宗对有知识的人是很重视的，所以他得到提拔任用，也有这方面的原因。

到太平兴国七年（982），大宋枢密院的人事格局是这样的：曹彬、石熙载为枢密使，柴禹锡为枢密副使，杨守一为枢密都承旨。除曹彬外，其余三人全是赵光

> 每夜直，上以藩府旧僚，多召访外事。——《宋史·柴禹锡传》

> 少时，有客见之曰：「子质不凡，若辅以经术，必致将相。」禹锡由是留心问学。——《宋史·柴禹锡传》

义晋邸成员。由此形成了一个三比一的格局。这说明宋太宗对太祖朝的枢密使曹彬还是有那么一点不放心，将自己的亲信补充进枢密院，明显有制衡的意图；同时，这明显也释放出一种信号：宋太宗要用自己的亲信逐步代替太祖朝的官员。现在的格局是，枢密院中只剩下曹彬还不是自己的亲信，下一步会不会罢免他呢？

真假其实不关键，关键是让你出局

不但会，而且很快。

太平兴国八年(983)正月，曹彬被免去枢密使，罢为天平节度使、兼平章事。

曹彬为官一向小心谨慎，虽位至宰执，做人一直很低调，从不以官高压人；在路上遇到士大夫，就赶忙躲路；对手下官吏，从来不直呼其名；手下官吏汇报工作时，曹彬必穿戴整齐才接见。像曹彬这样一个为官如此谨慎的人，怎么还会被罢免了呢？

史书上是这样记载的：

宋太宗为了表示体恤征伐戍边的将士，都按月给边境将士额外发放银两，这有个专有称呼，叫"月头银"。镇州驻军监军弭德超瞅准机会面见太宗皇帝，说是有事关重大的紧要信息上奏，事情是关于枢密使曹

位兼将相，不以等威自异。遇士夫于途，必引车避之。不名下吏，每白事，必冠而后见。——《宋史·曹彬传》

因乘间以急变闻于上。——《续资治通鉴长编》卷二十四

彬的。

弭德超说：卑臣刚从边境巡察回来，发现一个重大问题，戍兵中流传着这样的话：月头银是枢密使曹彬给我们的，如果没有曹公，我们早就饿死了。这说明曹彬在枢密使位子上时间太长了，已经彻底征服了士卒之心。这还不算，弭德超又花言巧语，添油加醋地说了曹彬其他方面的许多不是，结果是"上颇疑之"《续资治通鉴长编》卷二十四。宋太宗本来就属于疑心特重的人，"事为之防，曲为之制"（对任何需要考虑的方面都事先制定了完善的制度，对于需要预防的隐患都有了妥善的准备和安排）是他的一贯方针，他对郭威、宋太祖黄袍加身的事迹太熟悉了，所以他决定先发制人，要罢免曹彬。

当时的参知政事郭贽极力陈说，替曹彬辩解，太宗皇帝根本不接受。就因为郭贽对此事的态度，宋太宗后来找个理由说他喝醉了酒说话不知轻重将其罢免。

弭德超是何许人，宋太宗怎么会如此信任他呢？

弭德超是晋邸成员之一。由于弭德超特殊的出身，我们有理由怀疑这又是一桩别有用心、处心积虑的事件。为什么这么说呢？

一是太宗不查。

弭德超告发之后，宋太宗不做任何调查，参知政事郭贽极力为曹彬辩解，宋太宗拒不接受，更不查

> 枢密使曹彬秉政岁久，能得士众心。臣适从塞上来，戍卒皆言"月头银曹公所致，微曹公，我辈当馁死矣。"——《续资治通鉴长编》卷二十四

> 参知政事郭贽极言救解，上不听。——《续资治通鉴长编》卷二十四

证。这是疑点之一。

二是曹彬不辩。

罢免曹彬，曹彬没有任何辩解。不辩解并不代表承认，而是默认对其之处置。曹彬一向是个小心谨慎的人，他真的有异图，也不会弄得家喻户晓，众所周知。他不辩解说明什么？说明他对太宗的意图很清楚，知道皇帝要清洗自己了。这是疑点之二。

三是弭德超事发。

史书上接着写弭德超告发曹彬是为了取而代之，结果并没有实现，因此大发脾气，还替李符申冤等等，结果被流放，这一点下面还要讲。这明确说明，曹彬是被诬告。而且，弭德超被流放是必然的，因为他知道的也太多了。

四是不恢复曹彬职位。

弭德超事发以后，证明曹彬是被诬告，根本没有什么二心，宋太宗对待曹彬更优待、更好了。但是，就是不恢复曹彬的枢密使职位。这说明什么？宋太宗的目的就是解除曹彬的枢密使职位，意图已经很明显了。

五是对赵普等朝臣的表演。

弭德超被流放后，宋太宗上朝的时候一直表现得不高兴，"从容"地对赵普等人说（题外话：宋太宗一"从容"，就会有事。当年宋太祖提出迁都的时候，他从容地说："迁都未便。"赵廷美死了以后，他从容地对宰相李昉等人说：廷美不是我娘生的。这一次，他又很从容了。宋太宗的从容，都是故意做出来的）：朕听信谗言，判断不准，差点坏了大事。朕反省了一夜，觉得内心有愧。这是太宗皇帝一贯的套路，先处心积虑地设计，再挖空心思地重塑形象。对于宋太宗的表演，赵普非常配合，说：陛下知道弭德超有才干所以才任用他，察知曹彬无罪所以才给他平反；有功劳的提升，有罪过的惩处；事情都摆出来了，没有任何隐情，事情发生了，立刻决断。这些正彰显出陛下的圣明啊，就是尧舜也达不到啊。赵普做官做成精了，一番话后，太宗皇帝立即轻松了。

从这几个方面来看，曹彬被罢免枢密使是太宗早就设计好的。到了该罢的时候，弭德超就出头为太宗提供了罢免曹彬的理由。他为此事立了功，太宗怎么奖赏他呢？

干脏活不闭嘴是要被清洗的

升为枢密副使，但同时擢升的并非弭德超一个人。还有一个人，王显。

二人都是晋邸成员。不过，王显的为人与弭德超不同。王显性格谨慎清高，从不与同辈过分亲昵，从不出入酒店。太宗皇帝也不喜欢饮酒，讨厌结党，所以，王显深得太宗喜爱，擢升为枢密副

朕以听断不明，几败大事，夙夜循省，内愧于心。——《续资治通鉴长编》卷二十四

普对曰："陛下知德超有才干而任用之，察曹彬无罪而昭雪之；有劳者进，有罪者诛。物无遁情，事至立断。此所以彰陛下圣明也。虽尧舜何以过此？"上由是释然。——《续资治通鉴长编》卷二十四

性谨介，不狎同辈，不践酒食之肆，上爱之。——《续资治通鉴长编》卷二十四

使。上任之时，宋太宗特地将王显召来，说：卿不是出身儒门，小时候遭罹战乱，没学多少知识，现在执掌军务，日理万机，更没时间读书了。于是赐给他《军戒》三篇，说：读此书，工作起来就不会两眼乌黑了。这说明太宗皇帝对文化一向是很重视的。当然，在有知识与亲信之间，他还是首先选择亲信。

弭德超告发曹彬，以为立了天大的功劳，满心期待着能够接曹彬的班。谁承想，宋太宗只给了他一个副职，并且排在柴禹锡、王显之后。他们可都曾经是一个战壕里的战友，人家柴禹锡、王显好像没干什么大事，而他却干了一件"脏活儿"之后才上来的。所以，弭德超相当失望，失望之余，闷闷不乐。

郁闷的弭德超不敢将内心的不满直接发泄给宋太宗，所以就转嫁到了另两位枢密副使身上，辱骂他们：

第一，我是有功的，应该得到更大的官。

我所上奏的是国家大事，有安邦定国之功，却只给我一个芝麻大的小官。弭德超觉得他的贡献与实际收益不成比例，很不满足，很恼怒。

第二，跟在你俩屁股后，我觉得是耻辱。

弭德超更恼怒的是排在他前面的柴禹锡、王

于是召显谓曰：『卿世非儒门，少罹兵乱，必寡学问。今典掌万机，固无暇博览群书。』命左右取军戒三篇赐显曰：『读此可免于面墙矣。』——《续资治通鉴长编》卷二十四

初，弭德超潜曹彬事成，期待枢密使。及为副使，大失望。官与柴禹锡同，而禹锡先授，班在其上，故德超常怏怏。——《续资治通鉴长编》卷二十四

我言国家大事，有安社稷功，止得线许大名位。——《续资治通鉴长编》卷二十四

显二人。实际上，能够爬到枢密副使这个位子上，谁没有两把刷子？不过弭德超不懂这个道理。他说：你们俩算是什么玩意，竟然排在我的前面，还让我跟着你们的屁股转，我觉得太丢人了。

第三，圣上没有坚持住，被你们的花言巧语所骗。

一定是圣上定力不够，老眼昏花，被汝辈花言巧语给迷惑了，你们应该被砍头。这不仅是辱骂两个人了，连圣上也一块儿骂了。

结果，王显等人将弭德超的话报告了太宗皇帝。"上怒"，将弭德超下狱，全家发配海南，弭德超的女婿也因此被连带降职。事情还牵连到举荐他的伯乐李符。

当初，是李符推荐弭德超进入晋邸工作的，李符权知开封府以后，就告发赵廷美到洛阳后还不老实，廷美因此流放房州。李符的使命完成，再留在开封府一把手的位子上已不合适，很自然地也被流放。弭德超进入枢密院没几天，就多次替李符申冤，结果李符被发配"至者必死"的春州。

其实，李符、弭德超二人干的活儿是一样一样的，是"脏活儿"。圣上用你干这活儿，是因为你有干"脏活儿"的能力。但这是一项有风险的工作，就如同足球场上的后卫，明明你已经恶意将对手铲倒，受伤下场，你还跟裁判呜呜喳喳，这就很难避免被红牌

汝辈何人，反居我上，更令我效汝辈所为，我实耻之。——《续资治通鉴长编》卷二十四

汝辈当断头，我度上无执守，为汝辈所眩惑。——《续资治通鉴长编》卷二十四

罚下的命运。所以，弭德超正月上任，四月就因"辱骂同僚，叱责圣上"被流放了。

两个月后，王显升为枢密使。不久，枢密使石熙载因病重被罢。宋太宗就给枢密院补充了两人：张齐贤、王沔，同签署枢密院事（相当于副使，资历浅者授之）。

张齐贤这个人，前面已经讲过，是宋太宗登基后第一次开科录取的进士，王沔也是太平兴国初年进士。

这样，到太平兴国八年底，枢密院的人事格局为：王显任枢密使，柴禹锡为枢密副使，张齐贤、王沔同签署枢密院事。两个晋邸成员，两个太平兴国年间的进士。这种格局，已经彻底实现了新旧交替。

一个共同的目的：权、势岂可轻假于人

与大宋王朝中书门下宰相、参知政事的人事调整相比，枢密院的人事变动与之有惊人的相似。

第一，太祖朝的枢密院长官清除完毕。

开宝九年 (976) 十月，太宗初即位，便一改乾德以来独员枢密使的格局，提升楚昭辅与太祖生前任用的曹彬同任枢密使。这一寓有制衡之意的搭配维持了五年，太平兴国六年以石熙载取代了生病的楚昭辅。太平兴国八年正月，因弭德超的诬告，曹彬被罢枢密使。至此，太祖朝任命的枢密院长官退出了国家最高军事机构。

诟詈同列，指斥朕躬。——《宋宰辅编年录校补》卷二（中华书局1986年版）

第二，晋邸成员开始执掌大宋枢密院。

在枢密院的人事调整中，石熙载、柴禹锡、王显、弭德超皆为宋太宗藩邸亲信、属吏，名为武官出身，却几乎全无战场经历。他们或以恭谨见用，或以理财出名，或以告密得宠。在枢密院新旧人员交替的过程中，晋邸成员逐步执掌这一部门。从宋太宗因为晋邸成员资历较浅而特设官名来看，宋太宗遴选的标准不在于"资"而在于"亲"。

第三，宋太宗朝通过科举考试选拔的进士开始进入国家军事系统。

张齐贤、王沔都是太平兴国初的进士，两位太宗朝的进士入国家最高军事机构，这是以纯粹的文臣掌管军事。这一看似悄无声息的变动，事实上冲击着晚唐五代以来以勋臣亲随掌枢密的格局，枢密院长官的选任从此不再拘于勋旧圈内，从而肇启了真正意义上外朝文臣知军政的开端。

第四，崇文抑武之深化。

在新的枢密人事格局中，要么是有军职身份却无武将本色的亲信，要么是纯粹的进士出身的文职，很少有经历战争、懂得用兵者。宋太宗曾经很自豪地说：现在二府长官十几个人，都是文学优秀之士，操行高洁之辈。这意味着宋太宗崇文抑武的政策逐渐深化，已经彻底渗透到军事部门；同时，外行管内行，也对大宋未来

> 今两制之臣十余，皆文学适用，操履方洁。——《续资治通鉴长编》卷二十四

的战争走向埋下了阴影。

宋太宗从京都开封最高行政长官开始调整，对中书门下、枢密院两个关键部门都做了人事调整，由此形成了这样的局面：太宗之子尹京，太宗的亲信、太宗朝的进士掌控二府，宋太宗将国家的大权牢牢地攥在了自己手中。这标志着，宋太宗登基八年之后，彻底迎来了真正属于他自己的时代。

在中国古代，一个新时代真正来临往往有一个重要标志：封禅。宋太宗在自己的时代到来之时，也渴望封禅。但是，宋太宗的封禅并没有那么顺利，很快就无果而终。这是怎么回事呢？

封禅未遂

二十五

从太平兴国六年（981）开始，宋太宗在清理赵廷美、经营储位的过程中，对京城开封府的行政长官、国家最高行政机构中书门下的宰相、参知政事以及国家最高军事机构枢密院的人事都按部就班、稳扎稳打地进行了颇有意味的调整，由此构建了一个新的执政格局：太宗之子的储君之位已经稳定，原太宗幕府的亲信与太宗朝的进士开始联合掌控中书门下、枢密院二府。太祖、太宗朝新旧官员交替的彻底完成，标志着宋太宗在登基八年之后，真正进入了自己的时代。在古代中国，走进新时代往往会有一个重大标志，那就是封禅。因此，大宋政权的文武百官也着手忙活封禅之事，但是，宋太宗的封禅最终不了了之。这到底是怎么回事呢？

何谓封禅

封禅是怎么回事呢?

封禅是古代中国统治者举行的一种宗教活动、政治活动,同时又是一项国家大典。封是祭天,禅是祭地,封禅就是祭祀天地。但封禅又不是单纯的祭祀天地:祭祀天地在哪里都可以举行,但封禅有固定的地点——泰山,在泰山之巅筑土为坛祭天(封),在泰山下的小山上开辟场地设坛祭地(禅);祭祀天地似乎什么人都可以搞,封禅只有帝王才具资格,但并不是所有的帝王都有资格。由此产生了一连串的问题:一是帝王为什么将封禅的国家大典选在泰山举行,二是什么样的帝王才有资格举行封禅大典,三是为什么历代帝王都渴望封禅。下面一一分析。

天下名山无数,历代帝王为什么将封禅这种最高规格的国家庆典选择在泰山举行?

对此有种种说法。大致总结一下,不外两个主要原因。

第一,泰山为东部第一高山。

泰山为黄河下游地区第一高山,在洪水时代,相对高度占优势的泰山成为先民躲避水灾的庇护所,是先民生命、种族、生活的地理依托。由于泰山这种保佑先民的实用价值使先民产生对泰山的依靠心理,进而产生对泰山的敬畏心理,泰山因此被逐渐神化。这是一个方面。

另一方面,先民的认知水平比较低下,对自然界的认识比较狭隘,在他们心目当中,一切都是上天所赐,由此产生先民的原始崇拜。据考古发现与文献记载，少昊、太昊部落曾居住在泰山地区，"昊"是一个会意字，本意就是"天"的意思。世间万物均为上天所赐，为了向上天表达他们的敬仰与祈祷，因此产生原始的祭祀。为了让上天知道先民的敬仰与祈祷，必须最大限度地靠近上天，高山就是最佳的选择。在东部区域内，泰山是最高的山。泰山就是大山的意思，在最高的泰山上祭天，从而使泰山的功能神化，泰山因此成为能够通天的神山。

由于泰山的这种特殊功能，后来的统治者又都宣称"受命于天"，为了向上天答谢"受命"之恩，便到与天神最为接近的泰山之巅，在最高的山上再积土为坛，高上加高，祭祀上天，这就是封。然后，再到泰山之前近地祇的梁父、社首、云云等小山丘设坛祭地，表示厚上加厚，福广恩厚以报地。祭天之后，接着祭地，这应该是阴阳观念或者说二极对立观念产生后的反映。这就是历代帝王狂热追求的泰山封禅大典。

泰山是东部最高的山，但并不是古代中国境内最高的山，为什么封禅最终固定在了泰山呢？这是第二个方面的原因，因为古人有崇拜东方的观念。

第二，古人崇拜东方。

古人为什么崇拜东方呢？首先，东方是太阳升起的方向。东方的泰山之巅能够在第一时间见到太阳，泰山日出仍然是今天游览泰山最想看到的景色。太阳代表的就是天，在东方的泰山之巅能够最早见到太阳，也便于帝王与天近距离地交流。其次，东方主生，是阴阳交替的地方，是世间万物之始。根据五行学说，东方为木德，为五行之首，因此具有了一个王朝一元复始、改朝换代之始的意义。再次，"帝出乎震"《周易·说卦》。用一句现在大家都懂的话来说，便是"遥远的东方有一条龙"。东方是天帝出现之地，当然就更值得崇拜了。

把以上两点结合起来考虑，古人崇拜东方，崇拜上天，东方的最高山泰山是与天帝最为接近的地方，所以泰山就理所当然地成为古人精神意义上最高的山，也理所当然地成为历代帝王封禅之地。

依据史书的记载，封禅的历史很悠久。司马迁在《史记·封禅书》中引管子的话说：从远古到管子那个时代，到泰山之巅祭天、在泰山下梁父山祭地的有七十二家，管子能够说出名称的有十二家。这十二家是：无怀氏、伏羲氏、神农氏、炎帝、黄帝、颛顼、帝喾、尧、舜、禹、汤、周成王。管仲所说的这些封禅的帝王，大多是古代比较强大的部落首领，是半人半神的人物，传说附会的成分较多，所以后来的学者对其多采取存疑的态度。对此，我们不也不打算展开讨论，姑且存疑。不过，可以肯定的是，秦始皇统一六国以后，的确有到泰山封禅的活动。

秦始皇当上皇帝的第三年（前219），到帝国东部郡县巡视，并着手泰山封禅的事宜。因为封禅礼仪湮没无闻，到底该采取什么样的仪式，秦始皇拿捏不准。于是，他带着从齐鲁征召的博士儒生七十人来到泰山脚下，

> 古者封泰山禅梁父者七十二家，而夷吾所记者十有二焉。——《史记·封禅书》

想听听这些学识渊博的儒生的意见。但是，儒生众说纷纭，有的说：古代封禅都用蒲草将车轮包裹，避免伤害泰山草木，祭祀时要把地扫干净，然后用秸稭作席垫。如此等等。秦始皇见儒生们讲得互相矛盾，不知所从，而且不好操作，干脆把这些儒生统统赶走。然后整修车道，从泰山之阳登顶祭天，刻石纪功，说明他祭天的原因；接着从泰山之阴下山，在梁父山祭地。登山途中，秦始皇遇到暴风雨，只得在一棵大树下暂时躲避。那些被赶走的儒生听闻之后，都偷着嘿嘿直乐。这是史书中对秦始皇封禅的简单记载。

古者封禅为蒲车，恶伤山之土石草木；埽地而祭，席用菹秸，言其易遵也。——《史记·封禅书》

始皇之上泰山，中阪遇暴风雨，休于大树下。诸儒生既绌，不得与用于封事之礼，闻始皇遇风雨，则讥之。——《史记·封禅书》

秦始皇之后，汉武帝、汉光武帝、唐高宗、唐玄宗等都曾封禅泰山。还有一些帝王，想封禅而未果，比如隋文帝、唐太宗等。司马迁说：自古受命的帝王，哪一个不想封禅？但是，究其实，中国古代历史上的封禅大典并非常有。这就是说，并不是所有的帝王都有资格封禅，这是为什么呢？帝王封禅需要什么资格呢？

自古受命帝王，曷尝不封禅？——《史记·封禅书》

一般而言，必须具备三个条件。

第一，要改朝换代，国家统一。

古代帝王，尤其是改朝换代的帝王，无不把自己说成"受命于天"，号称天子。封禅是帝王与天沟通的方式，以前接受了"天命"，现在任务完成了，要向上天汇报一下。古籍中记载：帝王改朝换代，易姓而王，一定要向上天汇报，汇报天下太平了。不过，改朝换代的开国之君往往无暇于此，大多是后继之君才有机会举行这一国家盛典。

第二，要天下太平，国家兴盛。

就是古书上常说的"功至德洽"。帝王在位的时候，必须有突出的政绩，政绩卓著，要国泰民安，国富民强，繁荣昌盛，要让民众信服。

第三，要天降祥瑞。

祥瑞就是吉祥的征兆，就是今天常说的吉祥物。比如出现奇禽异兽，麒麟、凤凰，等等；比如禾生双穗、地出甘泉、枯木重生，等等。这些现象的出现是上天对皇帝的行为和所发布的政策的赞成或表彰，所以帝王必须封禅向上天汇报，表示感谢。这个条件比较硬，也比较软。比较硬是指必须有祥瑞出现，才能有资格封禅；比较软是指这种玩意儿比较好糊弄，所以就会出现伪造祥瑞的情况。

只有具备这三个条件，才能有资格封禅。这只是一个准入证，历代帝王都想封禅，借以表明自己的正统与政绩，借以巩固自己的地位与权威。但是，由于各种原因，真正实现的帝王并没有几个。没有封禅的帝王并不是说他们不想这样做，他们也非常渴望封禅。因为封禅不仅仅是一种仪式，更是一项有强烈政治功能的典礼。那么，封禅有哪些政治功能呢？

> 王者易姓而起，必升封泰山何？报告之义也。——《白虎通疏证》卷六（中华书局1984年版）

第一，神化帝王。

帝王号称天子，是代天统治百姓，通过封禅，进一步印证、坐实这种直属关系，强化这种神圣观念，自然更有利于帝王的统治。

第二，粉饰太平。

历来封建统治者认为封禅是太平盛世的事，即"封禅以告太平也"，有德政的皇帝才有资格封禅，国家太平了才有资格封禅。反过来讲，谁封禅就意味着谁有政绩，创造了一个太平盛世。

第三，彰显功德。

封禅是颂扬皇帝功德的机会，往往会刻石纪功。如秦始皇登封泰山，然后刻石纪功，碑文由李斯撰写，主要歌颂他统一六国登峰造极的功德。汉武帝封禅后，也在封坛上树碑刻石纪功。所以说，封禅也是大张旗鼓、光明正大、名正言顺地歌颂自己的大典，历代帝王当然对此很渴望。

第四，夸示夷狄。

封禅时有"夷狄"首领参加，可以向他们夸示王朝的太平、富裕、受天保佑，等等。通过封禅，实现"镇服四海，夸示夷狄"的目的，这也有利于国家的稳定与安全。

第五，长寿成仙。

据说黄帝因封禅而成仙。秦始皇、汉武帝都热衷于求仙药，他们封泰山，本因好仙，信方士之言，想得到仙丹，长生不老。就连汉光武帝封泰山，改元易号，也是这种意图。不能长生不死，至少也想延年益寿。

由于这些原因，尽管封禅劳民伤财，甚至封禅的条件马马虎虎，统治者也是非常渴望并乐于举行的。比如我们讲的大宋王朝的第二位皇帝宋太宗。

太平兴国九年(984)四月，已经在皇位上坐了八年之久的宋太宗下诏，将于十一月东封泰山。宋太宗有资格封禅吗？宋太宗的封禅决议是怎样出炉的呢？

三番上表、两种请愿；推辞多次、下诏封禅

按照封禅的三条标准，宋太宗有资格玩封禅吗？

第一条标准要改朝换代，国家统一。大宋王朝建立，成了赵家的天下，实现了易姓而王，这是改朝换代，这条可以说是完全符合。大宋建立后，五代十国的分裂局面基本结束，国家基本实现了统一，只是燕云地区还在辽国手中，所以说"国家统一"这一条标准说成立也成立，说不成立也不成立，关键看怎么认定。宋太宗以及他的文武百官在这个时候提出封禅，自然对燕云地区是避而不谈的。

第二条标准要"天下太平，国家兴盛"，这个条件认定起来就更加容易了。

第三条标准要有祥瑞出现。这一条也很容易搞定。只要需要，随时都可以实现。按照史书的记载，大宋王朝在太平兴国九年(雍熙元年，当年十一月改元)前后，出现的祥瑞骤然增多，根据太平兴国九年十月的统计，地方上报进献的珍禽异兽等就有六十三种之多。这是一类呼之即来的玩意儿，

凡瑞物六十三种，并图付史馆。——《续资治通鉴长编》卷二十五

什么时候需要什么时候就有。

根据这三条标准，可以说宋太宗有封禅的资格，也可以说没有，关键是对这三条标准的认定。根据史书的记载，宋太宗本人对封禅似乎并没有表现出很高的热情，反倒是"皇帝不急臣民急"，大宋王朝封禅决议的出炉主要来自两个方面的强烈请求。一是泰山所在的兖州地区老百姓的强烈请愿，二是以宰相为首的社会各阶层的强烈请愿。

第一，百姓请愿。

太平兴国八年（983）六月，兖州七个县的老百姓四千一百九十三人，在朝廷官员的亲自护送之下，到达京城开封，面见宋太宗，强烈请求到泰山封禅。对于这次百姓积极的貌似自发性的请愿，宋太宗表现得非常谦虚，拒绝了百姓的要求，每人赐帛五匹让他们回去了。

> 己酉，兖州太山父老及瑕丘等七县民四千一百九十三人诣阙请封禅，观察判官廖文锋护送之，上谦让不允，各赐束帛遣还。——《续资治通鉴长编》卷二十四

第二年的四月，泰山百姓一千多人又一次进京，再次请求东封泰山。这是泰山一带百姓的两次请愿。

第二，宰相率领各阶层上表请愿。

在第二次泰山百姓进京强烈请愿之后，大宋王朝的高级官员正式出面。当时的宰相宋琪，带领文武百官、诸军将校、蕃夷酋长、僧道耆老二万六千三百五十人到东上阁门上表《宋太宗皇帝实录校注》

> 夏四月乙酉，泰山父老千余人复诣阙请封禅。——《续资治通鉴长编》卷二十五

卷二十九，请求封禅。

以中书宰相领头的请求封禅活动有三个显著的特点。一是参与请愿人员涉及各阶层，都是各阶层的领袖，有很强的代表性；二是参与人员众多，有二万六千三百五十人；三是要求强烈，大有不达目的决不罢休之意，所以连续三次上表。

第一次上表，宋琪阐述了封禅的四个理由。这些理由可以概括为四个字：盛德大业。具体而言，一是中国统一；二是四方宾服，远方来贡；三是万民期盼；四是符瑞频现。

表上之后，宋太宗的回应是说不。理由有两点：一是封禅需要有尧舜禹汤等帝王那样的功绩才够格；二是目前国家政治尚未完全安定，德业还没达到敬肃明察的程度，道德、信义还没有全部普及，我内心有愧，不敢封禅。对于封禅，宋太宗表现得很谦虚，对于各阶层的强烈请愿虽然说了不，但对于他们的积极性仍然给予了极大的肯定，说你们对朕都很忠诚，把各种好都归功于朕，的确是值得赞扬的。所以，对于宋太宗的说不，宋琪等人并没有遵从，接着第二次上表。

在第二次上表中，宋琪首先上纲上线，说是代表中国以及四方亿万百姓，表达的是天地神祇的意思。这次上表，宋琪陈述的中心也可以概括为四字：文治

若乃至圣同尧，大功超舜，底绩类于伯禹，敷佑比于成汤，然后可以高蹈介丘，遐登日观，告成功于上帝，祈景福于下民，历万代以流光，冠百王而擅美者也。其或功亏治定，德谢钦明，道未洽于黎甿，信未孚于寓县，安可告成天地，展礼云亭？——《宋太宗皇帝实录校注》卷二十九

叙华夷亿兆之心，述天地神祇之意。——《宋太宗皇帝实录校注》卷二十九

武功。具体而言，一是武功耀震。亲征北汉，势如破竹；漳泉、吴越，自动归顺。二是文德化成。读书不倦，闻道不厌，撷英取华，温柔敦厚，教化普及。三是国泰民安，祥瑞频现。总之，功德超越轩辕黄帝、少昊，自古及今，无人能及。所以，陛下一定不要再谦让，顺应民心，举行封禅大典。

宋太宗对于宋琪等人的第二次上表，仍然说了不。理由有三，一是国泰民安，祥瑞频现是天地的垂佑，二是政治清明、风俗醇厚是群臣的辅弼之功，三是四方归顺、戎夷畏服是武将的功劳。至于我本人，做得还远远不够，盲目封禅，不仅内心愧疚，而且名不副实，所以，你们的请求我不答应。因此，宋琪等人又第三次上表。

因为第三次上表的文献残缺不全，其中心大致可以用一个字概括：盛。一是盛德。将前两次上表的中心内容（盛德大业、文治武功）又换一些词语重新表述一遍。二是盛瑞。虽然陛下拒绝了泰山父老的强烈请求，拒绝了文武百官的两次请愿，但各种祥瑞仍然源源不断地出现。三是盛世。汉武帝穷兵黩武，汉光武帝凭着运气，实现中兴，他们都进行封禅，他们哪里比得上陛下今天的盛世呢？

对于群臣的第三次上表，宋太宗怎样答复呢？

宋太宗谦虚了一番之后，然后说，群臣三次上

> 亲驾戎车，自秉武节，灵旗所指，并汾摧破竹之威；文诰所施，东南无负海之固。……视朝之暇，靡倦观书；听政之余，常闻论道。酌百王之步骤，尽得英华；考夏商之质文，皆穷奥妙。淳化由是丕变，玄功以之孔昭。——《宋太宗皇帝实录校注》卷二十九

表，说现在治定功成，可以承继三皇五帝了；泰山封禅，可以满足亿万百姓的心愿。你们说的都是事实，朕也无法谦逊回避了。况且通过封禅，能够为天下百姓祈福，所以只好顺应民情，定于今年十一月二十一日泰山封禅。就这样，封禅的事情最终决定下来了。

不是朕不想封禅　心中实在有点忐忑

泰山百姓两次兴师动众地到京师请愿、大臣三次上表，宋太宗最终才勉强同意，下诏封禅，在这个过程中，宋太宗表现得似乎很不情愿。这是真的吗？

第一，封禅是历代帝王梦寐以求的大典。

历史上的秦始皇、汉武帝、汉光武帝、唐高宗、唐玄宗都曾举行过封禅大典，有的帝王还举行了不止一次，如汉武帝；还有一些帝王，想方设法地进行封禅，如魏明帝、隋文帝等，但没有实现。可以说，历代帝王内心深处都期盼这一大典，这绝不仅仅是一个仪式，更有大量的政治功能。

第二，封禅能够证明并强化这样一种观念：皇帝受命于天，奉天承运。

赵宋王朝的建立本来就是强取，尽管宋初太祖的一些做法在一定程度上消弭了负面影响，但仍然留下了让后人诟病的缺陷。封禅这样的国家典礼常常比今天想象的更重要，它在相当大的层面上能够证明自己政权的合法性，所以宋太祖虽然没有来得及封禅，他仍然为国家的各种祭祀（如南郊等）而马不停蹄，目的就是确立"奉天承运"

的仪式。宋太宗是大宋王朝的第二位皇帝，其皇位的取得本来就不明不白，令人生疑，尽管他通过一系列努力在尽力消除这种质疑与影响，但这种努力同时又印证着人们的质疑。封禅这种国家最高规格的大典，无疑具有证明其"受命于天""奉天承运"的正统，能够维系民众对皇帝与国家的认同感，国家与皇权也因此获得了无须论证的合法性，宋太宗怎么会不愿意举行呢！

第三，宋太宗高扬的崇文抑武与封禅文化正相吻合。

大宋王朝的开国者宋太祖虽然很喜欢读书，但从本质上讲，他是一员武将；宋太宗虽然出身军营，也曾亲征，但从本质上讲，他属于地道的文人。宋太宗登基以后的很多举措，明显是在压制、剥夺武人的权力，提升文人的地位。大兴科举，用文职人员管理军事都是这种国策的反映与落实。在古代中国，所谓的"文"，很多是指仪式，孔子所说的"郁郁乎文哉，吾从周"也主要是从仪式方面而言的。所以说，对于象征国家最高级别文化形式的封禅，宋太宗怎么可能会不热衷呢！

可以肯定，宋太宗的内心深处，非常渴望举行封禅大典。但是，他为什么表现出很不情愿、很勉强、迫不得已的样子呢？

第一，不够格。

严格来讲，宋太宗不具备封禅的资格，这一点他心里非常清楚。一是燕云地区没有收回，二是交趾地区还闹独立，三是西北的党项势力出现动乱，开始脱离大宋王朝的控御。这三点只要有一点存在，都不能算是国家真正一统，天下真正太平。帝王要封禅，从自身来讲，要"功至德洽"。国家没有统一，自然不能算"功至"；太宗的"德洽"更谈不上，一是其帝位的取得有谋杀强取之嫌，二是德昭之死有逼迫之嫌，三是赵廷美冤案有阴谋之嫌。所以说，宋太宗在拒绝大臣上表的回复中说"愧畏良深"，这四个字应当有一定的真实性，不是单纯的客套话。

第二，拿拿架子。

一方面，宋太宗内心深处不认为自己完全具备了封禅的资格；另一方面，他又深知封禅的种种好处，对之非常渴望。在这种矛盾的心态之下，他必须装装样子，拿拿架子，装出一副自己并不情愿却不得不顺应民意的样子。再者，对于给皇帝上荣誉称号（尊号）、称美于君主的类似活动，按照惯例，皇帝是不能一下子就应允的，必须谦让一番，装装样子，大臣也知道该怎么做，所以一而再、再而三地强烈请求。

值得注意的是，整个封禅请愿的过程，貌似出于百姓、官员的自愿。是真的吗？

第一，有组织。

按照宋代的行政区划，泰山在兖州境内，兖州下辖七个县。太平兴国八年（983）六月，兖州七个县的老百姓四千多人，在朝廷官员的护送之下，到达京城开封，面见宋太宗，强烈请求到泰山封禅。第二年，泰山附近的一千多名百姓再次进京，请求封禅。这明显是有组织的行为。一是兖州七个县的百姓聚集在一起，二是有朝廷地方官员的护送，这两点不仅说明这是一次有组织的行动，而且还可以推测背后的操纵者多半来自朝廷高层，如果进一步推测，朝廷高层应该是宰相宋琪。民间看似自发的请愿，多半来自宰相的背后操持。

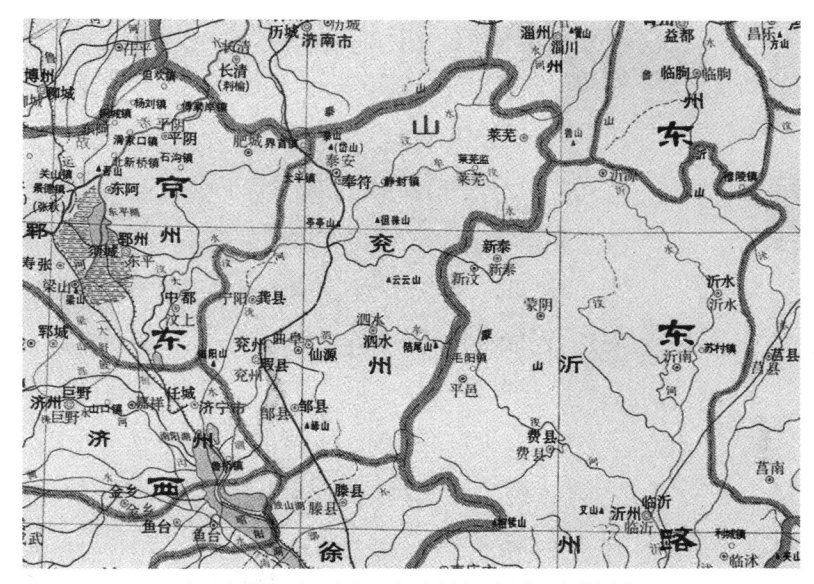

北宋时期的兖州（选自谭其骧主编《中国历史地图集》）

至于以宰相为首的朝廷文武百官、诸军将校、番夷首领、僧道耆老等两万多人的请愿，其有组织的性质更加明显。

第二，有规模。

兖州百姓两次进京，第一次是四千一百九十三人，第二次进京的只是泰山附近的一千余人，这是民间百姓请愿的人数规模；朝廷各阶层的规模更加宏大，请愿者有两万六千三百五十人。

朝廷是以宰相宋琪为首的，地方百姓背后多半是宋琪的操纵，从整个事件来看，宋琪即使不是封禅活动的操纵者，肯定也是知情者、支持者。宋琪在太平兴国八年（983）三月出任参知政事，六月，兖州七县的四千多人就进京请愿，第二年，在泰山父老再次进京请愿、宋琪带领朝廷及社会各阶层代表三次上表的情况下，宋太宗下诏同意封禅。宋琪为什么要组织这次行动呢？

第一，宋琪曾经是晋邸成员。

当宋太宗还在开封尹的位置上时，宋琪是其幕僚，宋太宗当上皇帝以后，宋琪是晋邸成员中第一个出任宰相的。所以，他有义务、有责任给宋太宗唱赞美诗，给宋太宗脸上贴金，组织各阶层请愿封禅就有这样的意图。

第二，宋琪有借封禅消解太宗北伐意志的意图。

宋琪生长于幽州，何尝不想收复家乡，但他比较理性，不赞成北伐。宋琪曾中辽国进士，担任过辽穆宗的侍读，后又在宋朝官至宰相，说到对宋辽两国的了解，整个宋廷恐怕无出其右者。但正因为他对宋辽两国都有深入的了解，深知宋朝并无胜辽把握，故不赞成北伐。太平兴国八年(983)十一月，当太宗表明有机可乘、有意北伐时，宋琪却对太宗说：大宋没有必要北伐，坐等以待，它很快就会灭亡的。不久，太宗又向宰相表明要"收复燕蓟"，宋琪恭维一番之后，提出以奚族为外御，没必要劳烦朝廷出兵。从宋琪对北伐的态度来看，他在雍熙北伐前夕策划封禅，大概有想借此以消解宋太宗非理性的北伐意志。所以，宋琪策划的封禅，不仅是有组织、有规模的，更是有目的的。

国家不须致讨，可坐待其灭亡。——《续资治通鉴长编》卷二十四

自可不烦朝廷出师。——《续资治通鉴长编》卷二十四

暴雨没有浇灭大火　浇灭了渴望

宋太宗在太平兴国九年四月决定十一月到泰山封禅，但是，两个月后的六月，他下诏取消封禅。这是为什么呢？

因为一场火灾。

当年五月的一天傍晚，阴云密布，电闪雷鸣，暴雨大作。雷电引发火灾，乾元殿、文明殿遭殃，从天黑开始燃烧，在大雨中发生的这场火灾，一直烧到第二天上午。

> 丁丑，乾元、文明二殿灾。是日既夕，阴云四合，风雷暴作，夜漏初上，大雨震电，火发自月华门，抱关者不之觉，延烧渐北；翌日辰巳间乃止。——《续资治通鉴长编》卷二十五

就因为这场火灾就取消封禅吗？

第一，这是灾异。

雷电引发的火灾本无关人事，但正因为无关人事，才更令人深思，令宋太宗心惊。封禅是向上天"告成"的大典，要祥瑞频现，不能出现灾异，有灾异出现，则绝对不能封禅。既然祥瑞是上天对帝王的表扬，灾异就是上天对帝王的警告。如果是人为引发的火灾，倒还无关紧要，但这是天灾，而且在大雨滂沱中一直烧到第二天中午，所以宋太宗也下诏说：宫殿遭遇火灾，这是上天对朕的警告和惩罚啊。

> 既延灾于正殿，盖示谴于眇躬。——《续资治通鉴长编》卷二十五

第二，发生在皇宫。

如果这场天火发生在其他地方，隐瞒一下也就过去了，可偏偏发生在宫城，而且是乾元殿、文明

殿。这两个大殿的地位很特殊。乾元殿是正殿,是诸殿之首,是皇帝接受朝拜以及皇帝册封大典等重要仪式举行的地方;文明殿的地位也很重要,也是举行一些重要仪式的地方,比如册封皇后妃子、册拜皇子、王公、大臣等。这两个宫殿地位特殊,所以灾异发生于此,一是包不住,二是影响大。

> 凡朔望起居及册拜妃后,皇子、王公、大臣,对四夷君长,试制策举人,在此殿也。——《续资治通鉴长编》卷三十二

因为出现灾异,并且灾异出现在皇宫正殿,这就迫使宋太宗对封禅进行重新思考,思考的结果是封禅可能并不符合天意。于是下诏,取消封禅,改为冬至南郊祭祀。

> 然正殿被灾,遂举大事,或未符天意。——《续资治通鉴长编》卷二十五

就这样,由宋琪组织策划、太宗也非常渴望的封禅因为一场火灾而不了了之。

前面讲过,大宋王朝的这次封禅活动,十有

北宋东京宫殿沙盘图

八九是宰相宋琪在幕后组织与操持的，宋琪之所以撺掇宋太宗封禅，其中一个重要因素就是消弭宋太宗北伐的意志。既然封禅因为一场大火无果而终，天降灾异会不会使宋太宗再次深思北伐幽州统一国家的问题，宋太宗北伐的想法会不会再次迸发出来呢？

七年纠结

二十六

太平兴国四年(979)的高梁河之战，大宋王朝不但未能收复半寸领土，反而引来了辽国的多次军事报复。宋太宗在经历了辽国数次大规模的军事打击以后，采取了近乎弭兵的策略。虽然宋辽边境仍不断有战事发生，但在此后一段时间内并没有爆发大规模军事冲突，宋辽双方处于一种暂时的"和平"态势，并且一直持续到雍熙三年(986)。从高梁河之战到雍熙三年，已经过去整整七年了。这七年之中，宋太宗内心一直处于纠结之中。高梁河战败后的七年，对于宋太宗来说，是内心矛盾的七年，是内心纠结的七年，是五味杂陈的七年。那么，宋太宗到底在纠结什么呢？

高梁河一战，对于宋朝，特别是宋太宗来说，是极具影响力的事件，是让宋太宗刻骨铭心的事件。宋方在抵御了辽国的几次军事报复之后，维持了暂时的和平。此后几年，宋太宗内心深处有三种思想在不断斗争：想打不敢打，想打不能打，不打还想打。

想打不敢打：心有余悸

高梁河之战，宋朝输了，输得相当狼狈。一是没有收复半寸土地，这叫无功；二是宋军溃败如潮，损兵数万，这叫有过；三是宋太宗灰头土脸，差点被俘，这叫丢人现眼。宋太宗逃亡途中身中两箭，带伤而归，而且每年箭伤必发。身上隐隐作痛的箭伤让他无法抹去这一段很不光彩的经历，总能让他想起狼奔豕突逃亡的困窘与危险，从而胆战心惊、夜不能寐。丢人丢得如此狼狈更让宋太宗直不起腰来！

所以，在此后的几年中，宋太宗暂时收起了伐辽的想法。事实上，在高梁河之战后的最初两年，宋太宗即使想讨伐辽国，也自顾不暇，因为辽国的军事报复已经将战火烧到了宋朝境内。太平兴国四年(979)十月的满城之战宋军侥幸取胜，主要是因为辽国派了一个不懂军事的"菜鸟"韩匡嗣统领军队。太平兴国五年三月的雁门关之战宋军因杨业取胜，杨业借助雁门关天然的地理优势打了辽军一个措手不及。两次战争能够取胜，都是非常偶然的，可谓"胜从险中求"。辽国的报复目标没有实现，自然不会善罢甘休，所以，太平兴国五年十月，辽景宗亲率辽军，第三次南侵，这就是瓦桥关之战。

太平兴国五年(980)的宋辽瓦桥关之战，将宋太宗高梁河战败后的内心世界表露无遗。

第一，不敢再亲征。

高梁河战败逃亡的经历是宋太宗"心中永远的痛"，此战的后遗症则是让他对战争前线产生恐惧心理，再也不敢亲率大军战斗在第一线。

第二，不得不亲征。

辽国的第三次军事报复是由辽景宗亲自出马的，这意味着战争级别的提升。此举让宋太宗很无奈，很纠结。因为辽景宗亲征，大宋军队也在眼巴巴地关注着他们的最高领导，看宋太宗会做出怎样的应对。在这种境况之下，宋太宗不得不宣布亲征。这应该是宋太宗很无奈的一个选择。

第三，亲征慢腾腾。

亲征既然是迫不得已的，那不妨放慢脚步。所以，当瓦桥关战役进行得如火如荼的时候，宣布亲征的宋太宗仍然在京都开封的皇宫里焦灼不安。当辽景宗在瓦桥关大获全胜，终于报了宋朝征伐幽州之仇、宣布回师的时候，号称亲征的宋太宗还在距离前线七百余里的大名府。如此蜗牛般的行军速度，只能说明宋太宗的畏惧心态，而且当前线传来战争失利的消息时，他曾一度原地踏步。

第四，假意宣布进伐幽州。

当辽国的军队完成预定任务退师以后，宋太宗立刻来了精神，宣布要进攻幽州，并立即进行军队征伐部署。在部署完成之后，宋太宗又通过宰相征求翰林学士李昉、扈蒙等人的意见，问他们现在征伐幽州可否。在军队部署完成之后，才征求大臣意见，这显然是程序颠倒了。但是，这个不合逻辑的程序很有意味。一是为他慢腾腾的亲征挽回颜面，宣示征伐幽州的决心，所以立即部署军队；二是他内心深处仍有余悸，希望大臣劝阻，迫切希望听到反对的声音，所以又征询大臣的意见。

对于宋太宗的特意提名咨询，李昉等人的答复很令人满意。李昉的上奏从两个层面展开，第一个层面是高度颂扬了宋太宗的英明决策。一是辽国秋季进犯是惯例。二是陛下亲征是为民除患。三是辽军听闻陛下亲征，吓跑了。四是我方乘势征伐幽州，一定会摧枯拉朽。五是幽州民众都在期盼，合而攻之，收复幽州指日可待。从第一个层面看，李昉等人似乎同意立刻征伐幽州，其实不然。

在这之后，李昉说了一个"但是"，展开了第二个层面，对接着攻伐幽州表达了否定的意见。"但是"之后才是李昉要说的中心，这个你懂的。

一是兴师动众，劳民伤财；二是休养生息，抓紧练兵，预备军储，等这些完成之后，再讨伐也不晚。李昉的意思说得很明白，大宋王朝现在尚不具备出师幽燕的物质条件，所以现在不能出师。这正是宋太宗所期盼

上因契丹遁去，遂欲进攻幽州。——《续资治通鉴长编》卷二十一

俟府藏之充溢，闾阎里之完富，期岁之间，用师未晚。——《续资治通鉴长编》卷二十一

的，所以史书上讲："上深纳其说。"《续资治通鉴长编》卷二十一意思是说到我心坎里了，因此立即下诏回京。

从瓦桥关之战整个过程中宋太宗的表现来看，对于幽州，宋太宗是想打不敢打。一方面，燕云地区本来是中原的领地，只有将其收复，才算真正实现一统；另一方面，高粱河之败，让宋太宗对征辽心有余悸，深感忌惮，所以内心一直处于矛盾交织状态。瓦桥关之战后，他当时信誓旦旦地说要即刻北伐幽州，明显是做做样子，所以手下大臣稍加劝说，他立刻回京。这种做派，是他内心矛盾的明显表现。

对于燕云地区，宋太宗想打不敢打。回京以后，在燕云这个问题上，朝中大臣对此有不同的意见，由此形成了两个阵营。

一派主战，主张继续讨伐。

太平兴国五年（980），宋太宗从亲征途中回京没几天，朝中就有人开始积极上书，主张应该快速收回燕云地区。

一派主休，主张休养生息。

前面讲的翰林学士李昉就是一个典型。另外，太宗朝的首届进士、左拾遗张齐贤也上书，极力反对继续作战。张齐贤明确指出，宋朝实力不够，而且应当以百姓为本，不应以疆土为本，所以"戎虏不足吞，燕蓟不足取"赵汝愚《宋朝诸臣奏议》卷一二九（上海古籍出版社1999年版），而他提出的应对建议便是休养生息、增强实力，以待他日。

对于朝臣截然相反的两种意见，宋太宗选择了后者：休养生息，息兵息民。

第一，多次阐述他的反战思想，提倡文治。

宋太宗多次以《老子》中的"甲兵者，不祥之器，圣人不得已而用之"来规诫自己，还曾下《保疆诏》，再次强调尖兵利器为不祥、凶险之器，不是必需之物，圣王虽然依靠武力打下江山，但是治国终需用文德才能达于大治。

第二，严禁宋军边将主动挑衅惹事。

宋太宗还从当时宋辽战争的实际出发，对大宋兵将做出了相应的诏令要求。宋太宗亲选的进士张齐贤认识到辽国人也并非天生好战。虽然这番认识出自张齐贤之嘴，但也代表了宋太宗此时的认知。

宋辽边境发生的小冲突，有的时候是宋方边将侵扰辽人所致，所以对大宋边将士兵进行了严格限制：不得私出边关，侵扰辽人，掠夺牲畜物产，如有违令，重加责罚，并将掠夺的牲畜送还辽人，要求与辽国保持外交来往，切勿生战乱。

在高梁河战败后不久，宋太宗采取了休养生息的国策，原因固然有很多，但最直接原因则是高梁河战败后的心有余悸，这是在心理上落了下风。那么，在实际能力方面，大宋王朝到底有没有足够

料敌人之心，固亦择利避害，安肯投死地而为患哉！——《续资治通鉴长编》卷二十一

契丹一邦，素无仇隙，顷岁交通使命，保守封疆，亭候无虞，烽尘罢警。——《宋大诏令集》卷二二四

癸亥，诏缘边诸州军县镇等，各务守境力田，无得阑出边关，侵扰帐族及夺略畜产，所在严加侦逻，违者重论其罪，获羊马、生口并送于塞外。——《续资治通鉴长编》卷二十三

的实力收复燕云地区呢？

想打不能打：宋辽胶着

高梁河之战前，虽然宋辽因为北汉的问题，难免有战事发生，但在几年之内，宋辽双方并没有在边境大规模地直接交锋，反而建立了正常的外交关系。正常的外交关系，是建立在双方实力相当的基础之上的。也就是说，在高梁河之战前一段时期内，宋辽双方的实力大致相当，因而能够保持一种军事均衡状态。

宋太宗平定北汉之后，一时头脑发热，轻率征伐幽州，率先打破了这种均衡。因为战略战术的失误，大宋政权不但没有收复一寸土地，反而使双方正常的外交关系终止，由此引发了新一轮的战争。

双方战争互有胜负，瓦桥关战役之后，尽管宋朝采取了安民休养的政策，但辽国并没有因此放弃南下的计划，没有停止对宋朝边境的侵扰。辽国一是为了巩固对于燕云地区的控制，二是为了扩大势力范围，甚至想将周世宗收复的十六州中的二州夺回。

不过，宋辽之间的几次重要战争打下来，双方损失都很大。战争，不管是赢方还是输方，结果都是毁灭性的，所以看起来似乎辽国占了上风，实际上也损失惨重，甚至产生了得不偿失的感叹。从宋朝来讲，连续几

宋乘下太原之锐，以师围燕……是两役也，辽亦岌岌乎殆哉。——《辽史》卷八十三

竭国之力以助河东，破军杀将，无数灭亡。虽一取偿于宋，得不偿失。——《辽史·景宗本纪下》

次大规模的战争，导致国内物资匮乏，大臣有忧虑之心，百姓有厌战情绪。

总之，瓦桥关之战后，虽然宋辽两国不断有规模较小的战事发生，但任何一方都不可能在短时间内获得决定性的胜利，双方皆没有足够的实力冲破这种胶着状态，从而进入僵持阶段。所以说，即使大宋想打，暂时也没有足够的能力取得胜利。反之，辽国也是这样。

宋朝实力不足，是不是就因此停止战争，彻底放弃燕云这片土地呢？

> 国家图燕以来，兵连未解，财用不得不耗，人臣不得不忧。——《续资治通鉴长编》卷二十二

不打还想打：蒙羞披耻

显然不是。

第一，挽回颜面。

对于燕云地区，宋太宗是不敢打、不能打，但还想打，就是这样一种纠结。因为，燕云是让他蒙受耻辱的土地，尽管这片区域不是从他手里丢失的，但高梁河一战，他的脸面丢在了那块土地上，他要从那块土地上再捡起来。所以，他内心深处又不断产生收复燕云的冲动。他急需一场胜利挽回自己的名声与威望，消除严重的负面影响，挽回"掉在地上的脸面"。

第二，稳固帝位。

大举伐辽，落拓而归，宋太宗深感颜面扫地。他太

需要一场胜利稳固自己的皇位。这绝不是无稽之谈，想一想宋太宗在高梁河战败之后，部分将领拥立太祖的儿子赵德昭的事件，就能了解宋太宗的内心世界。

第三，多措并举。

幽燕之地，始终是宋太宗心中的痛，求而不得，打而不得，并且一打而败，这样的耻辱与教训摆在面前，宋太宗充分认识到夺幽燕不是轻而易举的事情，于是开始谨慎行事，暗地里积聚力量。

宋太宗为了能实现早日收复幽燕的目标，采取了一系列措施积聚力量。具体表现在四个方面：

一是高筑墙。

在边境地区加强防御工事的建设，修复、加固因为辽国入侵破坏的雄州、霸州等地的城池。发动民工几万人在北部边境修筑大堤，利用河北地区天然的水系，抵御辽国铁骑的迅速南下。

二是通漕运。

前面几次战争失利的一个重要原因，即军粮等军备物资没有及时跟上。所以，宋太宗下令，在雄州到霸州之间，开凿运河，沟通水系，以便军备运输；又对关南原先的一些河流进行了疏通，这样，大宋北方关南地区的水上交通网络建立起来了。

> 由是关南之漕悉通济焉。——《续资治通鉴长编》卷二十二

三是稳内部。

清除国内的不法事端，如秦州伐木案、王仁赡贪污

案，维护国家的权威与稳定；逼死太祖的儿子赵德昭，除去秦王赵廷美，消除了最大的潜在威胁。到太平兴国八年（983）的时候，宋太宗自己对于国家政事治理深感满意，甚至有点扬扬自得。

四是建联盟。

与周边的渤海国、定安国、高丽、女真保持友好外交关系，意图在辽国的后方、侧翼形成外交攻势、军事围堵。

从上述四个方面来看，对于燕云，宋太宗并没有放弃的想法，尽管他内心很纠结。沉寂了很久，积聚了力量，几次战役略有小胜后，宋太宗心中雪耻、统一的念头再次迸发出来。雍熙三年（986），宋太宗派多路大军出征燕云，再次发起了对辽国的战略进攻。

在内心矛盾纠结了七年之后，是什么因素促使宋太宗摆脱纠结，再次下定北伐决心的呢？

辽国一朝突变　太宗不再纠结

原来，远在几千里之外的辽国发生了一场变故。什么变故呢？

辽国皇帝辽景宗驾崩。辽景宗年仅十二岁的儿子耶律隆绪即位，朝政由其母萧太后主持，并改国号为"大契丹"。从表面上看，这不过是辽国最高领导人的变

> 近者内外政事，渐成条贯，远近官吏，无不畏谨。朕思之，不觉自喜。——《续资治通鉴长编》卷二十四

> 尊母萧氏为承天太后，改大辽为大契丹。隆绪才十二岁，母萧氏专其国政。——《续资治通鉴长编》卷二十三

动,但正是这个变动,最终引发了大宋王朝的再次北征。这个过程是怎样的呢?

首先,求和受辱。

宋方在接到辽景宗去世的消息后,并没有趁机起兵,宋太宗率先采取的是和平对待的态度。

一是约束边将。

辽景宗驾崩是在太平兴国七年(982)九月,当年十月,宋太宗即下诏边关将士百姓,各安其位,各司其职,不得妄出边关,违者重罚。

二是遣使求和。

宋太宗于十二月派遣使者至辽国献犀带请和,但是被辽国以没有正式的国书为由拒绝。

> 宋遣使献犀带请和,诏以无书却之。——《辽史·圣宗本纪一》

宋太宗这次主动求和,可以说是非常明智的举动。

一来可以获得百姓舆论的支持。

连年战争,百姓困苦,朝中不少大臣提出息兵的主张。在这种情况下,主动争取和平,一定会赢得人心;同时,一旦争取和平失败,主张息兵的大臣就无话可说了。

二来可以试探辽国对于宋朝的态度。

毕竟辽国新一代的领导登台了,其国策也许会随之发生改变。如果条件允许,或许真能实现宋辽两国的和平外交。

宋太宗虽然打出了"求和牌",但是试探性的成分更多一些。正是这种试探,让貌似"母寡子弱"的辽国心生不满,心有疑虑,其拒绝理由不是没有正式国书那样简单,而是从宋太宗的求和方式中嗅到了不真诚的味道。在新主刚刚登基的非常时期,为了避免节外生枝,也为了检验宋太宗的真诚,他们拒绝了宋太宗的求和。

对于饱受战争惊吓的宋太宗来说,求和并非单纯的外交手段,这或许是发自内心的愿望;然而,低头示好反被人无情地拒绝,"多情反被无情羞",这无疑再次加重了宋太宗的羞辱感。

其次,准备北伐。

求和受辱,这太伤自尊了,让宋太宗很受伤,故而再起北伐之心。然而将宋太宗北伐的原因简单地归结于此,是不够准确全面的。因为如果单是求和受辱,为什么在受辱之后没有立即发动战争,还要等到三年之后呢?

所以说,事情远没有那么简单。宋太宗决定再次出征,是在综合考虑辽国与大宋两方面情况之后做出的决策。

第一,来自辽国的相关情报。

辽景宗驾崩之后,宋太宗密切关注着辽国的局势及其守备变化,陆续接到了相关的情报信息,由此让宋太宗和宋廷朝臣雄心渐起。

情报一:高阳关俘虏。

太平兴国八年(983),高阳关(今河北保定市高阳县东,此前称关南)俘虏了契丹活口,送到京城,由宋太宗亲自审问。俘虏说:目前辽国国内不同的势力心存异志,各怀鬼胎,而且特别害怕宋军举兵讨伐,正抓紧在边境修筑城寨。由高阳关俘虏处获得的辽方信息主要有三点：一是辽国人心不齐，二是辽国害怕大宋讨伐，三是辽国加强城寨防备。

情报二：谍报传信。

宋朝的情报系统也对辽国国内的情况进行了侦察，汇报说辽国听闻宋方加强了边防管理，增修边备设施，所以举国上下弥漫着一种恐惧情绪。宋方的谍报系统获得的重要信息有一点：辽国上下恐惧大宋。

情报三：贺令图父子等人上书。

贺令图是何许人？贺令图是宋太祖贺皇后的侄子，很早就跟着赵光义，是晋邸成员之一。宋太宗登基后，他一直在大宋北部边疆镇守，是一个主张讨伐幽燕的主战派。

贺令图父子的上书，在《续资治通鉴长编》与《宋会要》中皆有记载。

《续资治通鉴长编》的记载较为简单，大意是说：现在辽国皇帝年幼，国家大事都由他的母亲决断，他的母亲又宠幸韩德让，韩德让因此颇为专权，大宋一定要抓住这个机会收复幽燕。

根据《续资治通鉴长编》的记载，贺令图父子的上书涉及辽国三个方面的问题：一是辽国皇帝年幼，其母萧太后主政；二是韩德让因为与萧太后

> 高阳关捕得契丹生口，送至阙下，戊午，上召见，言契丹种族携贰，虑王师致讨，颇于近塞筑城为备。——《续资治通鉴长编》卷二十四

> 数有人自北来，侦知契丹事。自朝廷增修边备，北人甚惧。——《续资治通鉴长编》卷二十四

> 契丹主年幼，国事决于其母，其大将韩德让宠倖用事，国人疾之。请乘其衅以取幽蓟。——《续资治通鉴长编》卷二十七

有私情故而被重用；三是辽国国内存在嫌隙、争端，人心不齐。

《宋会要》记载的不仅仅是贺令图父子的上书，尚有薛继昭、刘文裕、侯莫陈利用等人相继上言，《宋会要》将朝中众多官员的上书集结在一起，有了进一步的阐释："萧氏与韩私通……国事皆萧氏与韩参决。又近幸医工迪黑姑及北大王孙、弟子将军二人，部族有窃议者，为其党所告，萧氏尽戮之。隆绪亦恶其事，畏不敢发。"《宋会要辑稿》蕃夷一之十

《宋会要》中补充的辽国混乱局面包括如下四点：

一是辽国国事完全由萧太后与韩德让决断。

二是萧太后不仅与韩德让私通，还宠幸其他人。

三是萧太后对背后议论她私生活的人，全部杀掉。

四是辽圣宗对萧太后之事也很厌恶，然而敢怒不敢言。

在贺令图等人看来，辽国当时的形势很不稳定，极其危险，"携贰""有衅"绝非虚辞，所以极力建议宋太宗趁机出击辽国，夺回幽燕。

从三个方面获得的情报，指向了共同的一点：辽国政局极不稳定，辽国非常惧怕大宋讨伐。如果这些情报皆可相信，在辽国"母寡子弱"的情势下，集结兵力攻击辽国，应该是一个比较好的时机。

对于这些情报信息，不管别人信不信，反正宋太宗信了！这是一个绝佳的时机，不仅可以雪耻，而且很有可能

上遂以令图等言为然，始有意北伐。——《续资治通鉴长编》卷二十七

建立丰功伟绩，收回燕云，名垂青史。所以，宋太宗在纠结了七年之后，终于不再纠结，决定再次北伐。

第二，大宋将士、朝臣情绪高涨。

第一次北伐的失败，不仅仅是宋太宗心中永远的痛，对于宋朝臣民来说，未尝不是极大的耻辱，但结果无法扭转，也只能默认失败。后来，宋朝与辽国进行了多次规模不一的战争，并取得了太平兴国四年(979)十月的满城之战、太平兴国五年三月的雁门关之战的胜利，在这些胜利面前，宋廷上下逐渐恢复自信心，也极大地鼓舞了士气。

自太平兴国六年至太平兴国八年，《续资治通鉴长编》共记载击败辽军的进攻六次，无一次失败记载，而且六次战役皆获得了重大胜利，击败军队人数、斩首、获得羊马、投降之人，数目都很大，动辄数千乃至上万。所有的这些捷报都是根据守备军队的奏书记载下来的，"易州言破契丹数千众""知易州白继赟言契丹来侵……斩首二千级""丰州刺史王承美言契丹来寇……击败其众万余"。当然其中难免会有夸大的成分。根据《辽史》的记载，我们发现辽军亦有击败宋军的战事存在。但不管怎样，大宋军队已经从高梁河战役惨败的阴影中走了出来，恢复了自信和士气。

捷报频传，极大地鼓舞了士气，也极大地鼓舞了朝臣，朝中许多大臣认为，宋朝已有足够的军事实力来雪耻，来实现统一大业。面对辽国的变故，贺令图、刘文裕等人纷纷上书，强烈要求抓住机遇，乘机讨伐辽国。

在综合分析辽国、大宋双方局势的基础上，宋太宗终于不再纠结，下定决心，决定再次征伐幽州。

根据宋方得到的情报以及边将上书传递出的信号，似乎宋辽两国敌弱我强的大局已定，似乎再次北伐是稳操胜券的事情。辽国的真实情况真的如大宋君臣估计得那么不堪吗？后来的结果真的会按照大宋君臣的想法发展吗？

真真假假

〈二十七〉

太平兴国四年(979)七月高梁河战败之后的七年，是宋太宗内心纠结的七年。这种内心纠结直到辽景宗耶律贤离世、十二岁的耶律隆绪即位才开始出现变化。根据大宋获得的情报，辽国在耶律贤去世之后，由孤儿寡母掌政，佞幸弄权，人心浮动，政局动荡，百姓怨恨。对大宋王朝而言，这的确是收复燕云地区的天赐良机，所以，宋太宗出征讨伐幽燕的念头再次强烈起来。在这种情况下，大宋王朝收复燕云地区的可能性似乎很大；但是，这种可能性有一个根本前提，那就是大宋获得的情报必须真实可信。那么，这些情报真实可信吗？

根据大宋方面获得的情报，归纳一下，辽国当时的局势包括这样三个方面：一是母寡子弱，二是辽国内乱，三是人心恐慌。我们一一分析。

一个最基本的事实

辽乾亨四年（宋太平兴国七年，982）九月，年仅三十五岁的辽景宗耶律贤，在游猎途中突然病倒，死于焦山（今山西大同市西北、内蒙古丰镇市以南旧长城附近）的行在。辽景宗耶律贤临终遗嘱，将皇位传给他的长子十二岁的耶律隆绪（按照过去的年龄计算方法，新皇帝耶律隆绪是十二岁，实际上只有十一周岁），由他的妻子三十岁的睿智皇后（萧太后）摄政。

甲辰，猎于祥古山，帝不豫。壬子，次焦山，崩于行在。——《辽史·景宗本纪下》

辽景宗驾崩，留下三十岁的妻子与年仅十二岁的儿子来执掌辽国，确实是母寡子弱。这一基本的事实本身并没有任何虚假的成分，所以大宋情报系统得到的关于辽国"孤儿寡母"的状况一点也不假，百分之百的准确。

但是，由这一基本的事实引发的辽国内乱、人心恐慌的状况是不是真实的呢？

一个很不寻常的女人

辽景宗死后，当时二百余名诸王宗亲手握重兵大权，这些文武要员散布在朝廷各部门，一个个都盯着新任领导：孤儿寡母。诸王宗室内心里面是什么样的想法，我们无从知道。但对于皇位的觊觎，对于最高权力的渴望，是一个正常人很难避免的。这么说绝不是无稽之谈。因为在不久前，也就是辽景宗离世的前一年(981)，辽国宗室中就发生过一场政变。

政变的主角叫耶律喜隐，是辽太祖耶律阿保机的孙子。耶律喜隐在辽穆宗时，曾因谋反下狱，辽穆宗在位时，谋反的不止耶律喜隐一人，曾多次发生宗室谋反事件。辽景宗即位改元后，耶律喜隐得到了赦免。但这个人好像对谋反有瘾，不久又谋叛乱，辽景宗又将之投入监狱。辽景宗去世的前一年，一群被俘的宋兵又试图劫狱拥立喜隐，因为劫狱没有成功，又试图拥立耶律喜隐的儿子为帝。这次政变以失败告终，耶律喜隐被迫自杀，而他的儿子则被处死。《辽史·宋王喜隐传》

辽景宗在世时，宗室中就有人觊觎皇位；现在辽景宗离世了，即位者即使不是一个孩子，政权转移时期也极有可能出现叛乱；何况现在即位的是一个十二岁的孩子，摄政的是一个年仅三十岁的妇人。

萧太后的儿子们都还小，帮不上忙，自己也缺少外援，所以当时的情势不容乐观。这的确是一个非常危急的局面。

类似的情况在后周时就曾出现过，当时柴荣死后，其子柴宗训即位，年仅七岁，由其母符太后垂帘听政，

> 时诸王宗室二百余人拥兵握政，盈布朝廷。后当朝虽久，然少姻媛助，诸皇子幼稚，内外震恐。——《契丹国志》卷十八

但柴宗训在皇帝宝座上刚刚坐了不到半年时间，就发生了陈桥兵变，宋太祖赵匡胤顺利登基，柴宗训的皇帝生涯也就画上了句号。由此可见，孤儿寡母执掌政权的确是很危险的。

长期活跃在大宋北部边境的贺令图，正是瞅准了辽国孤儿寡母掌权的这一危险时刻，敏锐地嗅到了时机，才果断向朝廷上书的。根据《续资治通鉴长编》的简略记录，贺令图在上书中说：现在辽国皇帝年幼，国家大事都由他的母亲决断，辽国国内出现内乱，大宋一定要抓住这个机会收复幽燕。

贺令图上书所言辽国孤儿寡母的执政局面一点不假，而且这种执政局面很有可能会引发内乱，但是，他忽略了一点：女人是不能忽视的，政坛上的女人更不能小瞧。贺令图在从辽国孤儿寡母的执政格局出发，推测辽国内乱的过程中，恰恰忽略了女人，小瞧了女人。

被贺令图小瞧了的这个女人就是辽国所谓的"寡母"萧太后。

萧太后，名绰，小名燕燕，是辽景宗耶律贤的皇后，是辽国北院枢密使兼北府宰相萧思温之女。因为《杨家将》等历史演义的广泛流播，民间对这个辽国女人家喻户晓。在历史演义中，萧太后被刻画成一个杀伐决断的母夜叉，真实的历史并非完全如此，但她也绝非等闲之人，套用一句京剧唱词："这个女人不寻常。"

> 讳绰，小字燕燕，北府宰相思温女。——《辽史·后妃传》

第一，丰富的从政经验。

辽国的萧太后不是后周世宗的符太后，后周的符太后是在她的姐姐去世以后，成为柴荣的继室，刚被立为皇后大约十天，柴荣就去世了。符太后当时的年龄还不到三十岁，毫无政治经验，所以不到半年，后周的天下就变成了大宋王朝。萧太后不同，虽然她摄政时的年龄才三十岁，却已然是一个政坛高手。那么，她的政坛经验是从哪里来的呢？

一是从她丈夫辽景宗耶律贤那里耳闻目睹学来的。

辽景宗初即位，首先面临的便是稳固皇位的问题，辽景宗通过一系列的举措安抚诸王，化解危机。这是萧太后的第一次从政学习，辽景宗的政治谋略、用人之术就是她活生生的教材。

二是亲身实践得来的。

辽景宗小的时候得过"风疾"，没有彻底治好，留下了病根，后来经常发作。辽景宗因为身体多病，经常不上朝，便索性将国事委托给皇后全权处理，辽国军国要务，比如生杀大事、征伐异邦，等等，都由萧燕燕最后裁决，完事后和辽景宗说一声就行。正是在这一过程中，萧燕燕实现了从辅佐王业到掌控国事的成功转型，辽景宗还将皇帝专属

> 婴风疾，多不视朝。——《契丹国志》卷六

> 燕燕皇后以女主临朝，国事一决于其手。大诛罚，大征讨，蕃汉诸臣集众共议，皇后裁决，报之知帝而已。——《契丹国志》卷六

的"朕""予"二字授权萧燕燕使用。这些都说明,辽景宗在世之时,事实上萧燕燕已经行使皇帝的权力了。在辽国的历史上,辽景宗号为中兴之主,其实,很多成就是萧燕燕的功劳。

第二,萧太后以其老到的政治手腕,顺利实现了最高权力的转移,保证了政局的稳定。

辽景宗死后,虽然辽国是孤儿寡母的政治格局,但萧太后在辽景宗时的经历为她成功化解政治危机提供了极大帮助,使得辽国能够顺利实现权力转移。

一是未雨绸缪,解决即位问题。

面对危机,萧太后果断重用与她关系非同一般的韩德让。在辽景宗驾崩之前,萧燕燕与韩德让已经未雨绸缪,开始更换大臣,要求诸王各自回到自己府邸,不得私自联系,以便随机应变,夺取诸王之兵权。为了能够更有效地限制诸王,萧燕燕召诸王妻子儿女至皇宫,实则是作为人质。后来辽景宗驾崩,一切皆已布置完毕,才召集皇族与汉族诸位大臣,共同拥立耶律隆绪为帝,是为辽圣宗。辽国的变故,经过萧太后的一番筹划与努力,政局趋于稳定。但是,风平浪静之下亦有危机存在。

二是千头万绪,抓住核心问题。

一个国家的问题千头万绪,不能眉毛胡子一把抓,尤其是在新旧权力转换之时,必须找准重点,抓

> 谕史馆学士,书皇后言亦称"朕"暨"予",著为定式。
> ——《辽史·景宗本纪下》

> 隆运请于后,易置大臣,敕诸王各归第,不得私相燕会,随机应变,夺其兵权。时赵王等俱在上京,隆运奏召其妻子赴阙。景宗崩,事出仓卒,布置已定,乃集番汉臣僚,立梁王隆绪为皇帝。
> ——《契丹国志》卷十八

住关键。萧太后从千头万绪之中抓住了两个关键问题：诸王势力强大的问题与边防问题。从这两个关键问题上，可以看出萧太后敏锐的政治嗅觉。母寡子弱，易引起同族的夺权之心；国家变故，一直虎视眈眈的宋朝或许会趁机兴兵。

三是头脑清醒，解决关键问题。

对于远离政治的女子而言，能清晰地抓住关键问题，已属不易，更为关键的是如何解决问题、成功化解危机。怎么才能解决这两个关键问题呢？

先看如何解决诸王势力强大各怀异心的问题。

对于宗室诸王，萧太后采取了软硬兼施的两种手段。硬的方面，前面已经说过，下令诸王回归府邸，不得私下联系，以便顺利削弱他们的兵权，使他们失去谋反的资本；软的方面，萧太后使出女人的绝技，上演了一出漂亮的悲情戏。

有一次，萧太后上朝摄政理事，一反从前的刚强姿态、强硬作风，悲悲切切地哭了起来，言说孤儿寡母的为难之处，说什么母寡子弱，宗室诸王强硬，边防不宁，我一个妇道人家如何处理？萧太后的这番悲泣，顿时招来了两位侠肝义胆的勇士：耶律斜轸与韩德让，二人慷慨激昂地抛出豪言：信任我们，还有什么好顾虑的呢！

在这样的情况下，萧太后选定了自己治国理政的

"三驾马车"，即韩德让、耶律休哥和耶律斜轸。其中韩德让和耶律斜轸在中央辅佐，处理具体朝政事务。耶律休哥则负责辽国的军事安全。

耶律斜轸与韩德让是何许人？他俩的豪言壮语是不是大言不惭呢？

韩德让是一位汉人，他的祖父自幼被契丹人俘虏并成为耶律阿保机皇后家的成员，很快获得辽太祖阿保机的信任，平步青云，在整个阿保机时代，他都声名显赫，成为契丹国最有势力的汉人家族的始祖。宋辽满城之战时，辽军的最高统帅韩匡嗣是韩德让的父亲。满城之战虽然以失败告终，辽景宗深知是韩匡嗣指挥不当造成的，但并没有怎么责罚他。可见韩氏家族在辽国的势力已经很大了。世代为辽国高官的家族势力，以及本人足智多谋、甚有声望的人气，使韩德让继承了其父上京留守的职位，后来又担任了南京留守。由此可见，韩德让是一个有实权、有势力的朝廷要员，这是他能够在朝堂之上慷慨激昂的资本。

耶律斜轸是辽国宗室成员，在969年被萧太后的父亲萧思温推荐给辽景宗，辽景宗对其印象很深并将萧燕燕的侄女嫁给了他。在高梁河之战中，他崭露头角，并深得景宗、萧燕燕的信任与赏识。小皇帝耶律隆绪即位后，萧太后曾举行了一次不同寻常的仪式，让小皇帝与耶律斜轸在她面前相约盟誓为友，互相交换了弓矢

于是，后与斜轸、德让参决大政，委于越耶律休哥以南边事。——《辽史·后妃传》

知匡嗣之罪，数而不罚。——《辽史·景宗本纪下》

代其父匡嗣为上京留守，权知京事，甚有声。——《辽史·耶律隆运传》

鞍马。《辽史·圣宗本纪一》耶律斜轸对新皇帝忠心耿耿，史书上还讲他有"经国之才"《辽史·耶律斜轸传》，这是他能够在朝堂之上放出豪言壮语的原因。

韩德让、耶律斜轸，这两位在辽国有实权、有重大影响力的人物，对皇室忠心耿耿。他们在朝堂之上的宣言，明确了他们的选择。在这种情况下，下面诸王即使有异心，也不敢轻举妄动。

从很多方面推测，萧太后的这出悲情戏，很有可能是三人早就串通好的表演，通过这个"小品"，向心怀不轨的诸王敲响警钟。加之此前对诸王兵权的削夺，萧太后成功解决了诸王势力强大的问题。

第二个问题，边防问题。

萧太后在朝堂上表演悲情戏之后，接着任命了一个重要人物，让他全权负责边境安全。这个人便是耶律休哥。

耶律休哥是契丹皇族，是辽太祖耶律阿保机的侄子辈。耶律休哥的军事才能前面我们已经多次讲过，也见识过多次，他是一位有勇有谋的军事天才。不信问问宋太宗，高梁河之战宋太宗逃亡之时，穷追不舍的就是耶律休哥，宋太宗身中两箭也是拜其所赐。

从萧太后提出的两大问题可以看出，辽国对于宋朝是时刻提防的，也担心宋朝趁乱起兵，所以萧太后直接授予耶律休哥足够的自主权。

耶律休哥作为直接防范宋朝的军队首领，以发展经济、提升军队实力作为积极的防御措施。

首先，宽以待民。耶律休哥体恤百姓，针对长期战争造成的疲敝状态，推行削减赋税、安抚孤寡的政策，得到了百姓的拥戴。

其次，严格治军。变更军队相关法令，发动士兵与百姓发展农业生产，整治武器装备，从而使得边境政治清明，秩序井然。对于军队，耶律休哥要求特别严格，有着一系列禁令及处罚措施。对于宋朝更是时刻关注，严加戒备。这一切都说明这样一个事实，辽国不但没有疏于防范，而且在各方面都加强了防范，成功稳定了边境的局势。

总之，辽景宗去世以后，辽国母寡子弱的政治格局并没有导致内乱，并没有使辽国走向衰弱，相反，萧太后运用她成熟的政治手腕，稳定了局势，解决了两大关键问题，成功化解了政权转移过程中可能会出现的危机。

成功化解了政权转移危机之后，萧太后又进行了一系列改革，知人善用，从谏如流，群臣忠心服从，成功地稳定了政局。

由此可见，辽国在最高领导权交接之际，可能会出现人心不稳、心存二志的情况，但是，强中自有强中手，有萧太后这样的政坛高手，以其未雨绸缪的眼光、英明果敢的手段，成功驾驭了存有二心之人，所以辽国并没有出现大的动乱，顺利地、水到渠成地实现了最高权力的转移。

贺令图由辽国母寡子弱的基本事实推导出的辽国"动乱"，是贺令图也是大宋的一厢情愿，误

> 圣宗即位，太后称制，令休哥总南面军务，以便宜从事。休哥均成兵，立更休法，劝农桑，修武备，边境大治。——《辽史·耶律休哥传》

> 二月戊子朔，禁所在官吏军民不得无故聚众私语及冒禁夜行，违者坐之。——《辽史·圣宗本纪二》

> 后明达治道，闻善必从，故群臣咸竭其忠。——《辽史·后妃传》

判辽国形势是大宋的致命失误。辽圣宗即位之始,大宋没有出兵,几年之后,宋太宗才再次北伐,这时的辽国,政治局势已经相当稳定了。

根据宋朝的情报,辽国局势不稳,一方面来自新旧皇帝的交替,另一方面源自一段桃色新闻。这到底是怎么回事呢?

绯闻成了情报

根据宋朝的情报,萧太后与韩德让之间曾有一段情感纠葛,在辽景宗死后,二人旧情复燃,由此引起契丹部族的不满,萧太后因此大开杀戒。事实是怎样的呢?

先看宋方文献的记载。

根据宋方的文献记载,萧燕燕年轻时曾被许配给韩德让,据说已经到了谈婚论嫁的程度。后来萧燕燕的父亲萧思温因拥立辽景宗登基有功,辽景宗下令将萧燕燕选入宫中,纳为贵妃,三个月后册封为皇后。景宗死后,韩氏拥有军权,萧太后便私下里和韩德让达成了重结旧好的约定,从此,韩德让经常出入萧太后的住所,而萧太后为了能与韩德让双宿双栖,竟然派人杀死了韩德让的妻子。从此之后,萧太后与韩德让同卧起,共案而食,过起了事实上的夫妻生活。类

> 萧后幼时,常许嫁韩氏,即韩德让也;行有日矣,而耶律氏求妇于萧氏,萧氏夺韩氏妇以纳之,生隆绪,即今虏主也。耶律死,隆绪尚幼,袭虏位。萧后少寡,韩氏世典军政,权在其手,恐不利于孺子,乃私谓德让曰:"吾尝许嫁子,愿谐旧好,则幼主当国,亦汝子也。"自是德让出入帷幕,无间然矣。既而鸩杀德让之妻李氏。每出弋猎,必与德让同穹庐而处。
> ——路振《乘轺录》(《全宋笔记》第8编第3册,大象出版社2017年版)

似的记载也出现在《宋会要》与《契丹国志》中。

贺令图所言萧太后与韩德让有私情这件事情，不管真假，他说因为这件事而引起契丹部族不满、政局不稳则又是一厢情愿的猜想。

假定萧太后与韩德让之间的这段感情是真实的，贺令图也是以汉民族的道德伦理来猜度他人，得出的结论则是南辕北辙。从汉民族的道德观念来看，萧太后的私情是荒淫不守妇道之事，朝中大臣及百姓必然对之深恶痛绝，更不愿接受她的统领。但是，这样的事情，对于游牧的契丹族来说却并非如此，契丹人对于婚姻的态度还是比较开放与自由的。历史上的一些民族，比如匈奴、乌桓、鲜卑、契丹等，都有父死妻其后母、兄死以嫂为妻的习俗。翻检《辽史·公主表》的记载，从所列的三十六名公主的婚姻情况看，除却辽国末代皇帝六个女儿婚姻不明外，可以看出，离婚再嫁者有六名，占可知婚姻状况者的五分之一，其中甚至有二离三嫁者、三离四嫁者。比如辽圣宗耶律隆绪的一个女儿先后离婚改嫁四次。对这些公主而言，想嫁谁就嫁谁，想离也毫不恋情。她们青春年华的大半时间都是在结婚、离婚中度过的。在汉人眼中一些不正常的男女关系，在契丹人看来，或许根本不当回事，这是由契丹民族的风俗习惯决定的。所以说，即使萧太后与韩德让之间确有私情，也不会因此引发什么政治波动。

> 入居帐中，同卧起，如夫妻，共案而食。——《宋会要辑稿》蕃夷一之十

对于萧太后与韩德让二人之间的亲密关系，还有一种观点认为这是无稽之谈。因为关于萧太后与韩德让的私情全部出现在宋方的文献中，辽方文献中不见任何记载。所以，"宋朝史料也许出于恶意，把他说成是皇太后的情人"《剑桥中国辽西夏金元史》第一章（中国社会科学出版社1998年版）。果真如此的话，那么，萧太后与韩德让之间的私情最多只能算是一桩绯闻，大宋君臣却拿绯闻当情报，是被绯闻给忽悠了。

所以说，不管萧太后与韩德让的这段感情是不是存在，是不是绯闻，都没有因此造成辽国政局波动，没有造成臣民百姓内心的怨恨与不满。

总之，大宋的情报系统从辽国"孤儿寡母"这样一个最基本的事实出发，推导出了一系列很不正确、不合实情的信息：辽国内乱，政局不稳，人心恐慌，畏惧大宋。如果真是这样，大宋王朝再次北征的确是恰逢其时。但是，宋朝方面得到的情报却严重失真。为什么宋廷不知道契丹族的婚俗？为什么不知道萧太后和韩德让私情的情报至多是一条绯闻？一句话，宋廷为什么会被假情报忽悠住？难道有人在别有用心地传递假情报？如果真是这样，谁在忽悠宋廷？

一个军事奇才的别有用心

耶律休哥。

耶律休哥是个军事奇才，在大力发展边境经济、整治军队的同时，他采取了两种措施，以此对付宋朝：一是"迷魂阵"示弱；二是

"间谍战"忽悠。

耶律休哥一反过去对宋朝的强硬态度，告诫边境军士不要侵犯宋朝边境，宋人的牛马有跑到辽国境内的，全部返还给宋人。这样的政策，本来是特定阶段辽国的特定政策，是辽国在最高领导权过渡期间尽量维持边境安宁的暂时办法。不过，辽人的这种反常举动到了宋朝君臣那里，就被贴上了"恐惧"的标签，认为是辽人惧怕宋朝，惧怕宋朝发兵侵犯，要不不会以温和友好的态度对待宋人。其实，这是耶律休哥布下的示弱的"迷魂阵"，以顺利实现"安内"的目标。

除此以外，耶律休哥还设立了自己的间谍部队。明知宋朝有发兵之意，所以将计就计，派出很多间谍，散布虚假消息：辽国国内空虚。辽国的间谍被派往宋朝，宋朝那些有勇无谋的草包将帅将其擒住审问后，对得到的虚假消息信以为真，并作为极为重要的情报上报给最高决策层。这是耶律休哥的"间谍战"。

我们联系宋朝方面得到的三个情报，可以猜度，被抓住的俘虏或许就是耶律休哥派出的谍战队成员，宋朝获得的谍报也许就是被要求刻意泄露的信息。由此，让宋朝君臣群情激奋的信息，实际是真假杂糅，而且真的少，假的多。

由此看来，宋朝人中计了！情报原来是辽国的烟幕弹，是耶律休哥有意为之。

> 戒成兵无犯宋境，虽马牛逸于北者悉还之。——《辽史·耶律休哥传》

> 觇知宋有用兵意，多设间谍，俾佯言国内空虚。边帅无谋，皆信之。——《续资治通鉴》卷十二

宋朝君臣根据情报，对于辽国的国势进行了过于主观的判断，坚定了出兵的念头。那么，传出假情报的耶律休哥用意何在？他不怕宋朝来犯吗？

耶律休哥派出间谍散布虚假情报是在得知宋方已经有出兵意图的前提下进行的。作为辽国的军事首领，他非常清楚宋辽之间的战争是避免不了的，宋朝要实现统一，辽国也要扩大版图，幽燕地区是最为重要也是最先要争夺的区域。

既然战争避免不了，那选择一个好的时机是非常重要的。最终，耶律休哥选择在宋朝刚有用兵之意的时候开打。

一来辽国此时已经处于稳定发展时期，并为宋辽战争做了相关准备。二来可以坚定宋朝出兵的信心，同时可以麻痹宋军，使其戒备心降低。

耶律休哥确实是军事奇才，很擅长打心理战，宋太宗的自以为是在之前的战争中已经暴露出来了，耶律休哥传出假情报便是诱敌深入之举。

所以，宋辽关系史上的转折点雍熙北伐，表面上是宋太宗主动挑起的，但暗地里也有辽国人的推波助澜，是辽国有意引诱宋朝出兵的，而且宋辽之间的战争在当时的局势下是很难避免的，所以将雍熙北伐的责任完全归结到宋太宗身上，是不客观的。

不管是宋太宗自己分析当时局势而下定决心北伐，还是宋太宗一开始就被"误导"才决意北征，反正宋太宗再次北伐这件事就这样定下来了。当然，因为有了第一次仓促征伐失败的教训，宋太宗这次显得谨慎了一些，谋划也细密了一些。那么，宋太宗的战前谋划如何呢？这次征伐的结果如何呢？